SHIYONG NONGCHANPIN
ZHILIANG ANQUAN DE
JINGZHUN GUANKONG YANJIU

食用农产品质量安全的
精准管控研究

肖湘雄 ◎ 著

中国财经出版传媒集团

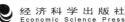

经济科学出版社
Economic Science Press

图书在版编目（CIP）数据

食用农产品质量安全的精准管控研究/肖湘雄著.
—北京：经济科学出版社，2021.6
ISBN 978 - 7 - 5218 - 2457 - 5

Ⅰ.①食… Ⅱ.①肖… Ⅲ.①农产品 - 质量管理 -
安全管理 - 研究 - 中国 Ⅳ.①F326.5

中国版本图书馆 CIP 数据核字（2021）第 056320 号

责任编辑：李 雪 袁 溦
责任校对：孙 晨
责任印制：王世伟

食用农产品质量安全的精准管控研究

肖湘雄 著

经济科学出版社出版、发行 新华书店经销
社址：北京市海淀区阜成路甲 28 号 邮编：100142
总编部电话：010 - 88191217 发行部电话：010 - 88191522
网址：www. esp. com. cn
电子邮箱：esp@ esp. com. cn
天猫网店：经济科学出版社旗舰店
网址：http://jjkxcbs. tmall. com
北京季蜂印刷有限公司印装
710 × 1000 16 开 18.5 印张 260000 字
2021 年 6 月第 1 版 2021 年 6 月第 1 次印刷
ISBN 978 - 7 - 5218 - 2457 - 5 定价：80.00 元
（图书出现印装问题，本社负责调换。电话：010 - 88191510）
（版权所有 侵权必究 打击盗版 举报热线：010 - 88191661
QQ：2242791300 营销中心电话：010 - 88191537
电子邮箱：dbts@ esp. com. cn）

国家社会科学基金项目"食用农产品质量安全的精准管控研究"（19BZZ084）结项成果

目　　录

导　论

一、选题背景与意义

（一）选题背景

食用农产品质量安全直接关系广大人民群众身体健康和生命安全，关系经济发展和社会稳定大局，关系国民幸福和民族未来。食用农产品质量安全问题乃"久治不愈"的"顽疾"，具有危害的直接性、危害的隐蔽性、危害的积累性、危害产生的多环节性、管理的复杂性等。当前以"放心"冠名的食用农产品屡见不鲜。这说明食用农产品质量安全问题已成为社会普遍关心的问题，也成为国家治理中的一道难题。食用农产品质量安全是一个复杂的系统，涉及从产地到餐桌的多个环节。其中影响质量安全的环节主要有五个：一是产地选择环节，忽视环境质量，重视交通便利，以降低运输成本；二是农业投入品环节，使用化学合成农药、化肥、激素、抗生素等，以提高产量；三是直接作业环节，使用除草剂、杀虫剂等，以偷懒、磨工、怠工；四是包装、运输、贮存、待售环节，使用防腐剂、保鲜剂等，以减少损失；五是交易环节，质劣价高，以牟取暴利。追求利润最大化，是市场经济的一般规律。但从社会公共利益看，利润必须服从质量。这为食用农产品质量安全治理提出了严峻挑战。随着市场经济起步，我国食用农产品日愈丰裕。但是，我国食用农产品质量安全却始终存在问题，其治理是在没有足够理论和物质条件准备下起步的。新时代人民对美好生活的追求越来越强烈，对食用农产品质量安全的要求越来越高，加强食用农产品质量安全治理的研究越来越重要。如何贯彻"四个最严"，保障广大人民群众"舌尖上的安全"，推进食用农产品质量安全治理由随意化向规范化、经验型向科学型、外延式向内涵式、粗放式向精细化的转变，已成为当前亟待研究解决的重大课题。

（二）选题意义

1. 理论意义

（1）提出食用农产品质量安全精准管控分析框架，为"精准管控"构建一个相对完整的理论体系，可拓展、丰富农食原料质量安全治理以及投资交易治理理论。（2）探究"精准管控"存在的突出问题、成因及其内在联系，把握"精准管控"行为本质和规律，以补充、完善食用农产品质量安全治理的学术思想。（3）运用社会网络分析方法对主产区与主销区不同利益主体构成的复杂社会网络关系进行精准测量和可视化表征，以拓展、深化"精准管控"理论研究和新方法运用。

2. 实践意义

（1）助力食用农产品质量安全保障工程实施，健全监管体系、检测体系、追溯体系，确保食用农产品以及农食原料质量安全，推动健康中国战略实施。（2）助力食用农产品全产业链大数据建设，加强国家数字农业农村系统建设。（3）助力农业供给侧结构性改革，落实农业高质量发展要求。（4）助力精准施策，助推乡村振兴，加快决战决胜脱贫攻坚。

二、研究的思路与方法

（一）研究思路

本研究的逻辑架构与技术路线如图0-1所示。

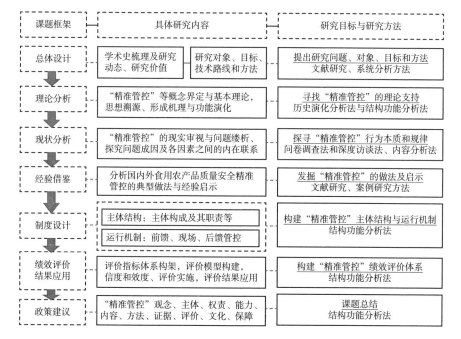

图 0 - 1　本研究的逻辑架构与技术路线

（二）研究方法

（1）历史演化分析法与结构功能分析法相结合。一是通过历史演化分析法考察"精准管控"的思想渊源、形成机理与功能演化，正确认识"精准管控"的本质和规律，从而确定"精准管控"的创新趋势。二是通过结构功能分析法调查"精准管控"系统的内部结构、内部功能与外部功能。

（2）问卷调查法和深度访谈法相结合。一是通过问卷调查获取食用农产品主产区不同利益主体对"精准管控"的需求及其对主销区的期许，主销区不同利益主体对"精准管控"的需求及其对主产区的期许，不同利益主体参与"精准管控"的动机、影响因素与现实困境等。二是通过深度访谈获取食用农产品主产区和主销区不同利益主体对"精准管控"的动机、态度、行为与想法等。

（3）案例研究法。选取供港、供澳食用农产品主产乡村为案例，全面、系统地收集案例的第一手资料，深入研究供港供澳生猪、塘鱼、时令蔬菜、脐橙等主要食用农产品质量安全精准管控方案，挖掘食用农产品主产乡村与主销城市在"精准管控"合作联席会议、部门联席会议、疫病疫情监测监装溯源、实验室监测保障、种植养殖基地监督管理等方面的经验，这些案例可为"精准管控"提供充足的事实依据。

三、研究的创新之处

（1）对国家管控农业质量的思想做了系统分析和概括，总结了食用农产品质量安全管控的演进特点和演进规律。项目组通过研读古代农学著作及思想家在农业领域的相关成果，系统地梳理了与本研究相关的历史资料，尤其是探析了中国古代至1949年前国家管控农业质量思想的历史溯源、形成机理与功能演化。在查阅不同时期颁布的与农业相关重要文件的基础上，按时间顺序对中华人民共和国成立之后食用农产品质量安全管控思想、制度、政策、方式方法的主要演变内容进行系统梳理，总结管控经验，提出了食用农产品质量安全精准管控思想。从而使新时代食用农产品质量安全精准管控拥有了深厚历史基础，回应了现实需求，也为食用农产品质量安全精准管控实践提供了思想资源和理论先导。

（2）从食用农产品主产区与主销区利益与共的视角，提出食用农产品监管、生产、消费三位一体的精准管控系统理论观点。基于问卷调查和深度访谈数据，分析了食用农产品主产区不同利益主体对"精准管控"的需求及其对主销区的期许，食用农产品主销区不同利益主体对"精准管控"的需求及其对主产区的期许，不同利益主体参与"精准管控"的动机、态度、行为、想法、影响因素与现实困境等，探究了食用农产品现有监管职能、机构、人员、职责、资源、检测标准与手段、执行要求等，缕析了"精准管控"面临的问题、问题成因及成因间的内在联系，并通过主产区与主销区利益与共这一新的视角，基于监管、生产、消费三位一体提出了食用农产品质量安全精准管控系统理论观点，紧密围绕食用农产品"物流""资金流""信息流""质量流"，运用程序化、标准化、精细化、数据化和智能化等手段，实现对影响食用农产品质量安全信息的精准识别、定位、定时、追踪、监控、管制，使食用农产品全产业链各单元精确、准确、高效、协同和持续运行，将影响食用农产品质量安全的行为消灭于萌芽状态，实现经济效益、社会效益与环境效益的统一。从而使"精准管控"丰富了食用农产品质量安全治理学术思想，并拓展了农食原料质量安全治理、投资交易治理理论。

（3）为食用农产品质量安全提出了全面、系统、完整的精准管控知识结构与理论构架。①基于对霍尔三维结构的修正，从纵向过程维度、横向资源维度和深向创新维度，提出了"精准管控"纵向到底、横向到边、深向提升的能力建设三维体系：过程维、资源维和创新维。②从动力来源类型、动力来源方向和动力来源主体三个维度，构建了"精准管控"动力机制。运用行动者网络理论对"精准管控"运作过程进行了深度分析，从问题呈现、利益赋予、动员、异议四个精准管控运作过程遵循的步骤，对"精准管控"利益联盟的形成过程、异质行动者的转译过程进行了系统研究，以"利益联盟"为基础，从动力来源类型、动力来源方向和动力来源主体维度，构建了"精准管控"动力机制，以准确把控各联结主体的利益关系与动力要素。③构建了一套科学、合理、适用的"精准管控"评估指标体系。本研究通过理论梳理、调查分析，运用层次分析法，探索和构建了食用农产品质量安全精准管控评估指标体系，创造性地将现代信息技术与食用农产品质量安全精准管控评估结合起来，为食用农产品质量安全精准管控评估提供了新的工具。这将推进"精准管控"问责问效，推动食用农产品主产区与主销区的经济效益、社会效益、科技效益、文化效益、生态环境效益相统一，使"精准管控"与精准扶贫、乡村振兴战略实施之考量形成合力。

（4）尝试多案例研究与扎根理论深度融合的研究方法，以确保研究过程中数据资料来源的多样性，确保三角验证原则的实现，提高研究结果的信度和效度，增强研究结论、理论贡献、实践启示的可靠性。项目组通过多案例研究与扎根理论深度融合，利用数据编码对食用农产品质量安全精准管控进行深度探析，构建了以企业积极承担社会责任，相关利益主体运用大数据、互联网、物联网信息技术手段有效参与，政府主导云应用、可追溯技术的食用农产品质量安全精准管控理论。这将丰富智能化、信息化等前沿技术融于食用农产品质量安全精准管控过程的技术创新理论。

第一章　食用农产品质量安全精准管控的概念界定与基本理论

第一节　食用农产品质量安全精准管控的概念界定

一、食用农产品

食用农产品是指在农业实践活动中获得，并且可供人食用或饮用的初级产品（动植物、微生物等）。根据《中华人民共和国食品安全法》（以下简称《食品安全法》）的定义，"食用农产品是指供食用的源于农业的初级产品"。根据《食品安全法》的规定可以得知，食用农产品包括两方面的含义。第一，农产品的用途是食用、饮用的，而不能作为食用、饮用的农产品则不能被认定为食用农产品。一般情况下，食用农产品的来源主要有三个方面：一是种植得到的果蔬类农产品；二是养殖得到的畜牧类农产品；三是打捞或养殖得到的渔产类农产品。只要是可供食用的农产品，均为食用农产品。第二，食用农产品是经过初级加工的。例如，对种植所得的果蔬类农产品进行简单采摘、清洗、脱壳等工序，对养殖所得的畜牧类农产品进行宰杀、去皮、冷冻等工序，对打捞所得的渔产类农产品进行清洗、晾晒、脱水等工序，均可被认为是经过初级加工的食用农产品。由上可知，食用农产品和农产品二者的概念有重合的部分，但不是完全相同。并不是所有农产品均为食用农产品，部分农产品的用途是使用而非食用，例如，棉花、蚕茧等，此部分不能食用的农产品不可视为食用农产品。此外，部分农产品经过精加工，例如，蜜饯、腌菜等，虽然可以食用，但不仅仅经过初级加工，亦不可简单视为食用农产品。本研究中的"食用农产品"是指耕作及渔猎采集活动中提供的一切未经过加工或者是仅仅经过简单加工的动植物产品。

二、食用农产品质量安全

通常情况下，人们普遍认为食用农产品质量安全仅包含质量和安全两大层面。本研究以新时代为背景，认为食用农产品质量安全层级可被视为金字塔形，它分别由质量、安全、营养构成。第一层是基础，食用农产品的质量；第二层是核心，食用农产品的安全；第三层是升华，食用农产品的营养，各层级之间相互联系、相互作用、相互转化。可见食用农产品质量安全内涵的三大层级图（见图 1－1）。

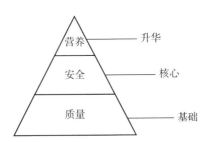

图 1－1　食用农产品质量安全内涵层级

第一层，食用农产品的质量。质量是维系食用农产品市场稳定的基石，是协调供给与需求平衡的杠杆。一旦食用农产品的质量得不到保障，低质量供给不断增多，食用农产品市场则会出现供给侧结构上的问题、质价部分困境，因此食用农产品质量是政府监管工作的开端。食用农产品质量是生产质量、加工质量、流通质量的标准，所以需要确保生产中的食用农产品达到行业规定的标准。食用农产品质量除了考虑了生产流程质量标准外，还充分考虑了产品的自有特征,例如农产品的口感属性、外观属性等的质量。确保食用农产品质量符合要求、生产符合规范、卫生符合标准,为大众持续性地提供高质量的食用农产品。

第二层,食用农产品的安全。安全是食用农产品质量安全金字塔的核心层级。在基础层级中食用农产品品质涵盖了部分安全要素,通过标准确保生产产品达到基准条件,核心层级是对基础层级的扩张与延伸。食用农产品的安全属性是指食用农产品不包含会对人体健康、动植物、环境产生危害的现实存在因素或潜在因素,例如,农药、兽药及违禁药物的残留,水质、重金属的污染等(金发忠,2006)。在《中华人民共和国农产品质量安全法》(以下简称《农产品质量安全法》)中,同样明确地指出"本法所称农产品质量安全,是指农产品质量符合保障人的健康、安全的要求"。对食用农产品的全部生产标准、生产要素进一步细化,确保消费者舌尖上的安全。

第三层,食用农产品的营养。营养是食用农产品层级的不断升级。在新时代下,人民的需求也发生了转变,从对温饱生活的渴望转向优质生活的向往。因此在确保食用农产品质量、安全后,则需要不断提升食用农产品的营养,让人民吃得更好。食用农产品的营养属性主要是指食用农产品各元素的含量、健康成分的组成要素等。在满足人民基本生存需求的同时,提供更多的营养价值。

综上所述,本研究将食用农产品质量安全定义为在生产、加工、流通、销售过程中要符合质量标准、安全标准、营养标准,为社会提供更绿色、更健康、更优质的食用农产品,以此实现社会效益、生态效益、经济效益的最大化。

三、食用农产品质量安全精准管控

字面意思上,"精"可理解为精炼,"准"可理解为准确、直击要害,

"管控"意为管理控制。"精准管控"一词起源于公司治理，公司依靠一系列量化的治理手段进行精准化治理，以团队合作作为治理模式构建管控治理体系，最终确保公司稳态运转。近年来，国内外不断提出与"精准"相关的政策性术语与实践活动。如原美国总统奥巴马也曾提出要在医学界推行精准计划，"精准"旨在针对不同患者进行精准个性化的医疗，从而改善治疗效果。如我国"精准扶贫"政策，这里的"精准"一词指的是因人因地的具体情况进行精准帮扶。分析上述与精准相关的词汇，可总结、提炼出精准理念的共同点，即对症下药，具体问题具体分析，准确发现弱势或问题环节，瞄准重点精准发力再逐一击破。政府治理模式越来越强调精准化，足以证明精准化不仅涵盖了企业现代化管控的特征，更体现了我国国家治理的重要思想。

精准化理念同样也被运用在食用农产品质量安全治理上。以精准理念进行管控，以信息技术提升精准管控能力，实现食用农产品质量安全精准化管控。相较于"粗放型"治理而言，推行"精准管控"则更具成效。从时代背景上来看，信息技术的不断发展，为技术与管控的深度融合提供了机遇，也带来了挑战。技术创新，被提升到战略层面的高度，这不仅推动了食用农产品质量安全管控模式的转变，要求政府摒弃原本的粗放式监管方式，更是回应了人民群众的新需求，促使政府充分融合精细化、数据化和智能化等手段，推动食用农产品质量安全的精准管控。

食用农产品质量安全精准管控是指紧密围绕食用农产品"物流""资金流""信息流""质量流"，运用程序化、标准化、精细化、数据化和智能化等手段，实现对影响食用农产品质量安全信息的精准识别、定位、定时、追踪、监控、管制，使食用农产品全产业链各单元精确、准确、高效、协同和持续运行，将影响食用农产品质量安全的行为消灭于萌芽状态，实现经济效益、社会效益和环境效益的统一。

第二节 食用农产品质量安全精准管控的基本理论

一、全面质量管理理论

全面质量管理（total quality management）是由全面质量控制（total quality control）概念演变而来的，而全面质量控制概念在 20 世纪 60 年代被菲根堡姆（Feigenbaum，1991）首次提出：全面质量管理是以最经济的水平为基础，以充分考虑和满足客户要求为根本，通过整合企业在研制、维持和提高质量的工作，从而进行生产和服务的一种有效的体系。随着经济全球化的深入发展，全面质量控制概念被推广到世界各国，在全球范围内得到进一步的深化和扩展。自 1978 年我国推行全面质量管理以来，其理论和实践都取得了很大的进展，同时也为我国食用农产品质量安全精准管控工作提供了强有力的理论支撑。

食用农产品质量安全精准管控是一项复杂的、系统的工程，保障食用农产品质量安全，提高食用农产品质量安全的管控水平必须依靠全面质量管理。全面质量管理在农业生产领域中表现为将专业技术、经营思想、数理统计和思想教育结合起来，对农业生产的每一个环节进行严格的管理，形成一个从"农田到餐桌"、从初级生产到最终消费的食用农产品质量安全管控体系，从而生产出高质、味美、消费者满意的农产品。

1. 产前、产中、产后一体化的质量管控

农产品生产周期长、过程复杂，影响其质量安全的因素有许多，所以要加强产前、产中和产后的每一个环节的管理。严格把控产前的选种，生产过程中投入品的控制，保持药品、饲料、肥料和添加剂的平衡，包装运输过程中的存储、冷藏等，注意保持食用农产品的质量，严格检测销售环节，严格执行市场准入标准。

2. 食用农产品全产业链各单元全员参与的质量管控

食用农产品质量安全精准管控不只是政府部门的职责，还是食用农产品全产业链各单元的共同职责。要坚持"食用农产品质量安全人人有责"的质量管控理念，要明确保障食用农产品质量安全是大家共同的事情。食用农产品全产业链各单元要积极热情、认真负责地参与到食用农产品质量安全精准管控中来，加之各级政府部门对生产经营活动的调控作用和消费者对优质优品农产品生产的导向作用，可以说食用农产品质量安全精准管控是全员参与的质量管控。

3. 全方位、综合化的质量管控

现代农业和科学技术的发展，使得影响食用农产品质量安全的因素越来越多，且越来越复杂，要保障食用农产品质量安全，就要处理和控制好这些影响因素。因此要充分运用科学成果，利用现代化手段，发挥大数据等现代信息技术的巨大作用，从而实现对食用农产品质量安全的实时监测和精准追踪，提高食用农产品全产业链各单元的管控能力，从而达到保障食用农产品质量安全的目的。

二、大数据理论

维克托·迈尔－舍恩伯格和肯尼斯·库克耶（Viktor Mayer－Schönberger and Kenneth Cukier，2012）在其著作《大数据时代：生活、工作与思维的大变革》中提出了大数据理论。在该著作中，作者认为大数据（big data）蕴含了海量的信息，给人类的起居生活、工作方式、思维模式带来了可量化的"新变革"。该理论强调对巨量数据的收集、处理、分析与应用，是一种利用信息处理技术，分析研究对象与研究目的之间多维度的联系，以达到发现和解决问题目的的理论[①]。综合大数据理论的相关文献，对

---

① 刘立霞，李晓南. 运用大数据理论完善未成年人社会调查制度 [J]. 法学杂志，2015，36（1）.

于"大数据"的理解不再仅仅停留在数据量庞大这一特征，有学者对它的核心特点进行了阐述（如图 1 - 2 所示）。

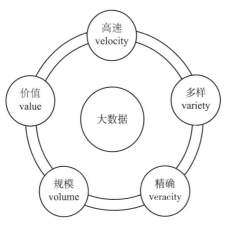

图 1 - 2 大数据五大特征

总体而言，可从五大维度展开（5V 特征），第一，"velocity"即高速，指的是对于信息数据的收集、变动、处理与反馈的速度十分迅速。第二，"variety"即多样，指的是数据类型的种类多样。第三，"veracity"是精确，指的是随着数据容量的不断膨胀会使数据组合的随机概率逐渐降低，从而提升数据可信度。第四，"volume"即规模，大数据具有大规模的特点，指的是全部数据集合起来的容量十分庞大。第五，"value"即价值，指的是价值密度低，能在海量数据中提取到有效信息，并通过先进技术对信息数据进行分析以迅速挖掘到有价值的研究数据和知识。

现在我们正处于大数据时代，学习大数据理论具有极其重要的意义，大数据治理的内涵与精准管控能力的内涵不谋而合。本研究探索将大数据理论的思维方式引入到研究中。从技术与实践层面引入大数据理论，技术是大数据理论价值体现的手段，实践是大数据理论的最终价值体现。在本研究中，地方政府的大数据治理思维主要体现在学习创新能力上，分别从食用农产品质量追溯、网格化监管、应急处置指挥信息系统等数个指标层面来说明。在技术创新的时代机遇下充分发挥大数据的价值，提升政府精准管控的创新能力，使得食用农产品质量安全管控更为科学、更为精准。

三、精细化管理理论

精细化管理理论可以追溯到美国泰勒所创立的科学管理方法，泰勒在《科学管理原理》一书中指出，要最大程度提高劳动生产率，激发员工的潜能，为企业获得最大利润。而在现代社会中，精细化管理是科学化管理的重要层次，海莉娟认为精细社会应该以科学与知识为基础，通过合理分工，实现各个部门的精准衔接，从而促进整个社会的发展。精细化管控理念逐渐应用于社会管控中，主要有以下几方面的特征：一是管控主体权责一致，针对社会存在的问题进行把关，另外，把公众纳入到管控主体中来，并根据不同问题的实际情况选择合适的主体；二是管控手段多样化，在社会管控中，不仅依靠传统的管控方法，还利用大数据、互联网等新型技术，打造线上与线下全方位的"精准化"管控模式；三是管控范围更加广泛，不同于以往的管控模式，精细化管控强调在管控中"互动"，打造多极化管控格局，推动社会管控迈向新模式。

在食用农产品质量安全管控中，精细化管理主要体现在管控的效果上。一方面，精细化管理追求食用农产品生产的高质量，通过精准管控食用农产品可能发生问题的环节，利用相关技术手段消除可能发生的风险；另一方面，精细化管理注重食用农产品的管理与服务水平，满足不同层次人民群众的需求，注意维系好社会秩序与社会活力之间的关系，特别是保障食用农产品质量安全管控中的弱势群体。食用农产品精细化管理从生产、运输到销售环节，都注重管控的精准性，包含了食用农产品质量安全管控目标、内容、组织体系以及评价方案，涵盖范围较为广泛，这也为保障更多人的食用农产品质量安全提供了强有力的支撑。

四、危害分析与关键控制点理论

截至目前，在世界上拥有巨大权威性的食品安全质量维护体系就是危害分析和关键控制点理论（HACCP），国际上用来将食品（包括饲料）在整个生产活动中发生的物理性、化学性、生物性等因素的不安全性进行整理和预防的一项最常用的理论。其目的主要是消除这一类的在生产过程中可能会发生的问题，而不是需要在产品出来之后再依靠质量检测手段来确定产品的安全性。HACCP 系统是一种预防性的体系，其主要的方式是决策出一套合理的方案，来预测和阻止在生产个体或者是企业的生产过程中有一定可能性会发生的致使食品质量安全的危害，从而通过预防等方式防患于未然。

本研究运用 HACCP 体系，为食用农产品生产与加工的各个环节进行管控，诊断安全危害关键点，再经过科学的预防控制手段，在各个关键环节采用异常严格的监管措施，从而有效确保食用农产品质量安全。在危害分析和关键控制点理论中，监督的全过程包括了观察、测温、采样，再进行适当的化学、物理或微生物学的相关样本的处理（许益民，1999）。在每个关键控制点都要进行相关的监督检验决策，再具体提出评估时间，同时要做到准确的数据记录。

第二章 食用农产品质量安全管控的历史演进及其规律探寻

第一节 食用农产品质量安全管控的历史演进

一、新中国成立之前食用农产品质量安全管控的历史演进

（一）食用农产品质量安全管控的思想溯源

农业的产生距今约有近万年的历史，人们通过群体劳动进行农业生产。随着农业生产规模扩大、粮食需求上涨、农业不确定因素等问题的出现，对农业进行管理成为必然，农业管控思想应运而生。从古至今，中国都是一个农业大国。在古代，国家把农业生产看作是维护国家统治和促进国家繁荣兴盛的第一要务，农本思想一直存在于在社会经济发展过程中（见图2－1），农产品价格管控、粮食储备等粮食安全观念也贯穿古代重农思想始终。

原始社会初期，中国先民主要靠采集自然界中植物的根、茎、叶和果实为生，此时还没有出现农业的概念。直到一万年以前的新石器时代，渔猎的生产活动不能满足中国先民的需要，他们开始种植作物和驯养动物，这标志着原始农业的萌芽①。在这一时期，虽然没有文字记载，但却流传下来一些古老的传说，体现了农业被中国先民置于生产生活的首要地位。传说中，炎帝（号神农氏）是中国农业的创始人。他发明了耕种工具耒耜，通过"尝

---

① 闵宗殿等. 中国古代农业科技史图说［M］. 北京：农业出版社，1989.

百草"筛选出五谷并教导人们大面积种植，保障了粮食的产量安全，促进了原始农业的发展。

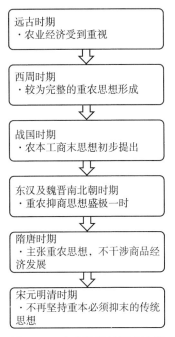

图 2-1　农本思想的历史演进

资料来源：本研究整理。

　　夏、商、周时期是中国传统农业的形成阶段，也是粮食思想的萌芽阶段。这一阶段青铜农具的出现和农田水利的兴修，休闲耕作制、垄作法、田间管理等农业生产技术也得到了发展，这有效地提高了农业生产的效率，使农作物得到了丰收。《诗经》中出现的"其崇如墉，其比如栉。以开百室，百室盈止。"[1] 描绘了一片农业丰收的景象，也体现出中国古代注重粮食数量安全、重视粮食储备的思想。《夏小正》记载"二月，颁冰。"[2] 颁冰就

[1]　孔子. 诗经 [M]. 李择非，整理. 沈阳：万卷出版公司，2009.
[2]　闵宗殿等. 中国古代农业科技史图说 [M]. 北京：农业出版社，1989.

是分发冰块的意思，记录了一种古代中国粮食储备方法。冷藏技术的运用减缓了食物变质腐烂的速度，是粮食储藏技术的一大发展，表现出古人对粮食安全的重视。并且为了能随时吃到某些季节性蔬菜水果，这一时期还发明了煮熟法和腌制法两种加工贮藏的方法。同时，人们通过规律总结发现了气象对农业生产活动的指导作用，《周易》中提到通过观察天象，可以顺应农时。在萌芽时期，古人发明了我国历史上的第一个历法——夏历，人们可以根据历法确定农业生产的时间，通过顺应农时，保障粮食生产安全。

春秋战国时期是我国粮食安全思想的初步形成阶段，这一时期涌现了大批优秀的重农思想家和政治家。起初，齐国管子学派提出了轻重理论，他们注意到粮食的价格和市场的需求有关，具体表现为当市场粮食积攒过多时其价格较低，而当市场的粮食稀缺时则价格较高，为此他们认为国家应该施行粮食"准平"的政策，"敛之以轻……散之以重……以重射轻，以贱泄平"①，即通过在市场过剩时以较高的价格回收粮食，在市场粮食不多时进行低价抛售，以此来平衡粮食的价格，稳定粮食的生产。同时他们也发现"夫物多则贱，寡则贵"②，造成市场上粮食数量高低的原因有很多，既与当年的收成、所处的季节有关，也和国家颁布的法令等有关。管子学派还指出粮食价格的波动与货币的数量有关，因此他们认为粮食价格的制定应该要掌握在国家手中，通过制定相关的法令来保证农民的利益，提高农民的生产热情。管子学派提出的粮食政策及农业思想对后世影响深远。春秋末年，计然和其弟子范蠡提出"平粜论"③，该思想是中国古代农产品价格区间管控理论的框架基础，被后来诞生的政权沿用，对世界农业经济学的发展产生了深远而厚重的影响。同时提出的"农业周期论"，丰富了古代百姓对粮食收成出现丰收、歉收原因的认识。《汉书·食货志》记载，战国的李悝继承并发展了计然和范蠡的"平粜论"，提出"平籴论"④。李悝认为国家应该适当

①② 管仲.管子［M］.吴文涛，张善良，编著.北京：北京燕山出版社，1995.

③ 李埏等.《史记·货殖列传》研究［M］.昆明：云南大学出版社，2002.

④ 黄绍筠.中国第1部经济史—汉书食货志［M］.北京：中国经济出版社，1991.

平衡粮食的价格，尽可能地保障百姓的利益，同时他主张"尽地力"的重农政策，提出国家应该重视粮食生产，在保障百姓利益不受到损害的同时尽可能地鼓励百姓从事粮食生产活动。《孟子·滕文公上》记录了战国中期许行和孟轲关于商品价格标准的"争论"，许行认为政府应该做到"市贾不贰"，即商品价格应该与商品数量、大小、轻重挂钩，做到相同价格的商品数量相同，或相同价格的商品大小一样，或相同价格的商品重量一致，以防止商业欺诈的发生。而孟轲则反驳了许行的观点，他首先指出国家如果按照许行的观点行事，会导致商品市场出现混乱，破坏国家社会经济的稳定，继而提出按质论价的商品价格管理思想。这场"争论"为中国古代粮食价格管理提供了理论指导，也体现了古代粮食价格安全的特色思想。战国后期，秦国丞相吕不韦主持编写的《吕氏春秋》主要反映了当时我国黄河流域地区的农业生产。《上农》篇主要记载了当时秦国所施行的"重农抑商"政策，反映了领导阶级对农业生产的重视以及对农业经济的掌控。而《任地》《辩土》和《审时》三篇则从农业生产技术入手，提及了土地肥力可以受到外界影响而改变的规律，"地可使肥，又可使棘"①，讨论了耕作方式和耕种时间对农作物生长的影响，并指出掌握农时的重要性。上述著作记载了春秋战国时期各位学者围绕国家如何管控粮食价格提出的措施，以及当时国家管理农业施行的相关政策，虽然只代表了一部分人的观点，但是一定程度上反映出这一时期中国农业管理思想和生产经验已经非常丰富。

秦汉时期，国家十分重视农业生产，以农业经济为中心的社会发展体制初步形成并在国家发展中逐渐完善。公元前221年，秦王嬴政灭六国，统一天下，封建制度就此建立。战时，秦将农业视为富国强兵的重要保障，主张农战思想；战后，为了巩固政权，秦朝提出"重农须抑末"的思想，颁布了一系列国家政策，采取了相关措施如严格管控农业人口的流动，为农业经济发展提供了有利的条件（孙铭，2010）。西汉时期，政府大规模修建水利

---

① 吕不韦. 吕氏春秋 [M]. 任明，昌明，译注. 上海：书海出版社，2001.

设施，如关中兴建的白渠、龙首渠和新疆特色的坎儿井等，与此同时，政府还大力革新农业技术，发展牛耕，这些重农举措极大地促进了当时的农业生产发展。为了调控粮食的价格，确保国家饥荒时期的粮食储备，耿寿昌提出在各地建立"常平仓"[①]，运用价值规律调节粮食供应，该建议的提出与实行保障了百姓利益，维护了粮食市场的稳定，既确保了粮食安全，又稳固了统治者的政权。同一时期，桑弘羊针对不法商人操纵物价、牟取暴利的现象，沿用范蠡的平准思想，实行平准法，建立中央平准机构，以此保持粮食价格总水平的相对稳定。秦汉魏晋南北朝时期，古人积累了一定的农业生产实践经验，当时的农学理论正处于不断补充发展的阶段，这一时期出现了诸多著名的农学专家如赵过、氾胜之、崔寔、贾思勰等，他们凝结心血创作出许多适应时代需求的经典农学著作如《氾胜之书》《四民月令》《齐名要术》等。西汉农学家赵过通过总结民间经验，创立并推广了代田法和区田法，提高了土地利用率，增加了粮食产量[②]。这些农学家提出的农业思想和农书中记载的农业生产思想普及性强，涉及的范围广、程度深，对中国古代农业生产具有重要的指导意义，也对古代粮食安全思想产生了深远的影响。

隋唐宋元时期，历朝政府积极推行重农政策，发展农业科技，促进社会经济稳定。唐代刘晏继承了耿寿昌的"常平"思想，指出加强政府管控的重要性，提出全国各地布置广泛的信息情报点，以便随时了解各地实时粮价并实施管控，该方法蕴含了粮食信息安全思想，体现出粮食信息对称的重要性。白居易发展了前人的货币思想，他认为货币具有稳定农业生产和协调货物流通的作用，政府必须通过控制货币的数量进行粮食价格管控，保障粮食安全。宋代学者周行己丰富了货币的思想，他指出货币本身没有价格高低之分，只有在交易行为发生时，通过与不同价值的商品进行交换才形成了价格差异。北宋李觏和南宋叶适在农业赋税方面提出了自己的见解，李觏强调农

---

① 历代食货志今译 [M]. 刘莹，陈鼎如，译. 南昌：江西人民出版社，1984.
② 闵宗殿等. 中国古代农业科技史图说 [M]. 北京：农业出版社，1989.

业税收应该"正中""丰年从正，亦不多取也，凶荒则损"。叶适则站在农民的立场，对损害百姓利益的税收制度进行了批判。为了促进农业经济发展，提高粮食产量，宋朝在全国范围内设立"农师"，专门监督指导农民进行农业生产。元代专门颁布了推广农业的条例，成立"社长"，并印发《农桑辑要》指导农民进行农产品种植和农副产品的养殖，推广并传授农业技术（王慧君，刘秀艳，2010）。

　　明清时期，由于人口的激增，现有的耕地数量无法满足百姓需求。为妥善解决耕地不断减少的问题，保证粮食储备的增加，推动农业的发展，明清两朝政府都采取了相应的手段。农业是明朝的支柱性产业，明太祖朱元璋把农业发展放在国家经济发展的第一位。他亲自举行农田的祭祀典礼，并设立专门管理农田水利建设的营田司。在粮食的储备方面，施行屯田政策，目的是为了保证边疆粮食的供应。同时，采取减免农业税赋的措施，并奖励耕种，提高农民的生产积极性。清朝建立初期，因为粮食供应紧缺，粮价昂贵，为了解决粮食价格过高的问题，清政府以提升粮食产量、降低粮食市场价格为目的施行了一系列鼓励生产的政策，农业生产逐渐恢复，粮食供求关系得以改善，并达到了新的平衡，粮食价格也慢慢下降并稳定下来。但是粮食买卖的市场环境是多变的，随着供求关系的变化，粮价会产生相应的变动。粮价问题始终是清政府关注的大事，这体现出管控粮食价格、保障粮食价格安全的思想一直贯穿于中国古代食用农产品安全治理的过程中①。清朝末期，中国开始向资本主义国家学习，创建农事试验场、设立农业学堂、进行农业推广。北洋政府十分注重对传统农业的现代化改造，制定了农业生产的相关奖励制度，并颁布《劝农员章程》，开办试验场。在农业政策方面，国民政府主要颁布了相关涉农法规，如《农业推广规程》等，同时开办农业推广试验区，进行农业技术推广（王慧君，刘秀艳，2010）。明清时期以及民国时期的食用农产品质量安

---

　　① 《平准学刊》编辑委员会．平准学刊第5辑下［M］．北京：光明日报出版社，1989．

全治理主要考虑了粮食数量安全问题，但由于内忧外患，农业生产环境遭受了严重的破坏，农业劳动力流失严重，政府实行食用农产品质量安全管控力不从心。

以上简要叙述了中华人民共和国成立之前中国农业管控相关理论、措施及思想的诞生与发展，探索了食用农产品质量安全管控的思想溯源，认为农业管控理论的形成对食用农产品质量安全管控思想的诞生与发展产生了不可小觑的作用。通过对远古时期至民国时期的农业管控思想的梳理总结，能够发现农本思想一直贯穿中国农业管控历史的始终。农业是保障国家兴盛繁荣的基础，是维护国家边界稳定、巩固边疆的必要条件，是促进社会发展进步的有力保证。中国历代推行的重农政策，如设置专门的农业机构、派遣官员监督指导农业生产、大力发展水利设施、建立各种粮食储备制度、调控粮食价格等，对中国现代食用农产品质量安全管控具有极大的指导意义。中国传统农学以"三才"理论为核心，通过集约经营、精耕细作、提高土地的利用率等方式管控粮食生产总量，保证粮食产量的安全；通过广辟肥源、发展耕种制度、用地与养地结合等措施保持地力长久不衰，实现农业生产的可持续发展（路明，2002）。我们应该继承和发扬传统农业中富有中国特色和中国智慧的重农思想和农学思想，"择其善者而从之，其不善者而改之"[①]，为我国现阶段的食用农产品质量安全管控注入活力。

（二）食用农产品质量安全管控的形成机理

农本思想在不同时期都具有独特的内涵，其内涵的发展变化体现了中国各届政府对农业管控的高度重视，推进了食用农产品质量安全管控的发展，促进了具有浓烈中国色彩的管控理念、制度、政策和方法的形成。中国古代尊崇皇权至上，为了保障政权利益、维护政权稳定，统治阶层采取各种方式

---

① 孔丘. 论语 [M]. 杨伯峻，杨逢彬，注译. 长沙：岳麓书社，2000.

对农业进行精准掌控，以此对底层百姓生存的命脉进行控制。农业生产存在地域差异性和历史继承性，与一个国家的资源环境以及社会、经济、文化甚至风俗习惯息息相关。中国是世界四大文明古国之一，也是一直以农耕为主的人口大国，是一个幅员辽阔、自然地理环境十分复杂的国家，丘陵、山地占地面积大，平原相对较少，可供直接耕种的土地面积小。面对如此特殊复杂的自然与社会环境，中国人民从远古时代就千方百计地以提高单位面积产量为目的，探索适合地域环境的农业生产道路。在与自然作斗争的历程中，勤劳智慧的中华民族创造了灿烂而辉煌的古代农业经济文明以及农业生产技术，形成并丰富了中国粮食安全管控的思想，取得的成就一定程度上影响了全世界的农业发展。

在漫长的原始社会早期阶段，原始人以粗略打制的石器作为生产工具，生产力水平十分低下。此时原始农业还未产生，农业生产精准掌控的思想缺乏产生的客观条件和必要性。在原始社会后期，随着原始人生产活动的不断增加和频繁进行，原始农业和原始畜牧业相继产生，粗加工的生产工具无法满足农业生产活动的需求，在制造满足生产力发展的生产工具的过程中，原始手工业出现。原始农业的产生使人们开始向往粮食充足的美好生活，农业管理具备了精准管控的要求和可能。

约公元前 2070 年，夏朝建立，原始公社彻底分崩离析，阶级的概念出现，底层人民处于阶级压迫和被剥削阶段，中国开始进入奴隶社会时期。这一时期，中国在农业生产工具革新、耕作种植方式和粮食保存加工等农业生产方面取得了一定的成果和进展。随着人口数量的不断增加，可耕种的土地资源不断收缩，人民开始注重田地的粮食产量，寻求更加科学有效的耕种方式，讲究土地肥力的保持，休闲耕作制出现。间隔使用土地保证地力的恢复的举措提高了土地利用率和粮食产量，实现了农业生产时对土地肥力的精准管控。同一时期，人们发现如果将农作物种植在开挖水渠时自然形成的垄上，这一作物会生长得更好，产量也更高，田间垄作的方法开始被应用。根据《诗经·大雅·生民》的记载，"厥丰草，种之黄茂……诞降嘉种：维秬维秠，维縻维芑。"[1] 在这一时期不仅粮食作物的品种增加了，人们还学会了选用成熟丰实的种子进行播种，以达到出苗成熟后麦穗更长，接穗更多且麦粒硕大饱满的效果。这体现出在粮食的选种育种方面中国早就取得了较为可观的成果。水利是农业生产的命脉，如何进行农田灌溉一直是我国古代农业生产关注的重点之一。春秋战国时期，随着社会经济的发展与变革，社会生产力得到了进一步的解放，国家水利灌溉方式也取得了长足的进步，如楚国孙叔敖主持修筑的芍陂；魏国西门豹修建的漳水十二渠；秦国李冰主持兴修的都江堰等[2]。农业耕作技术的进步、水利设施的建设使粮食产量满足了国家需求与社会需求，使粮食数量安全得到了保障。

春秋战国以来，出现了各式各样的重农思想和重农思想家。其中不但有农学家的许行，也有墨家的墨翟，儒家的孟轲，法家的李悝、商鞅和韩非子，虽然他们的阶级属性不同，但在重视农业生产和发展小农经济这两个方面有着共同的要求。重农思想的产生对农业生产的精准管控提出了新的要求。《孟子·梁惠王上》中记载，孟轲和梁惠王论道时说到，"不违农时，谷不可胜食也……斧斤以时入山林，材木不可胜用也……是使民养生丧死无憾也……王道之始也。"意思是在进行农业生产耕种时，只要不违背农耕的季节规律和耕作时间的规律，粮食就会吃不完；砍柴时，只要合理砍伐，给树木生长的时间，木材也会用不完。满足这些条件后，百姓的生活也就完满了，这就是实行仁政的开端。"五亩之宅，树之以桑……百亩之田，勿夺其时，数口之家可以无饥矣。"[3] 这里提出的是要合理调整农业生产内容，顺应农时，这样才能形成自给自足的小农经济生活。孟轲的这段论述表明了维护国家的统治首先要注重农业经济的可持续发展，百姓进行农业生产时应该顺应农时，调整生产结构，保证粮食产量的稳定与提高，同时满足社会多元粮食需求。商鞅提出"农则易勤，勤则富""路无荒草，则国富"等重农思

---

① 孔子. 诗经 [M]. 李择非，整理. 沈阳：万卷出版公司，2009.

② 王孝通. 中国商业史 [M]. 北京：中国文史出版社，2015.

③ 孟子 [M]. 何晓明，周春健，注说. 开封：河南大学出版社，2008.

想，在理论上将农业定为"本业"，强调发展农业，要调动百姓农业生产的积极性，提出百姓作为农业主要劳动力要辛勤的劳作，充分利用所有土地资源进行农业生产，这样才能使国家富强。

秦汉以来，中国历代中央政权都将农业放在治国理政的首位，但是因为封建体制对经济的局限，农业经济管控普遍呈现一种循环波动：在国家初步建立的时期，中央统治阶级一般采用"黄老之术"，施行经济放任政策，提倡富国富民、简政薄赋、与民休息，社会经济在此期间快速发展，形成国富民强的局面。之后则因为放任过度而流弊丛生，导致社会动荡不安，各种矛盾开始激化，于是统治者开始采用轻重之术，制定各种政策，对国策实行改革，加强对社会经济的宏观调控，使国家走出衰乱局面重新向好的方面发展，但是这种中兴的局面一般维持的时间较短，国家很快会走向衰败灭亡，新的朝代开始建立，新一轮的放任与干预政策又交替出现。历朝历代的经济社会发展基本上无法摆脱上述发展规律，与此同时，中央集权对于农业经济的管控力度也呈现一种周期性变化。

汉朝建立初期，由于农民起义和楚汉两国大规模的长时间战争，国家经济遭到严重的打击。《汉书》中记载："天下既定，民无盖藏，自天子不能具醇驷，而将相或乘牛车。"① 面对如此国力凋敝的情况，为了加强中央集权的统治，维护国家的社会稳定，"上于是约法省禁，轻田租，十五税一"。汉高祖吸取了秦朝亡国的教训，采取道家"无为而治"的统治思想，精简军队、轻徭薄赋、与民休息，注重农业经济的有序发展②。汉文帝说："夫农，天下之本也。"汉景帝说："农业是天下之根本。"文景两帝都十分重视农业经济的发展并将农业视为国家强盛的根本，沿用汉初无为而治的思想，落实休养生息政策，在该政策的实施使社会展现出一片欣欣向荣的发展局面，史称"文景之治"。但是，过度放任的政策也使社会危机开始积累，如

---

① 班固.汉书［M］.赵一生，点校.杭州：浙江古籍出版社，2000.
② 方天坤，陈仙林.农业经济管理［M］.北京：中国农业大学出版社，2005.

民间私铸钱币现象泛滥、诸侯王拥兵自重、人才得不到重用等。汉武帝身为政治家，拥有雄才大略，摒弃了前人治国理政的思想，开始以轻重之术治国治民，强硬地推行干预国民经济的政策，统一货币，将铸币权掌握在国家手中，实施均输、平准之法来平衡稳定物价，并施行重农抑商的政策。这些干预性政策的实施，一时加强了国家对农业经济的掌控，使西汉进入国泰民安、社会秩序稳定的盛世局面，但是这些政策的推行既损害了封王势力和富商大贾的利益又制约了市场经济的发展，种种原因导致盛世局面未能维持。

唐朝治理国家的方式和汉朝非常近似。面对战火肆虐后满目疮痍的山河大地，唐太宗李世民深切地感受到百姓对平稳安定生活的向往。他顺应时势民心，秉承农本思想，出台了众多强国富民的政策办法，如颁布了"国以民为本，民以食为天"的劝农诏，同时规定"今省徭役，不夺其时"，积极推行"均田制"和"租庸调"，并在中央专门设立农官负责农事，在地方则派专人劝客农桑进行农业推广等。这些措施的运用、政策的实行，使国家摆脱了战乱带来的后遗症，使社会经济恢复，使社会秩序稳定，提高了百姓生产的积极性，社会经济发展迅猛，形成了备受后人赞叹的"贞观之治"。这一繁荣的景象持续了一百多年，是封建经济发展的一个高峰期，但这兴盛的背后也隐藏着地主阶级与农民阶级不可调和的矛盾，在统治阶级自身越来越僵化突出的内部矛盾下，随着"安史之乱"爆发，唐朝也自此衰落。

清朝是我国历史上存在的最后一个封建王朝。清朝成立初期，由于受到长期战争的影响，人口数量猛减，耕地毁弃严重，农业生产受到很大打击，农业经济发展基本处于停滞阶段。清政府宣布实行免除加派、轻徭薄赋、摊丁入亩等政策，鼓励农民进行农事活动，农业进入经济恢复时期，农业生产取得了一定的发展。康熙帝十分重视农业生产，在他亲自撰写的《农桑论》中提到"王政之本，在乎农桑"，又强调"国家要务，莫如贵粟重农。"他还宣布"滋生人丁永不加赋"，明确了轻徭薄赋的思想，与此同时，清朝的垦田政策也发生了改变，规定垦荒的土地归垦荒者所有，这一政策刺激了土地的开垦,耕地面积大为增加①。康熙之后,雍正和乾隆皇帝继承发扬了这一重农思想和重农政策,形成了中国历史上最后一个"封建盛世"。如同汉唐两朝一样,清王朝也在盛世之后,迅速陷入农民起义的困境中。

以上简要说明了中国历史上三个重要封建王朝统治者农业管控思想的转变和政策的调整变化。在国家成立的初期,他们都以与民生息、强国富民为目标,大力发展农业,保障经济生产,形成繁荣昌盛的太平盛世。随后因为众多社会矛盾的出现,政府施行的政策开始从宽松转变为严苛,百姓受到阶级压迫与剥削,生产积极性严重受挫,国民经济发展受到阻碍,国家也在凋敝中走向消亡。

鸦片战争是我国近代史的开端,由于受到"三座大山"的压迫和剥削,我国农业遭受了极其严重的破坏,为了摆脱国弱民穷的状态,许多仁人志士开始向西方学习先进的农业理念,引进西方的农业科技成果,开展农业科研活动。但是由于社会环境条件的限制以及政府农业管控思想的封闭桎梏,我国农业发展并没有取得理想的成果,农业经济也一直停滞不前,无法逃脱凋敝的形势。

(三)食用农产品质量安全管控的功能演化

中国古代关于食用农产品质量安全的管控主要围绕农业生产展开,粮食的数量安全被摆在管控任务的第一位,每一阶段的农业管控功能各不相同(见图2-2)。

根据考古学研究,人类社会最初通过有无血缘关系进行分类,社会生产资料由氏族成员共同拥有,氏族内部个人地位没有高低之分,大家一起从事生产活动,平均分配劳动成果②。当时食用农产品管控主体是氏族公社的每一位成员,且由于思想观念的落后,发生食物安全问题时,人们通常认为是

---

① 宋德宣. 论康熙的农本思想及其特点 [J]. 满族研究,1986 (2).

② 江西农业大学《简明农业经济辞典》编写组. 简明农业经济辞典 [M]. 南昌:江西人民出版社,1984.

神明的指示。随着农业生产技术与工具的发展，原始公社逐渐崩溃，阶级社会随之产生，国家形成，中国开始进入世袭制度的统治政权。从夏朝开始，统治者将其统治的行政区进行区域划分，通过建立井田制，将农业生产资料牢牢掌握在统治阶层手中，此时食用农产品质量安全管控的功能是为了方便奴隶主阶级对被统治阶级进行政治压迫及经济剥削，巩固掌权者的统治地位。

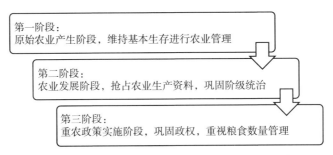

图 2-2 古代食用农产品质量安全治理的功能演化

资料来源：本研究整理。

战国时期，秦注重农业与军事之间的联系。在大一统王朝建立起来后，秦朝统治者为了对地方进行全面的治理，实行区域性农业管控，建立乡亭制度，两汉时期，这项制度被进一步完善。秦汉乡亭制对当时的食用农产品质量安全管控起到了积极作用。秦汉时期，中国农业处于自给自足的自然经济阶段，农业生产技术水平落后，国家忽略了农业技术推广，百姓不懂牛耕技术，导致农业生产发展缓慢。《后汉书·王景传》中记载："先是百姓不知牛耕，致地力有余而食常不足……修起芜废，教用犁耕……"[1] 东汉王朝灭亡后，中国长期处于动乱状态，大量耕地被荒废，三国鼎立的时期到来后，统治阶级在全国施行屯田制，有效恢复和发展了农业生产。此时国家管控农业的主要目的是为了促进农业发展、保障粮食数量安全、保证军队粮

① 陈寿，范晔，班固. 汉书 后汉书 三国志（经典珍藏版）［M］. 西安：三秦出版社，2007.

食的足够供给。

北魏建国以来，由于常年战乱，农业生产不能满足国内需求，国家面临着粮食紧缺的窘境，因此，北魏统治者从建国初期就十分注重农业生产，"息众课农"。接着又"使东平公仪垦辟河北，自五原至与稒阳塞外为屯田""其外四方四维则置八部帅以监之，劝课农耕，量校收入，以为殿最。又躬耕籍田，率先百姓"①。此后的历代北魏君主均把农业生产列为地方官员考核的标准，孝文帝颁布实行的均田制，解决了土地纠纷，激发了百姓农业生产的积极性，促进了社会经济的恢复和发展②。当时推行的农业经济政策主要是为了促进农业生产、保障粮食的供给、维护国家统治。元朝实行村社制，元朝的农村基层组织干部基本上选取年事较高且具有农业知识的汉人，农业专业知识成为选取农业管理者的标准，但是农业管控的根本目的还是为了对百姓进行统治，保证国库粮食数量的充足。

南宋时期，统治者为了促进社会经济的发展，非常注重农业生产，兴修水利对农田进行灌溉，兴建圩田帮助农民与水患作斗争，从其他国家引进高产的优良稻种并在全国范围内进行推广并扩大茶、棉的种植面积。清朝管控农业实行保甲制，本质上是为了巩固阶级统治，一定程度上也促进了农业生产的进行。1921年，第一个农民协会在浙江成立，相关组织的成立为农民成为农业管控主体奠定了基础。抗日战争时期，农协为了发动农民进行抗日斗争，对农户实行减租减息政策，发展农业生产③。

通过对中华人民共和国成立以前的食用农产品质量安全管控的功能演化进行研究，可以发现古代的统治者们精准把握住了臣民的生存命脉，注重重农思想的运用和重农政策的推行，根本目的是为了巩固国家阶级统治，使国家长治久安。而近代中国由于经历了长期的国内外抗战，导致经济、科技、文化相对落后，耕地荒废，农业发展严重滞后，粮食产量不高，保障食用农

---

① 魏收. 魏书［M］. 北京：中华书局，1974.
② 张金龙. 北魏均田制研究史［J］. 文史哲，2015（5）.
③ 史耀清主编. 太行精神抗日烽火铸就的民族魂［M］. 太原：山西人民出版社，2005.

产品数量是这一时期国家农业管控的主要目标。

二、中华人民共和国成立以来食用农产品质量安全管控的历史演进

（一）食用农产品质量安全管控的观念演进

食用农产品作为商品经济社会的一个独立组成部分，是食品加工的原材料。随着社会公众的物质基础得到满足，社会成员对食用农产品的要求从数量层面提升至品质层面，不仅要求它能够使人们"吃饱喝足"，还要求它要涵盖营养、感官、健康等各个层面。简单来说，食用农产品管控思想主要表现为保证人民群众既能获得数量上的"满足感"，还能获得品质上的"安全感"。全方位对食用农产品质量安全进行周密而详细的管控，能够使管控成果从少至多，使管控思想的内涵逐渐丰富，这有助于我国农业结构的调整。食用农产品质量安全问题是人民群众的心头大患，国家治理的成功与否关系到社会的和谐稳定（韩俊等，2010）、农业的发展方向，同时也与农民增收紧密相关（魏晓卓等，2015）。因此，保证食用农产品质量安全管控的顺利进行是国家治理的重中之重。管控观念是国家治理的思想依据，国家应遵循客观规律实行食用农产品安全管控，坚持正确的发展理念，形成正确的管控观念，这有利于提高食用农产品质量，提升百姓的生活水平。本研究主要将中华人民共和国成立以来食用农产品质量安全管控观念分为以下四个阶段。

1. "以粮为纲"的粮食数量安全观

中华人民共和国成立初期，食用农产品的概念是可以作为食物的粮食，国家制定粮食领域的政策制度以满足社会稳定为前提条件，尚未形成系统的粮食管控观念。1950 年，土地改革运动在全国如火如荼地展开，农民拥有了自己的田地，生产积极性空前高涨，农业生产水平显著提高（王常伟、顾海英，2012）。但是随着"一五"计划的展开，中国进入以实现国家工业化为核心的社会主义改造阶段，农业生产基本围绕工业进行，农业改造成果

主要服务于工业。政府主导的经济发展模式要求农民互相合作，将劳动成果即产出的粮食作物交给国家，由国家进行统一分配，农民发现并不是劳动积极性越高、劳动成果越丰富，分配给自己的粮食就越多，农业生产积极性受到打击，农民生产热情的颓靡使农业生产力发展受到限制。1958 年，农业生产出现"大跃进"现象，多地为了达到粮食指标，将其他地区的粮食集中运输到一个区域，然后将统计总体数量上报至上级管理部门，导致国家获取的该地区的粮食上报数量与当地农业生产实际情况偏差极大。全国各地相继出现"人有多大胆，地有多大产"①的口号，这一生产口号明显存在人为主观意识，违背了农业种植规律。这一时期，全国农业种植仍然以粮食数量为硬性指标，农民的耕地里只种植粮食的现象普遍存在，其他农业作物的生产量远远低于社会需求量，陷入了其他农产品供求关系不平衡的窘境。同时，部分地区虚报粮食产量的现象依然存在，实现人民群众"吃饱喝足"任重而道远。

2. "改革求温饱"的粮食数量安全观

1978 年，中国开始实行改革开放政策，国家进入社会主义市场经济时期，以农村为起点的经济制度改革开始进行，农民通过承包的方式获取土地所有权，然后开展粮食生产，将部分产出粮食上交国家。以土地承包形式展开农业生产的模式经历试点后，被推广至全国。在得到自己应得的利益后，农民生产积极性大幅度提高，家庭联产承包责任制取得了胜利，农业生产的主动权再次回到农民手中（武力，2009）。1979 年，改革开放正式实施，中央提出农业发展的新要求，即在保证粮食产量安全的情况下，加大其他工业原料作物的种植力度，扩大种植范围，丰富国家的食物构成，使农业结构趋向合理与完善。总体来看，这一时期的农业生产观念主要还是以工业发展为主要目的，国家管控观念依然没有摆脱传统观念带来的影响，随着中国食品、农产品出口面临的问题越来越多，国家开始致力于消除中国与国际社会

---

① 年底算账派输定了 [N]. 人民日报，1958 – 08 – 03.

农作物质量标准的差异。1992 年，政府提出粮食数量安全已经初步达到国内供需水平。在粮食产量依旧需要被重视的基础上，应该注重农作物生产的规范性和安全性，在提高农产品产量时既要保证高产量也要保证高品质。随后，在粮食产量基本能够解决全中国人民的温饱问题后，政府对未来的国民粮食消费需求进行了展望，通过发布农业白皮书，指出中国粮食供需水平总体形势呈现的发展状态良好，提出为了保证这种趋势的稳定向前，粮食安全管控必须从中国的实际出发，立足于国内土地资源的现状，"实现粮食基本自给，是中国解决粮食供需问题的基本方针"①。总体而言，改革开放初期国家粮食质量安全管控观念是在保证粮食供应充足的同时，重视农业经济发展，兼顾保障农副产品的数量安全。

3. 总体小康下的食品安全发展观

改革开放政策的实行使中国经济飞速发展，人民生活逐渐达到小康水平，粮食安全意识开始萌生。2003 年，国家对食品质量安全治理方针进行了调整，更改了"以粮为本"的指导方针，提出"以人为本"的治理理念。政府正视了由经济快速发展引发的过度追求可食用产品数量产生的社会问题，开始从人文关怀的角度，探索在经济发展过程中国家如何有效管控食品质量安全，使之对人民群众产生良性影响，并考虑管控过程中社会群众应该拥有的权利。"以人为本"的治理理念认为确保食用农产品质量安全管控达到预期效果的前提是依靠人力资本，这能够使社会成员的需求被满足，进而实现经济增长。同时，政府以绿色、环保、生态等词作为食用农产品质量安全精准管控的关键词，提出环境价值是可食用产品管控能够顺利实施的关键，环境价值直接影响着人类物质活动的进行及其未来发展；并且指出农业作为国民经济的基础性产业，在中国改革开放期间长期哺育工业，中国工业的蓬勃发展离不开农业支持。但是在工业飞速发展时期，由于国家忽略了农业经济环境的可持续发展，工业化对农业造成的伤害数以百计，甚至使自然环境受到了无法挽

---

① 叶兴庆. 准确把握国家粮食安全战略的四个新变化［J］. 中国发展观察，2014（1）.

回的损失。因此，为了降低工业对农业造成的危害，缓解农村与城市的经济发展不平衡，政府提出"以工业反哺农业"①，从政策方面保障农业的可持续发展。国家的可持续发展理念对食用农产品的质量安全管控产生了极大的影响。2009 年，国家颁布了《食品安全法》，该法的制定将"风险"概念引入食用农产品质量安全治理，以应对农业管控过程中可能出现的危害（李菁笛，2016）。可以说，在全面建设小康社会的十年里，可持续发展观念是中国食用农产品质量安全管控的主要导向，食用农产品质量安全的概念逐渐从"数量安全"向"数量、质量与生态安全并重"转变。

4. 大食物安全观

随着国际化进程的推进，食用农产品质量安全问题正趋向全球化。中国食用农产品行业逐渐融入国际，成为世界食用粮食贸易供应链的重要一环，进出口食用农产品的数量迅速增长，中国食用农产品安全管控观念发生了极大的改变（周志和，2015）。2013 年，面临进出口食用农产品带来的挑战，中国制定了粮食安全新战略，坚持科学管控的观念，提出以保障国内食用农产品安全为主要内容，根据国内社会经济发展的实际状况，正确预估国家食用农产品生产能力，在不影响国家粮食安全的前提条件下控制中国市场的国外食用农产品数量，以科学技术提升国家食用农产品质量安全的综合管控能力，并增强中国粮食出口在国际社会的竞争力。2013 年末，中央再次强调"中国人的饭碗任何时候都要牢牢端在自己手上，我们的饭碗应该主要装中国粮，一个国家只有立足粮食基本自给，才能掌握粮食安全主动权，进而才能掌控经济社会发展这个大局。"② 随着食用农产品质量安全知识的普及、国家经济的稳定发展，人民群众的社会安全意识开始提高，对食用农产品的需求从饱腹逐渐向种类多元化、饮食均衡化等方面发展。在这种状况下，

---

① 《建设社会主义新农村学习读本》编写组. 建设社会主义新农村学习读本［M］. 北京：新华出版社，2006.

② 中共中央国务院印发《关于全面深化农村改革加快推进农业现代化的若干意见》［N］. 人民日报，2014 – 01 – 20.

"大食物安全观"被提出。从"大食物安全观"提出背景出发，我们能够发现这一管控观念所涉及的食物既包括五谷杂粮又包含农副产品，如肉、蛋、奶等（纪志耿，2016）。大食物安全观的形成能够满足市场需求，实现产销对接，促进食品产业可持续发展。近几年来，食用农产品质量安全治理反复被中央提及。2019 年 3 月 8 日，习近平总书记参加十三届全国人大二次会议河南代表团审议时深刻指出"确保重要农产品特别是粮食供给，是实施乡村振兴战略的首要任务。"① 食用农产品质量安全问题一直以来都是国家治理的心头大患，运用大食物安全观对其进行管控符合时代需求，符合国家食用农产品产业结构的转变，符合人民群众消费新需求。

（二）食用农产品质量安全管控的制度演进

1. 计划经济时期质量管理制度

实现国家的顺利运转、社会秩序的有条不紊，需要政府遵循社会治理规律，形成符合国家实际的治理体系，有目的性地制定社会成员必须共同遵守的规章制度，有效地实行精准管控。中华人民共和国成立初期，国家的各项事务基本处于一个没有秩序、不受法律约束的治理混乱时期，精准管控概念还未出现，制度处于社会重建进程中。在这种情况下，国民经济恢复缓慢，而中国作为农业大国，其保障人民群众基本生存需求的能力有限，不能保证每一位社会公民均能获取充足的粮食供应。国家尚未形成保证粮食数量安全的可持续发展的支撑体系，政府、社会、公众的精力主要放在粮食生产方面，保证生产量是社会的迫切需求。1950～1952 年间，国家十分注重农产品对财政经济产生的积极影响，1950 年中央为改变农产品价格水平的普遍上涨、国家公共服务能力与社会发展不符、财政收入和支出不能达到平衡的国家现状，做出了统一国家财政经济工作的决定。在实现财政收支平衡的美

---

① 习近平总书记参加河南代表团审议重要讲话引起热烈反响推进乡村振兴做好"三农"工作[N]. 人民日报，2019－03－09.

好愿景下，有计划地将粮食、棉花等重要农作物统一管控，采取个体、私人单位、国家共同参与农产品买卖的模式，促进农产品生产，调动农民参与经济建设的积极性，以此保障国家政权稳定（王静，2012）。简单来说，这一阶段的国内食品供应主要来源于农业，但是农业生产技术相对落后，农产品供应不能满足国民需求，在生存条件得不到有效保障的状态下，粮食存储数量和备用数量才是社会各界人士关注的重点，是农产品制度制定的主要目的。

粮食储备制度在中华人民共和国成立以前的政府管控中早已提出，因而在中华人民共和国成立初期的制度制定过程中，国家借鉴了旧民主主义革命时期的经验（谢莲碧，2012）。中华人民共和国成立伊始，作为国家基础性产业的农业受到国家高度重视，粮食安全是农业制度制定的重要内容之一，主要由粮食管理总局领导，财政部门和贸易部门从不同环节进行管控。20世纪50年代初，中国处于自由购销制度阶段，政府缺乏对粮食的产出、销售、购买的制度干预，国家粮食储备的主要途径为市场购入和国家征收。在严峻的市场形势下，为了保障国家粮食储备能够应对突发的灾害意外，中央制定粮食统购统销制度，以此来帮助作为国家治理中坚力量的政府能够拥有控制粮食资源的绝对权威，积极有效地面对可能发生的灾害，如战争危害、饥荒危害等对社会产生的影响，计划经济体制初步形成。1954年，基本法《中华人民共和国宪法》首次出台，从国家经济发展层面提出要发展计划经济，社会各项制度正式进入计划经济管理阶段。同一时期，土地改革施行。土改制度的制定由中华人民共和国成立后中国农业用地分配严重失衡的基本国情决定。为了使农业经济发展得到有力支撑，在1946年土地改革运动的基础上，中央政府以解放农业生产力为目标，发展农业生产，推动国家工业化进程，废除了从春秋时期沿用至解放战争时期的封建土地所有制，并制定了专项法律，土地由国家统一管控进行分配。实行农民土地所有制这一办法从根本上满足了农民当家做主的心理需求，调动了农民劳动热情，使农产品产量得到了根本保证，有助于国家粮食储备制度的施行，从制度层面保证了农产品的数量安全（王国敏、赵波，2011）。

同时，在制度执行过程中，由于受到各种不确定的外部因素影响，食品卫生问题接连出现，部分社会成员不配合制度管理，这导致社会动态平衡受到影响，社会秩序出现混乱。国家立法机关针对该现象，遵循科学的原则、采取严谨的态度制定规范社会成员各方面行为的制度，即法律制度。1953年，在全民食品卫生安全意识薄弱的阶段，全国各地时常出现食物中毒现象。夏日人们贪食冷饮，但由于生产环境的不标准、衡量生产各环节的安全准则不全面、市场主体行为的不规范，生产的冷饮卫生不符合食用标准，导致人们肠胃功能紊乱。同年，针对上述现象的产生，国务院制定了首部食品卫生法规，对冷饮制品安全进行国家管控（付文丽等，2015）。计划经济时期，全国饮食水平普遍不高，为了保障家庭生活水平，家家户户都会养殖一些家禽牲畜如鸡、鸭、猪等，对农副产品进行买卖，这些禽畜产品可以说是部分家庭的经济命脉。为了规范农副市场的交易行为，国家针对这一领域也制定了一些检验规程，但是成效均不明显。1959年，以农业部为首的四部门联合制定了肉类产品的试行规则章程，该章程主要针对动物疫情进行了详细的法规条例约束，但是由于约束主体均含有国家性质，因而对私营商贩、个体农户的约束力度基本为零。在计划经济时期，法律法规正处于有待建立和完善的阶段，如何有效规范食品卫生一直是国家制度探索过程中的焦点。

2. 转轨时期质量管理制度

1978年，改革开放政策将中国带入了经济转轨时期。在经历了计划经济时期的制度探寻阶段，政府得出了中国制度制定与执行的规律，中共中央提出计划经济体制已经不适合中国的国民经济发展趋势，在时间的推移下，计划经济只会拖累中国现代化的步伐，建议中国正式朝着市场经济方向发展。提议一经发出得到了全国农村社会的认同，中国正式进入经济转轨时期。转轨时期的食品市场，在开放市场的影响下，开始蓬勃发展（吕炜，2009）。受到政策影响，农民地里的粮食不再是强制性的集体共同拥有，老百姓的农业生产积极性再次被激发，有力促进了农产品生产规模的扩大。党的十一届三中全会结束后，改革浪潮袭来，因为门槛较低的特点，食品行业吸引了大批劳动者，成为经济市场发展最迅猛的行业。在缺乏与时俱进的管控制度的情况下，食品的质量安全存在隐患。虽然国有食品生产经营企业仍占主导地位，但是随着个体经营户的不断增多，这一主体的安全责任意识成为食品卫生管控的难点与盲点。为了顺应市场的要求，"全国食品卫生领导小组"成立，食品卫生监管制度初步进入市场（胡颖廉，2018）。随着改革开放进程的推进，中国食品开始与世界接轨，进口食品渐渐进入中国市场，世界标准逐渐对中国市场的食品卫生产生影响。但是在不规范的食品市场的影响下，尤其是国内食品安全事件屡屡发生的状态下，中国走向国际化的步伐被阻挡。中央以保障国内食品卫生、促进食品出口为目的，强调了食品卫生的重要性，责令各部门加强食品卫生工作，以保障食品质量安全为最终目标，加大监督管理的实施力度。同时也提到了预防食品污染的重要性，并指出相关制度的制定必须以保障人民健康为出发点。然而，一系列制度的拟定与形成还是无法有效阻止食品卫生问题的发生，这是因为颁布发行的规章制度主要针对国有企业和集体经济组织进行限制，无法对制度规定范围外的因社会主义经济建设而涌现的大量食品生产经营者进行制约，这一制度缺陷致使监管漏洞的产生。1979 年，中央意识到不能任由食品市场无序的前行，提出国家正处于国民经济发展阶段，食品市场交易必须在符合标准的情况下进行。同时在考察中国基本国情的基础上，将标准化制度运用到食品生产过程中，《中华人民共和国标准化管理条例》指出"没有标准化，就没有专业化，就没有高质量、高速度"。1982 年，面临商品经济市场形成带来的食品卫生问题，中央不得不将食品卫生法制化纳入制度规划的进程中。经过前期准备与现状分析，国务院印发了第一部食品卫生试行法，并投入使用。在坚持社会主义制度的前提下，政府考虑了食品生产过程中存在的卫生问题，对其进行法律约束，并明确了国家食品卫生主体必须严格遵守试行法，实行监督管理制度。1984 年，中国正式成为标准化组织（CAC）的一员，这意味着中国标准正在迈向国际化，中国能够加入到国际食品标准的制定国行列，也意味着国内更应该注重食品卫生制度的发展，加快国内标准向国际贴近的步伐。

1988 年，中央提出扩大农产品市场，认为"改革开放"政策已经进入开始实行的第二个十年，有必要对统购派购制度进行深入改革，提到了要以保障粮食产量为目的，稳定家庭联产承包制，强调了粮食对于人民不可或缺的重要性，指出任何时候都必须保持市场供应的稳定。1989 年，"有机"的概念传入中国（谯薇、云霞，2016），不施加任何化学药剂进行种植的农产品概念开始进入中国人民的视野，同年，为了与国际接轨，政府开启了农产品有机认证。由于价位较高，有机食品主要面向国际和中国高层次消费人群进行销售。这一举动从侧面体现了在粮食供应已经趋向平衡的状态下，国际社会开始重视食品污染，这也影响了中国政府和公民，中国开始将目光转向食品质量安全和环境问题。但是这一时期的农业在物质技术基础方面较为薄弱，面对无法人为控制的自然条件及其对农业产生的不良影响时，当时的风险防范技术基本无法抵御，防范能力不足。并且这一阶段的中国人口政策处于放开状态，人口增长迅猛；国家注重工业的发展，农业用地在不断减少，部分地区农民还处于食不果腹的阶段，国家治理重点依旧是解决农业生产和农村经济的问题，实施管控的目的是保证粮食供应充足。1994 年，中国第一家有机食品机构在南京成立。在"菜篮子"工程保证了农副食品数量安全的情况下，可食用的农产品质量问题开始显现，如农户过度使用农药导致的农副产品中毒事件。国家为了有效控制各个地区的食品质量安全，实行市长负责制，将质量安全管控的权利赋予地区行政长官，提出市长作为一个城市的行政首长，要对本地区农副食品的质量安全负责（王可山、苏昕，2018）。

3. 市场经济时期质量安全管理制度

随着沿海城市改革开放的经济成效逐渐显现，计划经济体制逐渐走向消亡。1996 年实施的"九五"计划代表着中国正式进入市场经济时期。在寻求市场经济开放的条件下，进出口食品贸易量有所增加，在与国际接轨的过程中，国家开始注重食品卫生的安全性能，食品卫生法制化被提上政府议程。1995 年，在市场经济体制的影响下，食品卫生问题愈演愈烈，中央在试行法的基础上颁布了《中华人民共和国食品卫生法》（以下简称《食品卫生法》），这部法律的施行代表中国食品质量安全向着法制管控方向迈出了关键一步，但是这一时期的管控重点依旧是"食品卫生"，质量安全概念还未被分化出来。食品安全法明确提出卫生行政机构是食品卫生执法主体（胡颖廉，2018），国家实行食品卫生监督制度。但是随着法律制度的实施，人们渐渐发现国家各地区与食品安全相关的事件发生频率反向增长，且还存在许多隐蔽问题。通过对当时的国家食品监督体系执行主体的结构进行分析，人们发现仅凭卫生行政机构的一己之力对全国的食品卫生问题进行管控致使机构监督管理工作负担过重，并且由于食品卫生法仅对食品的生产、经营两个环节进行规定，当食品安全事件逾越卫生法规定的管控范围时，卫生行政机构没有足够的权力和相应的法律条文对食品卫生安全进行全方位监管。在《食品卫生法》弊端逐渐出现的情况上，国家意识到法律制定完成后如果只是依法照搬管控食品卫生是远远不够的，还应该知法普法，对政府管控过程中法律不能监控的内容进行法律再制定。次年，国家开始进行全社会法律普及，每隔一段时间对食品卫生信息进行整合，严格统计全国各地食品中毒事件并向外界发布，社会公众的监督主体属性开始显现。

《食品卫生法》施行过程中，政府开展"全国食品卫生法宣传周"活动，公众不知法不懂法的状况有所改善。但同时卫生行政机构监管弊端逐渐显现，机构监督管理人员执法行为激进、执法力度不到位，导致社会各界的合法权利和利益无法受到保障，对卫生行政部门的管理行为进行管控成为法律制定的新方向。1997年，国务院出台了《食品卫生监督程序》，对卫生行政部门管理人员的职责进行明确规定，以约束其管理行为前提，提出"卫生行政部门行使食品卫生监督职责，应遵循合法、公正、高效、公开的原则"。此后，国家先后出台了一系列辅助性质的法律法规，如《农药管理条例》《生猪屠宰管理条例》等对进入市场的农产品及其生产条件进行硬性条件约束，主要目的都是为了对农产品质量安全进行合理、合法、有效的管控，促进农业产业的发展。"改革开放"政策实行过程中，中国深刻意识到国家经济发展不能"闭门造车",应该使国家经济走出国门与世界接轨。2000 年,作为世界卫生大会的成员之一,中国积极响应大会通过的《食品安全决议》,展开食品质量管理机构改革(胡颖廉,2018)。决议的颁布代表着食源性疾病对于人类来说已经成为不能忽视的生命威胁,可以供人类食用的农产品的质量安全是各国公共卫生最基本、最重要的管理领域,应该引起国家重视,加大质量安全管控力度。

4. 市场经济时期质量安全监督制度

2001 年对于中国来说是非常重要的一年,既是"十五"计划的第一年,同时也是中国农产品、食品正式走向国际的关键性一年。世界贸易组织(WTO)在对中国进行考察后,正式接受了中国入世的申请。加入 WTO 后,中国的食品市场面向的不仅仅是国内公众日益增长的质量安全需求,同时还要对 WTO 各成员方负责,中国食品的增长式出口与进口使"食品安全"这一主题的内涵升级至国际层面,对中国的"食品外交"产生了极大的影响。可以说,实现中国食品由内销转向出口、提升中国食品世界影响力的目标"道阻且长"。同时 WTO 所坚持的可持续发展理念与中国"十五"计划所重视的"生态环境、环保、经济与社会的可持续发展"不谋而合。入世后,中国面临着严峻的国际形势,2002 年,欧盟、日本接连拒绝中国农产品的进口,给出的理由都是产品农兽药的残留超标,这一问题的出现揭露了中国出口的动物源性农产品、蔬菜的标准均与国外标准差距较大,欧盟与日本限制中国农产品的进口使中国经济产生巨大损失。国家为了保证国内市场与国际市场的顺利接轨,结合中国国情,将国际标准引入中国食品市场,公布筹备"无公害食品行动计划"。针对欧盟提出的动物源性农产品药品超标现象,以及日本提出的中国蔬菜农药超标现象进行了紧急应对,对《农药管理条例》再次要求"建立和完善农产品加工产品质量标准"。并且为了解决"无公害食品行动计划"推进过程中出现的法规缺失问题,组建专家团队进行专项法规制定,"食用农产品"出现在"无公害农产品"的概念界定中。为了使相关法律与时俱进,符合中国现实国情,国务院对部分法律进行了修订补充，其中包括了《中华人民共和国农业法》，这次修正主要增加了粮食安全这一章节，内容涉及农产品的品种质量，突出了粮食安全的重要性，并在农产品监督管理方面狠下功夫，制定了一系列标准，提出"建立健全农产品质量标准体系和质量检验检测监督体系，加强加工过程的质量安全管理和监督"。

中国入世后发生的一系列食品质量安全事件，使我国监管模式的弊端逐渐浮出水面，单一部门统一监督管理的制度已经不适合市场经济体制下国家对食品质量安全的管控，多部门监管的质量安全监督制度被提出，国家法律对各个部门的职责范围做出了明确的规定（梅星星，2017）。为了使中国食品走出国门，中央认为首先要抓紧国内食品质量安全，提出在保障消费者生命安全权利的基础上，加强流入市场的食品质量安全监督，从源头遏制不合格食品流入市场，实行市场准入管制。2006 年，以"三农"为重要出发点，加快推进现代化农业和社会主义新农村建设为目的，人大常委通过了中央提出的《农产品质量安全法》，并对"农产品""农产品质量安全"的概念进行了界定，间接提出了"食用农产品"的概念。

5. 市场经济时期质量安全依法监管制度

2006 年 11 月 ~ 2013 年 11 月是农产品质量安全法制建设最为关键的一个时期。

第一，中国第一部农产品质量安全法律的颁布。2006 年 11 月 1 日，《农产品质量安全法》及其配套的各项规章制度正式实施，标志着农产品质量安全管控正式进入有法可依的重要阶段。作为第一部以"农产品质量安全"为核心制定的法律，从法制层面弥补了中国依法监管农产品质量安全的缺失。该法明确规定了政府农产品质量安全管控的核心原则，主要涉及政府职责、产品标准化生产和优质生产、相关信息发布等方面，指出中国农产品质量安全的科技水平有限，需要这一领域的专家进行研究，即在符合国际规范性文件的条件下，借鉴国际经验探索出具有中国特色的农产品质量安全监督管理制度（李淑文、赵晓英，2010）。最后，《农产品质量安全法》的颁布是中国应对入世带来的国际农产品市场剧烈冲击的有力措施。一方面，中国承认了自身农产品质量安全管控存在的问题，积极进行自我修正；另一方面，在面对国际贸易壁垒带来的挑战，中国能够从容应对，打破壁垒，使中国农产品走向国际舞台。

第二，免检制度的取消。"瘦肉精""苏丹红"等食品安全事件的发生，体现了我国食品质量安全监管的不到位。2008 年三鹿集团的覆灭显露了免检制度的弊端：免检制度的实施存在片面性，即国家没有正确认识到食品质量安全问题是一个动态发展的过程。经过"三聚氰胺"事件的洗礼，国家意识到食品质量安全具有特殊性，影响质量安全问题产生的因素具有复杂性，免检制度不利于国家对食品生产企业的监督管理，只有把食品质量安全时时刻刻放在政府依法监管制度中，才能及时监测到食品质量安全不确定性因素，实现国家法律制定的预期目标，即对食品质量安全实行全面监管（刘亚平、颜昌武，2011）。

第三，《食品安全法》的诞生。从"大头娃娃"到"三鹿奶粉"事件，各类可食用产品问题的发生，使食品质量安全问题刷足了"存在感"，社会各界的目光都聚焦在国家食品质量安全监管方面。在这种情形下，《食品安全法》于 2009 年 2 月 28 日正式通过，同年 6 月 1 日起施行。免检制度取消后，《食品安全法》的制定是国家给民众的一份"答卷"，是国家在《食品卫生法》的基础上施行的更深入、更符合社会实际的法律制度，是食品质量安全监管制度的法律支撑，是人民可食用产品的制度保障。《食品安全法》将"食用农产品"定义为"供食用的源于农业的初级产品"，同时对其相关管理进行了法律确定，明确规定"国家建立统一的食品安全信息报告制度"（赵学刚，2011）。"食用农产品"概念开始进入政府食品生产、加工、销售、信息发布的监管范畴，成为社会成员新的关注点。

第四，《食品质量安全监测管理办法》（以下简称《办法》）的实施。《食品安全法》施行后，越来越多的食用农产品质量安全事件被曝光，问题食品不胜枚举，"河南瘦肉精""毒豆芽""包点香精"等事件使人民群众陷入"吃什么都有问题"的境地,中国可食用产品市场陷入经济低迷。《办法》的制定以这一时期发生的事件为背景,明确分配了食品市场监管各主体的职责范围,提出要构建食品质量安全风险制度,对可能存在地潜伏在食用农产品生产、加工、销售、消费过程中的风险因子进行监控,随时随地进行食品的突击检查与监督,定时公布每一阶段的监测数据和信息。

2013 年,国务院发布了"三定方案",设立了国家食品药品监督管理总局,同时确定了相关部门的食用农产品质量安全监管职责①。同年 5 月,《新食品原料安全性审查管理办法》出台,作为食品的原材料,食用农产品质量安全成为未来食品质量安全治理的重点。

6. 市场经济时期质量安全依法管控制度

经历机构改革后,国民经济趋向平缓上升,偶有波动。2013 年 11 月至今,国家基本以健全法律法规制度为主要任务,大量修改、废止不适用于中国现阶段国情的无效法律,制定新时期的新法律,食用农产品质量安全进入依法管控时期。

第一,对消费者合法权益的相关法律法规进行制定与修改。消费者和经营者是相互对立的关系。消费者作为食用农产品主要购买群体,政府必须保证这一庞大群体的权利和利益能够受到法律保护,同时也要对损害消费者权益的黑心商贩即违法的食用农产品经营者进行严厉处罚。2014 年 3 月 15日,立法机构全面修正了《中华人民共和国消费者权益保护法》(以下简称《消费者权益保护法》),并正式投入使用。在经营者义务方面,政府表示要执行食用农产品召回制度,针对已经进入市场销售的不合格食用农产品实行紧急召回,对经济利益受到损失的消费者提供符合标准的相应赔偿。新《消费者权益保护法》将消费者群体纳入公共关系领域的社会组织范畴,消费者自发组成的群体成为市场经济时期下食用农产品质量安全治理的主体,

---

① 国家食品药品监督管理总局主要职责内设机构和人员编制规定 [N]. 中国医药报,2013 – 05 – 17.

是依法共同参与质量安全管控的生力军。同年，最高人民法院对因食用农产品质量安全问题产生的行政纠纷进行了明确的规定，公布了食品安全问题相关方的明细责任划分证明标准（杨立新，2014）。

第二，食用农产品监管制度的革新。监管制度的革新主要体现在2015年《食品安全法》的修正。2009年的《食品安全法》是为了顺应当时社会环境，对食品质量安全展开管理而制定的法律，是不成熟的法律。从立法层面，旧《食品安全法》只从预防风险的角度粗略制定了风险预防制度，基础性制度的建立较为薄弱。新《食品安全法》考虑了食用农产品质量安全发展过程的动态性，提出根据不确定性因素灵活更改相关监测计划，使计划适应导致当前食用农产品质量安全事故发生的客观环境及消费者对食用农产品的数量、品质、效益提出的要求，发挥监测制度在食用农产品质量安全管控中的最大效用。并且将生产经营者当作实行食用农产品质量安全风险监测制度的管控主体之一，使之成为风险监测环节的一个重要组成部分，建立生产经营者自我审查制度，要求生产经营者在察觉到潜在的不确定性因子时主动向监管部门进行汇报，不得拖延，帮助政府相关管理部门及时对不稳定性威胁进行排查与消除。同时还规定上级组织要对下级组织的不作为贯彻实施责任约谈制度。另外，由于风险有大小之分，不同程度的风险危害不同，因此要建立风险分级制度，将生产经营者违背《食品安全法》的行为记入风险信息数据库，方便消费者进行风险信息查阅。在监管层面，旧《食品安全法》只对食用农产品质量安全治理的部分环节进行监管，监管成效具有片面性，部分环节缺乏有力的安全监管，导致食用农产品质量安全问题屡禁不止。新《食品安全法》从全方位考虑了食用农产品质量安全问题产生的原因，认为应该"设立最严格的全过程监管法律制度"（刘建军，2015），对食用农产品在市场中流转通行过程中产生的交易行为进行严格规定，制定餐饮行业食用农产品供应规范，并且考虑到大数据时代背景下网络市场蓬勃发展的社会背景，对网络生产经营者的责任也进行了具有法律效力的行为规定。同时提出政府凭一己之力展开食用农产品质量安全管控具有局限性，许多违背法律、不符合社会需求、损害社会利益的食用农产品质量安全事件集中发生在社会底层，因此要实行社会共治，使全体社会成员均能参与食用农产品质量安全治理，完善国家质量安全管控制度，积极向政府反映或举报市场的违法不良行为，针对真实存在的举报现象，对举报人进行物质奖励。另外，为了使社会成员的参与更具有实际意义，应该开拓公众获取信息的官方途径。

第三，将食用农产品生产经营者违法犯罪行为写进刑法。2018 年 10 月26 日，人大常委对《中华人民共和国刑事诉讼法》（以下简称《刑事诉讼法》）进行第三次修订，针对不符合规定的食用农产品非法生产、销售、制假、供应等违法行为进行责任追究，并明确规定触犯法律条例的生产经营者行为属于犯罪，应依法进行严厉的刑事责任处罚。食用农产品相关刑法条例的制定有效抑制了社会食用农产品质量安全犯罪事件的发生，使中国食用农产品质量安全治理迈向了新的台阶，实现精准管控。

2013 年 11 月至今，国家食用农产品质量安全精准管控的步伐越来越稳健，依法治理的进程处于不断完善发展阶段，在农业现代化进程趋势良好的状态下，不符合中国现阶段食用农产品质量安全治理的法律制度逐渐被淘汰，部分法律法规进入修正完善阶段，食用农产品质量安全治理法律制度正在趋向完善。

（三）食用农产品质量安全管控的政策演进

农业一直是国家政策制定的重点，作为重要农业经济作物的食用农产品的质量安全同样也是国家精准管控的重点。1982～1986 年，在完成基本粮食数量安全任务的基础上，国家出台了五个中央一号文件对农业生产经营模式的改革进行政策指导；自 2004 年起，中央一号文件均围绕"三农"问题展开（见表 2 - 1），在保障农业经济与生产的发展的基础上，有效促进了食用农产品质量安全管控的顺利进行。

表 2 – 1   2004 年至今中共中央、国务院发布的中央一号文件

年份	中央一号文件
2004	关于促进农民增加收入若干政策的意见
2005	关于进一步加强农村工作提高农业综合生产能力若干政策的意见
2006	关于推进社会主义新农村建设的若干意见
2007	关于积极发展现代农业扎实推进社会主义新农村建设的若干意见
2008	关于切实加强农业基础建设进一步促进农业发展农民增收的若干意见
2009	关于 2009 年促进农业稳定发展农民持续增收的若干意见
2010	关于加大统筹城乡发展力度进一步夯实农业农村发展基础的若干意见
2011	关于加快水利改革发展的决定
2012	关于加快推进农业科技创新持续增强农产品供给保障能力的若干意见
2013	关于加快发展现代农业，进一步增强农村发展活力的若干意见
2014	关于全面深化农村改革加快推进农业现代化的若干意见
2015	关于加大改革创新力度加快农业现代化建设的若干意见
2016	关于落实发展新理念加快农业现代化实现全面小康目标的若干意见
2017	关于深入推进农业供给侧结构性改革加快培育农业农村发展新动能的若干意见
2018	关于实施乡村振兴战略的意见
2019	关于坚持农业农村优先发展做好"三农"工作的若干意见

资料来源：中国政府网_中央人民政府门户网站 ［EB/OL］. http：//www. gov. cn/zhengce/wen-jian/zhongyang. htm.

以解决"三农"问题为核心，中共中央、国务院通过制定相关政策提出每一阶段食用农产品质量安全管控存在的问题，规定必须遵循科学原则，明确食品安全需要完成的任务，提出具体措施，指导食用农产品质量安全管控主体的行为。本研究根据不同阶段食用农产品质量安全管控的任务目标，将政策分为以下四个阶段。

1. 探索阶段的政策（1949 ~ 1978 年）

中华人民共和国成立后，中国实行休养生息政策，目的在于恢复国民经济。在经济恢复阶段，国家始终坚持以农业为基础。三年国民经济恢复时期，国家坚持走社会主义道路，动员全国人民加入战后经济重建工作，通过借鉴苏联模式，以促进社会主义起步阶段的国民经济增长、扩大经济建设规模为目标，有计划地进行政策的编制设计，积极探寻"实现国家社会主义工业化道路上，逐步实现农业的社会主义改造的道路"（栾雪飞，1993）的方法。1953年，经过长期的探索，"一五"计划正式被提出，该计划符合当时国家经济社会落后的环境，是中国经济发展步入正轨的标志。基于经济发展状况不能满足百姓直线上升的消费需求的国情，"一五"计划的顺利实施能够使中国食用农产品质量安全管理在正确的政策引导下顺利进行，完成国家粮食数量管控的任务。1953～1957年，国家的工作重心是促进重工业的发展，五年计划是国民经济计划，因此虽然计划提及了农业发展，提出要建立改造农业基础，但是农业发展主要以辅助工业经济发展为目标，政府提倡互帮互助的农业种植模式，鼓励个体农业经济户将其私有的生产资料进行资源共享，发挥分散的个体农户生产行为的作用，保障粮食产量安全，尚未将农产品的品质安全归入管理范围（郭伏强、韦福安，2007）。

与此同时，国家执行计划经济政策，限制私营农产品，粮食交易由市场自由贸易改为国家统一销售，中央成立粮食部，统一管理与农产品相关的各项工作。事实证明，将农业发展列为政策制定的依据，能够有效促进农业生产。在国家农业政策指导下，中国的经济文化面貌从落后转向进步。相较于国民经济恢复时期的粮食产量增长速度，国家1953～1957年期间的农产品产量高于计划预期目标0.2%[①]，可使用的农业耕种土地扩大近400万公顷，一定程度上保证了粮食产量的增长，农民群体的平均收入也增加了，但是总体来说，农产品市场的供需仍然处于不均衡状态。此后，受到第一个五年计划内容的超额完成的影响，中央制定的"二五"计划出现偏差，国家制定的预期目标远远超出中国自身的经济发展能力，雪上加霜的是自然灾害不期而至，全国性的大饥荒发生，为了缓解政府治理压力，国家对现行政策进行

[①]　国家统计局. 中国统计年鉴1984［M］. 北京. 中国统计出版社，1984.

紧急调整，运用调整后的政策对农业经济生产活动进行国家调控。

我国农业合作化已经在 1957 年基本完成①，1960 年，中央提出工业的发展离不开农业产品的供应，政府开始重视农业工作的进行，通过颁布发展纲要提出促进农业发展的各项政策建议，然而对这一时期的政策进行分析，我们能够发现虽然国家正视了农产品问题，但是政策重点还是放在如何增加农产品产量，并从环境条件、保护措施、耕种方式等方面进行讨论与政策制定，未曾提及农产品质量安全。总的来说，这一时期的政策注重粮食产量的提升，且取得了相当可观的成绩（见表 2 - 2）。

表 2 - 2   1949 ~ 1979 年全国粮食总产量各个时期增长情况

时期	时期增长数量（亿斤）	年平均增长数量（亿斤）	时期增长幅度（%）	年平均增长幅度（%）
恢复时期	1014	338.2	44.8	13.1
"一五"时期	623	124.5	19	3.5
"二五"时期	- 701	- 140.2	- 18	- 3.9
1963 ~ 1965 年	691	230.2	21.6	6.7
"三五"时期	967	193.6	24.9	4.5
"四五"时期	832	166.4	17.1	3.2
1976 ~ 1979 年	952	238.1	16.7	3.9

资料来源：中国农业年鉴编辑委员会. 中国农业年鉴（1980）[M]. 北京：农业出版社，1981.

2. 转轨阶段的政策（1979 ~ 1997 年）

1978 年，国家经济开始进入经济转轨时期。为加快经济发展，中央提出改革开放政策。1979 年，对中华人民共和国成立前后由中央提出的、一直处于探求阶段的"农业现代化"进行了新的概念界定。在社会主义改造初步完成的状态下，农业在国民经济中的基础地位不能够被动摇，需要具备

---

① 1956 年到 1967 年全国农业发展纲要 [J]. 土壤通报，1960（3）.

中国的国情特点。中国的"农业现代化"道路必然与发达国家是不同的，是具有中国特色的、中国智慧的，符合中国国情的①。这一时期的农业现代化是党和政府经过多年的农业艰难探求形成的初步构想，是社会主义现代化内容的完善与补充，是以农业在一切经济活动中的基础地位为前提条件的。1980 年，小岗村生产队采取的"分田到户"的农业生产模式，带来了农村改革的讯息。

1982～1986 年，党和政府批准通过了多项以农村改革为主的指导性、政策性文件（见表 2-3），农业改革被提上日程，土地改革势在必行。1986 年，土地归属与产物经营正式分开，实行以家庭为单个农业经济体的政策使农民农产品种植更加有动力，从根本上满足了农民能够吃饱、生活得好的基本诉求。

表 2-3　　1982～1986 年中共中央国务院制定的具体农业改革政策文件

年份	文件名称	主要内容
1982	《全国农村工作会议纪要》	"双包"是社会主义集体经济的生产责任制强调合理确定收购比例；恢复和健全各级农业技术推广机构，充实加强技术力量；抓好水利、农机、化肥等项投资的利用效益，改善农业生产条件
1983	《当前农村经济政策的若干问题》	明确了家庭承包经营的社会主义性质；第一次提出人民公社体制改革问题；在 1982 年的中央一号文件的基础上提出了农工商综合经营的思路；合作经济、基层供销合作社和农业技术研究推广机构等在农业配套服务中的作用的详细规定
1984	《关于 1984 年农村工作的通知》	继续减少统派购的品种和数量；妥善解决人民公社撤销后的资产经营问题，明确农村地区性合作经济组织的性质；鼓励支持多种经营，农村工业的出现具有积极性；改造已有的国营和集体（合作）经济组织，实行职能的转换；农民应该注重地力的培养，实行集约经营

---

① 大力推进改革创新加强农村制度建设　中国共产党第十七届中央委员会第三次全体会议通过《中共中央关于推进农村改革发展若干重大问题的决定》[J]. 中国行政管理，2008（11）.

续表

年份	文件名称	主要内容
1985	《关于进一步活跃农村经济的十项政策》	坚持联产承包责任制和农户家庭经营政策，将责任制扩展到林牧业等其他领域；完全取消农副产品统派购制度，使农民拥有产品交换的自主权；农村一切加工、供销、科技等服务事业，要国家、集体、个人一齐上
1986	《关于1986年农村工作的部署》	家庭承包政策需进一步完善；做好取消统购销的后续工作，将粮食统购改为合同定购；调整产业结构，正确处理粮食生产和多种经营的关系，务农与乡镇企业中务工的关系；摆正农业国民经济中的地位，加大国家农业投资力度，具体规定农业扶持资金的来源

资料来源：董文兵. 十个中央一号文件的政策透视——我党三十年农村改革的政策路径及其启示［J］. 中共太原市委党校学报，2008（6）.

值得注意的是，中国从1982年起进入食品卫生管理阶段，虽然这一阶段的食品、农产品还未有详细的概念区分，但是《食品卫生法（试行）》象征着食品（包含食用农产品）安全管理开始进入数量与品质并行的国家管理阶段。1979～1983年，全国各地农产品大丰收，当时农产品的市场交易途径主要有政府向农民统一购入和农民将部分粮食在市场售出两种方式。在"以粮为纲"的政策指导下，农产品数量的增长超过了市场需求，致使粮食市场收购价格与国家持平，有时低于国家收购价格。在这种情形下，国家放开农产品市场，粮食交易不再受地域限制，农民能够将自己生产的农产品销售至全国，个体商户群体数量激增，农业进入商品经济时期。1993年，按票定量进行农产品购买的粮票制度被取消，个体经济开始迅猛发展，人人都是市场的生产者和购买者。然而由于政策制定未能跟上市场发展的步伐，使得在市场内部流通的农产品的品质问题悄然出现。1995年，在"菜篮子"一期工程成效良好的情况下，新一轮政策特别提出同时满足农村与城镇居民的消费需求，需要各个地区的农户即生产者坚持提高农产品产量和质量的双重种植标准。1997年，党的十五大报告指出农业产业的各阶段都具有动态性，要积极发展农产品生产化经营，"推进农业向商品化、专业化、现代化转变"（夏天，1998）。

3. 快速发展阶段的政策（1998～2012 年）

解决农产品市场副食品的需求高于供应的矛盾是国家建设"菜篮子工程"的初心，从政策层面解决了农副产品供不应求的问题，促使国家农产品政策制定进入快速发展阶段。农产品生产方式趋向多元化，如运用科技优化种子品质、研发新型品种、降低种植成本、促进农业经济效益增长等，使农产品供应达到供需平衡的状态，促进农产品趋向精品化，形成品牌效应。2001 年，中国正式加入 WTO，对于农产品市场来说，中国入世既有好的方面也有坏的方面，既是机遇也是挑战。入世对国家农产品数量与品质提出了巨大的挑战：既要面对国际与国内不同的质量标准和不同国家的不同进口标准，同时还要兼顾国内市场的市场需求。为了满足世界与本土的必要条件，2002 年中央提出将农业发展列为治理重点，注重农产品质量的发展，满足全面建设小康社会的国家建设目标，这是符合中国国家性质的。接着，中央农村工作会议从民生角度出发，提出农产品数量供应要符合社会需求，保证农产品品质与数量构成正比，农业生产不会对国家发展造成影响，优化农业生产效能，保证农产品质量安全[①]。2004 年，为保障农产品生产活动的顺利进行，国务院提出针对严重威胁社会治安、社会成员生命健康的恶性农产品事件进行专项整治，建设能够产生正面效果、打击违法犯罪行为、保障优质农产品生产的政策体系，使中国农产品在国际社会具有强悍的竞争能力。

经过对国际标准的长期探索，中国农产品逐渐走出国门，但是由于质量问题，只有一部分特色商品能够符合其他国家的标准，这是中国市场经济的不完美、农产品安全监管存在纰漏造成的。由此可见，农产品的出口是以质量取胜的，为了在国际市场占有一席之地，国家管控政策的制定要以保障出口农产品的优秀质量和相对安全任务目标。2006 年，面对竞争激烈的国际

---

① 中共中央国务院关于促进农民增加收入若干政策的意见 [J]. 农业机械，2004（2）.

农产品市场，国务院提出在不偏离群众路线的状况下，每一个行政区域内的农业相关组织都应该将农产品质量安全单独列为工作重点，以服务社会成员为前提，组织农业领域权威性的专业人员对可能发生的、影响社会治安的风险进行专业分析与评判。2008 年"三鹿奶粉"事件轰动社会，使农副产品的质量安全浮出水面，国家紧急发布多个关于印发全国食品安全专项整治行动的通知（见表 2－4），开始重视全国产品的质量和食品安全（苟铭，2009）。2009 年，政府从多角度如监督、检验、评估等方面入手，制定相关政策对发生在食品领域的各种现象进行整治，并对食用农产品进行了定义。2012 年，中央一号文件指出治理农产品质量安全要符合时代的发展，政策制定要有针对性，不能安于现状，要运用科学技术对农产品质量安全管控的新方法进行探索。

表 2－4　　　国务院办公厅关于印发全国食品安全专项整治行动的通知

发文字号	通知内容	主题词	发布日期
国办发〔2005〕20 号	关于印发 2005 年全国食品药品专项整治工作安排	食品药品专项整治	
国办发〔2006〕24 号	关于印发 2006 年全国食品安全专项整治行动方案	整顿；食品安全	
国办发〔2007〕28 号	关于印发 2007 年全国食品安全专项整治方案	整顿；食品；安全	
国办发〔2004〕43 号	关于印发食品安全专项整治工作方案	整顿；食品；方案	2008 年 3 月 28 日
国办发〔2007〕57 号	关于印发全国产品质量和食品安全专项整治行动方案	质量；食品；安全	
国办发〔2007〕67 号	关于开展全国产品质量和食品安全专项整治行动检查验收工作	质量；食品；安全	

资料来源：中国政府网_中央人民政府门户网站〔EB/OL〕. http://www.gov.cn/zhengce/wen-jian/zhongyang.htm.

4. 逐渐成熟阶段的政策（2013 年至今）

党的十八大报告明确提出当前我国正处于发展的新阶段，全面建成小康社会是基于现代社会主义经济总体趋势的，是符合现阶段基本国家政策的。目前，中国农业经济在中国特色社会主义道路上稳步前行，在多个重要中央一号文件的指导下，国家对食用农产品质量安全管控政策的制定逐渐走向成熟。2013 年，在十八大精神的引领下，中央对农业现代化提出了新的要求，明确指出当代中国食用农产品质量安全治理要在保证产量、品质、效益及社会成员的基本合法利益的基础上，进行治理改革的创新，创造符合农业生产者利益的环境，调动和提高农业生产者的生产积极性，形成活力满满的治理新模式①。文件指出现阶段的食用农产品管控已经取得成效，在这个基础上要正视管控过程中各层面产生的问题，如食用农产品硬性需求的增长、市场经济迅速发展环境下对外依存度的提高、年轻农村劳动力的流失等，这些都是现阶段较为突出的问题。政府要对此要合理制定政策，提出解决对策，如农村青壮年劳动力的保持和培育，保障农产品经济的可持续发展。

2014 年，农业现代化再次成为中央关注焦点。中国长期处于与国际接轨融洽的阶段，进出口食用农产品的安全有着举足轻重的地位，由于国际形势多变，曾经"粮食安全战略"中不符合中国实际状况的旧政策需要被摒弃，管控政策的创新必须重视食用农产品产量与品质并行。同时，要保证国内和国际两个市场的食用农产品价格符合其本身价值，注重科学技术在农产品质量安全管控过程中的应用。次年，中央一号文件再次强调食用农产品安全最应该注重的基础问题是质量安全。文件主要对增强劳动者生产食用农产品的能力进行了政策引导，首次对开垦农业荒废土地的改革进行了政策规定，提出了相对应的建议与对策②。基于我国正处于大数据的信息科技发展

---

① 中共中央国务院关于加快发展现代农业进一步增强农村发展活力的若干意见［J］. 农业机械，2013（4）.

② 中共中央国务院印发《关于全面深化农村改革加快推进农业现代化的若干意见》［N］. 人民日报，2014－01－20.

阶段，政府提出构建完整的供应链安全信息公布平台。2016 年，在中央财经领导小组第十四次会议上，习近平总书记对食品安全工作作出重要指示，强调牢固树立以人民为中心的发展理念，落实"四个最严"的要求，切实保障人民群众"舌尖上的安全"①。

2019 年 2 月，中央提出党政部门在食品安全工作中的作用十分重要，同时也应该担负起相应的责任，进一步落实食品安全党政同责，并明确指出食品安全包括食用农产品质量安全，分管食品安全工作是指分管食用农产品质量安全监管、食品安全监管等工作②。同年 5 月，中共中央指出中国的食品安全形势复杂多变，应深刻认识到形势的严重性，以推动食品产业的高质量发展，提高食品安全风险管理能力，推进食品安全社会共治为奋斗目标是必然的。建立基于风险分析和供应链管理的食品安全监管体系，实现食品安全领域国家治理体系和治理能力现代化，明确规定治理部门要秉持最严谨的态度实行标准化治理，实施最严格的监管，对违法犯罪行为进行严厉的打击，对违反规定的治理主体进行责任追究，与此同时还应开展食品安全放心工程建设攻坚行动，加强组织领导③。

2013 年至今，国家在农业方面发表了诸多文件政策，其中食用农产品质量安全一直是农业经济发展中突出性问题，同时也是人们维持生存的根本问题。聚焦食用农产品的数量、质量、效益问题，运用科学的手段进行管控、多方位制定规范其质量安全管控的措施、调节主体行为是全体社会成员的基本诉求，是政策制定的现实借鉴。

---

① 中央财经领导小组第十四次会议召开 [EB/OL]. (2016 - 12 - 21). http：//www. gov. cn/xinwen/2016 - 12/21/content_5151201. htm.
② 中共中央办公厅国务院办公厅印发《地方党政领导干部食品安全责任制规定》[EB/OL]. (2019 - 02 - 24). http：//www. gov. cn/zhengce/2019 - 02/24/content_5368139. htm.
③ 中共中央国务院关于深化改革加强食品安全工作的意见 [N]. 人民日报, 2019 - 05 - 21.

（四）食用农产品质量安全管控的方式方法演进

1. 小农生产向集体生产转变的阶段（1949～1978 年）

中华人民共和国成立之前，侵略战争、军阀混战以及国共内战导致中国经济的发展处于停滞状态，农业发展受到阻碍。1949 年 10 月，中华人民共和国成立之后的首要任务是恢复国内经济[①]，农业作为基础性经济产业，被列为国家管理的重点产业之一，其首要目标是保证粮食数量安全。为了快速恢复农业生产，国家将地主手中的土地收回，按人口分配土地，保证农民有田耕、有粮吃，农业发展处于小农经济时期。这一时期，农民拥有自己的土地、耕种工具等物质生产材料，生产积极性高涨，为了获取更好的生存条件，他们以提高农作物的产量为目的，注重生产方式的创新，努力钻研农业耕种技术。虽然小农经济一定程度上缓解了粮食短缺的问题，但是其种植方式较为落后，生产主体是农户个人及其家庭，主要以手工工具进行农业生产，如牛耕、铁农具。小农经济是小规模、分散式的粮食生产模式，缺乏粮食存储的能力，在受到不良因素的影响时，如洪涝灾害、病虫害，经济主体承受能力较弱，而政府游离于小农经济发展模式之外，无法调节和保障其发展。

1953 年，在土地改革基本完成的情况下，小农经济稳定性不足、抗灾能力差的本质逐渐显现，为了保障农业经济的持续有效发展，中央提出农民之间要相互帮助，形成合作化组织，提高粮食生产能力。同年，国家开始进行农业经济改革，将农户自给自足的农业生产模式转变为集体生产，主张农业生产资料公有化（卓尚进，1988），确保国家能够控制粮食资源，进行粮食安全管控。在实现粮食产量稳步增长的基本目标下，有计划地对农业生产主体手中的余粮进行收购，在保证国家粮食储备充足的同时，按计划数向社会供应粮食[②]。为保障市场上粮食的供应，国家取消原有的农业产品自由市

[①] 毛泽东. 在中国共产党第七届中央委员会第二次全体会议上的报告 [N]. 人民日报, 1968 - 11 - 25.

[②] 农村粮食统购统销暂行办法 [N]. 人民日报, 1955 - 08 - 25.

场，采取统购统销的治理方式稳定粮食市场价格。然而，粮食统购统销制度在施行过程中出现了原则性错误：中华人民共和国成立初期，大部分农民还处于半饥半饱状态。在三年国民经济恢复时期，农民的自给自足尚能维持温饱，但是进入计划经济时期后，农民的自身需求得不到满足，国家需求与农民可供应粮食之间的数量关系不对等。国家意识到了这个问题，但是尚未探索出有效的方式方法治理这一问题，刘少奇曾指出："……如果按农民的意愿，他只愿意在自己吃饱了以后才把多余的粮食卖给国家。假如让农民统统吃饱了，然后国家才征购，那么……工人、教员、科学家以及其他的城里人都没有饭吃了。……工业化也搞不成了……国防建设也不能搞了。"① 如何平衡国家粮食需求与农民生计维持既是这一时期国家治理粮食安全的主要矛盾，也是管控重点。

1958 年 7 月，全国各地陆续成立人民公社，主张大家有粮一起吃。人民公社的建立在一段时间内解决了农民的温饱问题，但是这种平均主义的生产方式很大程度上抑制了农业生产者的积极性，农业生产活力逐渐消亡，粮食生产安全受到威胁。从国家政策层面来说，人民公社是人民积极响应国家政策的产物，它集中农民力量建设水利设施，促进了农业经济发展，夯实了国家工业化进程的物质基础。随后人民公社体制经历了几次变革，但依然跳不出平均主义这一思维固态。

2. 生产方式逐渐转变的阶段（1979～2003 年）

人民公社体制打击了农民生产的热情，粮食产量因此受到了不好的影响。随着国家农业经济体制的改革（见图 2-3），农业生产方式进行了相应的改变。1979 年，家庭联产承包责任制开始施行，农民具有承包土地的权利，个体生产与集体统一生产相结合的农业生产经营模式开始发展。家庭联产承包责任制充分考虑了农民作为粮食生产主体的利益，采取合同制，在完成合同规定的国家、集体任务的情况下，农民拥有自主生产经营的权利，农

---

① 刘少奇选集 [M]. 北京：人民出版社，1985.

民的生产积极性再次被调动。

图2-3　中华人民共和国成立以来农业经济体制的演变

资料来源：周绍东．"互联网+"推动的农业生产方式变革——基于马克思主义政治经济学视角的探究［J］. 中国农村观察，2016（6）.

同年9月，在中共中央的领导下，农业管控方式有了质的飞跃。首先是肥料的使用与管控。古代农业种植就已经开始使用肥料，如草木灰、人畜粪便等农家肥，这些促进农作物增产的方法至今都还在使用。随着农业生产模式的转变，化肥使用的频率变高，曾经的农家肥不能完全满足农产品数量安全的生产条件。在科学技术的引领下，化肥开始规模化生产，人工合成的化肥中含有更多的能够保证土地肥力的微量元素。除病虫害农药、农用塑料、除草剂等被大量使用于农业生产中，这些农业投入品的应用，极大地提升了农产品产量，与此同时也对农业生产的环境条件造成了危害。

其次是农作物种子的培育与应用。保证农产品的高产高质，最重要的是要选育良种，品质良好的农作物种子是农业生产的关键。农民在农作物成熟的时期预留种子，挑选秸秆粗壮、生长状态良好、高产稳定的植株进行选种，选取颗粒较为饱满、无病虫害的农作物种子。此外，还会利用盐水等溶液对选取出来的种子进行进一步的筛选。品质优良的种子被选取出来后，会进行晾晒脱水进行储存，在种植时，先培育幼苗，后移植到田里。

最后是促进农产品生产机械化的发展。农业生产规模的扩大满足了农产品数量安全，同时也决定了原始手工为主要种植工具的模式逐渐被淘汰，农业机械化进程的推进势在必行。家庭联产承包责任制的施行时大量经济个体涌入第一产业，"以粮为纲"的农业生产开始进入全方位发展阶段，农产品市场需求增加，城乡之间的贸易量剧增，农产品人工运输需求上涨，国家放松了农业机械产品的买卖政策，部分农民私人购买拖拉机进行农产品交易，农业经济向商品经济发展。

兼顾农民利益与国家需求的农业生产方式的实施使农业发展趋势良好，农业生产力和农业商品化程度不断提高（钟真，2019），农民参与的农业生产环节有所增加，部分环节由农民直接承担责任，农业生产分工较为明确，农产品市场发展迅速，农村经济发展势头良好。1986年，基于农村商品经济的快速发展和此前颁布施行的国家政策，中共中央提出"农业社会服务化"概念，将"组织产前产后服务"作为农村工作总要求之一，并提出"农民对服务的要求也是各式各样的，不同内容、不同形式、不同规模、不同程度的合作和联合将同时并存"，首次对服务供给方式与形式作出明确要求（高强、孔祥智，2013），主要涉及农业生产资料、农产品生产技术、农作物栽培、病虫害防治等方面。2003年，中共中央再次将农业社会化服务体系列为国家进行农业经济管控的主要内容之一，注重农民在农产品质量安全管控过程中重要的主体地位，并保障社会成员能够积极广泛的参与到管控中去。

3. 依法监管阶段（2004～2015年）

2004年，国家管控食用农产品质量安全的方式方法愈加趋向成熟，中央连续发布多个一号文件，从农业技术推广、食用农产品监管、违法犯罪行为处罚等方面进行了政策指导，制定并施行多部相关法（见表2-5），加大监管力度，提出在满足社会公众食用农产品质量安全需求的同时，要规范立法，加强农业科学技术创新①，大力发展农业机械化，提升食用农产品质量安全管控主体的专业素养和道德品质，保障食用农产品经济效益，提高国际市场竞争力。

---

① 农业科技发展纲要（2001—2010年）[N]. 人民日报，2001-05-24.

表 2 – 5　　　　2004～2015 年食用农产品质量安全相关法律法规的修订

生效日期	法律法规名称	立法目的
2004.5.26	《粮食流通管理条例》	保护粮食生产者的积极性，促进粮食生产，维护经营者、消费者的合法权益，保障国家粮食安全，维护粮食流通秩序
2006.11.1	《中华人民共和国农产品质量安全法》	保障农产品质量安全，维护公众健康，促进农业和农村经济发展
2008.10.9	《乳品质量安全监督管理条例》	加强乳品质量安全监督管理，保证乳品质量安全，保障公众身体健康和生命安全，促进奶业健康发展
2010.12.1	《食品安全国家标准管理办法》	以保障公众健康为宗旨，以食品安全风险评估结果为依据，规范食品安全国家标准制定工作，做到科学合理、公开透明、安全可靠
2012.12.1	《农产品质量安全监测管理办法》	加强农产品质量安全管理，规范农产品质量安全监测工作
2013.12.1	《国家食品药品监督管理总局立法程序规定》	规范国家食品药品监督管理总局立法程序，保证立法质量，提高立法效率
2014.6.1	《食品药品行政处罚程序规定》	规范食品药品监督管理部门行使行政处罚权，保护公民、法人和其他组织的合法权益
2015.10.1	《食品经营许可管理办法》	规范食品经营许可活动，加强食品经营监督管理，保障食品安全

资料来源：本研究整理。

　　一方面，国家食用农产品质量安全管控注重法制与科技相结合。科学技术是第一生产力。科学技术应用于食用农产品质量安全管控不是偶然，马克思曾经指出"社会劳动生产力，首先是科学的力量"[①]。人类掌握科学技术，可以将其转化为劳动生产力，最大程度上保障了农业生产的顺利进行。党中央和国家注重科学技术在农业中的应用，积极推进农业技术退管工作的进行，2012 年农业法的修改主要围绕农业技术推广进行，"国家鼓励和支持农

---

① 王正萍. 马克思恩格斯列宁斯大林毛泽东论历史唯物主义上［M］. 北京：北京师范大学出版社，1983.

民、供销合作社、其他企业事业单位等参与农业技术推广工作"①。农业技术的革新与农业发展态势相关,创新且稳定的研究成果运用于农业生产符合国家"农业现代化"政策,也有利于食用农产品质量安全管控方式方法的改进。国家尊重农业生产者的意愿,在促进农业发展的前提条件下推广农业技术,根据不同地区的实际情况建立国家农业技术试验田,从保障农业经济、社会、生态效益出发,鼓励农业生产者运用超前的、新颖的、合适的农业技术进行食用农产品生产,在农业技术开发上提供财政和政策的支持;在农业生产过程中运用第三方农业技术,减少食用农产品质量安全事故的发生,使国家管控的方式趋向结构化,保证农产品供应链受到全方位的监督与管理,形成可追溯体系。同时利用现代社会较为发达的信息技术进行食用农产品安全信息整合,保证治理主体间的信息对称,规范政府食用农产品质量安全管控行为,调动全员参与治理的积极性从而降低监管成本,保障农产品生产其他环节人力物力的投入。另外,国家运用科技监控食用农产品质量安全管控风险,构建有技术支撑的科学有效的风险监测体系,对食用农产品各环节的可控和不确定因素进行监管,如动植物疾病防疫、农业投入品的使用与生产。

另一方面,食用农产品质量安全管控进入法律法规修正阶段(见表2-6),农业生产者成为国家改革的关注重点之一。2004~2015 年间,中共中央、国务院大力推进国家机构改革和职能转变,食品安全监管部门也经历了重大调整,监管机构的构成逐渐趋向科学与完善。农业生产的主要矛盾已由总量不足转向结构性的矛盾,人们的消费需求也发生了根本性变化,更加关注农产品的质量安全(杨建利,邢娇阳,2016)。2015 年 8 月 25 日,《有机产品认证管理办法》出台。该办法的出台与施行以保障食用农产品产业链各主体的合法权益,进一步提高可供人类消费、食用的产品质量为立法

---

① 中华人民共和国农业技术推广法 [N]. 人民日报,2012 - 12 - 17.

目的①。同年 12 月 25 日，中央农村会议提出农业供给侧结构性改革，国家与农业生产者是食用农产品质量安全的治理主体，重点强调使农民的发展意识发生转变也很重要②。农业生产者是食用农产品生产的主要行为主体，种子培育、土地肥沃等基础性农业生产条件都是由农民进行把控，农业生产者通过培育良种、施肥、除虫等方式提升食用农产品数量、品质，然而部分生产者为了自身利益，投机取巧，在生产中大量使用农药促进农作物生长、减少虫害，以次充好，或是利用有毒、长久保鲜的化学制品保证采摘后的食用农产品的新鲜度，这些不当行为妨碍了食用农产品质量安全管控。同时，国家在进行《食品安全法》修订时提出对食品安全展开全过程监管，明确地方政府食品安全监管部门的属地责任（邓萍，2016）。因此，在进行宏观调控时，国家重视食品安全监管主体构成的科学性，注重农业产业结构的变化和农业生产者生产方式、生产观念的转变，培养治理主体的行为素质、可持续发展观念。

表 2－6　　　　2004～2015 年食用农产品质量安全相关法律法规的修正

公布时间	法律法规名称	修正时间	修正内容
2002.12.28（正式修订）2009.8.27（第一次修正）	《中华人民共和国农业法》	2012.12.28（第二次修正）	（1）无偿提供农业技术服务（2）加强农业技术推广工作，国家鼓励和支持农民、供销合作社、其他企业事业单位等参与农业技术推广工作
2009.2.28	《中华人民共和国食品安全法》	2015.4.24	（1）强化预防为主、风险防范的法律制度（2）设立最严格的全过程监管法律制度（3）建立最严格的法律责任制度（4）实行社会共治

---

①　有机产品认证管理办法［EB/OL］.（2015－08－25）. https：//www. chinacourt. org/law/de-tail/2015/08/id/148442. shtml.

②　中央农村工作会议在京召开习近平李克强作重要指示批示［EB/OL］.（2015－12－25）. http：//www. gov. cn/xinwen/2015－12/25/content_5027981. htm.

公布时间	法律法规名称	修正时间	修正内容
2010.8.5	《食品检验机构资质认定管理办法》	2015.6.19	(1) 再定义食品检验机构的概念 (2) 规范食品检验机构资质认定评审准则 (3) 进一步明确处罚条例
2013.11.15	《有机产品认证管理办法》	2015.8.25	(1) 加强统一管理，明确监督内容与方式，注重全过程监管，加大违法行为的处罚力度 (2) 建立与完善认证制度，规范认证活动 (3) 加强进口产品管控 (4) 建立风险预警机制，规定风险预警发布主体

资料来源：中国法院网 [EB/OL]. https：//www.chinacourt.org/index.shtml.

4. 精准管控阶段（2015 年至今）

2015 年 5 月，习近平总书记提出"四个最严"，即最严谨的标准、最严格的监管、最严厉的处罚、最严肃的问责[1]，针对保障广大人民群众"舌尖上的安全"提出了进一步要求，推动了食用农产品质量安全管控的标准化，加大了监管力度，制定法律对违法犯罪行为进行最严厉的处罚，同时指出政府部门是食品安全管控的主要责任主体，出现食用农产品质量安全问题时，对相关政府部门进行行政问责。随后，各部委积极围绕"四个最严"展开食用农产品质量安全管控。2016 年 6 月，农业部、国家质检总局、国家食药监总局三部委提出用"四个最严"着力打造进口食品放心工程[2]。2018 年 9 月，国务院副总理韩正在国务院食品安全委员会第一次全体会议上强调始终坚持问题导向，落实"四个最严"要求在持续解决问题中推动食品安

---

① 习近平在中共中央政治局第二十三次集体学习时强调牢固树立切实落实安全发展理念确保广大人民群众生命财产安全 [EB/OL]. (2015 – 05 – 30). http://www.xinhuanet.com/politics/2015 – 05/30/c_1115459659.htm.

② "尚德守法　共治共享食品安全"2016 年全国食品安全宣传周启动 3 部委发最新食品抽检信息 [EB/OL]. (2016 – 06 – 15). http://shipin.people.com.cn/n1/2016/0615/c85914 – 28446444.html.

全工作①。2019 年 3 月，在十三届全国人大二次会议新闻中心举行的记者会上，国家市场监督管理总局负责人强调国家市场监管总局高度重视食品安全这项工作，积极践行"四个最严"的质量安全管控要求，对食品安全实行最严格的管控②。

国家制定食用农产品质量安全管控方针，从制度政策层面遏制违法犯罪行为的产生，确保政府质量安全监管部门能够依法履行相关职责，规范食品管控行为。食用农产品质量安全管控逐渐趋向科学化。2016 年 10 月，为推动健康中国建设，提高人民健康水平，中共中央、国务院印发《"健康中国 2030"规划纲要》，以推动中国标准与国际标准接轨、实现食品安全风险监测全覆盖为主要目标，提出形成从源头到消费全过程的食品安全标准化管控格局③。政府管控问题食用农产品的目的是为了保证国民的健康与安全，从农田到餐桌的质量安全管控是国家实现精准管控的基础。党的十九大报告中指出实现质量强国必须坚持"质量第一，效益优先"④。从意识层面出发，加强管控主体质量意识，对食用农产品从生产到销售的全过程进行精准管控，实现效益最大化，加大管控力度，保证食用农产品的提质增效，维护社会稳定，确保人民健康幸福。食用农产品质量安全精准管控的实施，从细节入手，有助于加强政府部门的管控责任意识，有助于培养政府部门人员的管控能力，有助于消除政府食用农产品监控盲区，实现质量安全。2018 年，国务院发布政策文件，以推动监管部门食品安全管控的顺利进行，对机构改革后的各部门的职能进行政策性调整，使之符合法律法规的规定⑤。

---

① 韩正在国务院食品安全委员会第一次全体会议上强调始终坚持问题导向 落实"四个最严"要求 在持续解决问题中推动食品安全工作 [EB/OL]. (2018 – 09 – 09). http://politics. people. com. cn/n1/2018/0909/c1001 – 30281146. html.

② 对食品安全违规实行最严处罚 坚持最严问责 [EB/OL]. (2019 – 03 – 12). http://ip. people. com. cn/n1/2019/0312/c179663 – 30971467. html.

③ 印发《"健康中国 2030"规划纲要》[N]. 人民日报，2016 – 10 – 26.

④ 决胜全面建成小康社会夺取新时代中国特色社会主义伟大胜利 [N]. 人民日报，2017 – 10 – 19.

⑤ 国务院关于国务院机构改革涉及行政法规规定的行政机关职责调整问题的决定 [EB/OL]. (2018 – 06 – 05). http://www. gov. cn/zhengce/content/2018 – 06/05/content_5296297. htm.

第二节　食用农产品质量安全管控的演进特点

一、管控种类多，地域流通性强

中国疆土辽阔，资源丰富，引发食用农产品质量安全问题的因素种类繁多。一方面，各个区域的气候、地质等自然条件的不同，每一个地区的生态系统都有其独有的特性；另一方面，食用农产品种类多样，每一个品种的属性不尽相同。从微观的角度来说，自然环境中含有大量肉眼无法观察到的微生物族群，这些生物性因素在食用农产品生产环境的发展过程中具有极其重要的地位（牟少飞，2012）。这一类型因素分布较广、适应能力较强、种类较多、变异可能性较大，致使政府在进行食用农产品质量安全管控的过程中，不能及时且准确地找到问题产生的根源。从宏观的角度出发，随着社会经济的快速发展，科学领域的技术革新，食用农产品生产环节的投入品种类越来越趋向多样。不同种类农业投入品的管控内容和管控标准根据其性质不同存在差异，不能一概而论。国家对不同种类食用农产品的管控重点有所不同。一是质量安全政策、制度的制定应该根据食用农产品不同作用、不同性质进行量体裁衣；二是政府采取的方式、制定的政策制度方向以及具体管控路径需要随社会环境的变化进行调整与修正，开展针对性管控。

另外，随着运输物流的发展，食用农产品市场的范围开始扩大，形成跨省市交易的模式，流通性较强。物流运输行业的快速崛起，使区域性食用农产品得到了销往全国市场的机会，同时也增加了质量安全事件发生的概率，也增加了食用农产品质量安全管控难度[①]。由于每个省市的食用农产品各环

---

① 农业部软科学委员会办公室. 保障粮食安全与提高农产品质量 [M]. 北京：中国农业出版社，2005.

节的标准、模式、理念等存在差异，容易造成相同产品在不同省市的质量安全监测出现偏差。这要求地区解决食用农产品质量安全问题时，应具备责任意识，要根据本区域的实际情况进行相关方面的管控，地方政府应该明确自身在食用农产品质量安全管控过程中应尽的义务与监管职责，而不是认为这只是单纯的生产源头问题，忽略连锁反应的重要性。当一个地区发生了质量安全事件，其他地区食用农产品市场会受到冲击，相同种类产品的市场交易量呈现直线式下滑，对区域经济发展尤其是食用农产品原产地的市场经济产生巨大的影响，从而影响社会的稳定（张星联等，2013）。

食用农产品因其种类多样、跨地域流通产生了许多质量安全问题，因此，各层级政府制定政策目标时，应该从微观和宏观的角度出发，将跨地区流通和多样的生态物种环境可能导致的食用农产品问题纳入管控范围。

二、食用农产品产业管控链条长

中国食用农产品质量安全管控从政府单一管控向分段监管的管控格局转变（梅星星，2017），在发展过程中，存在治理主体一元化、管控手段行政化与分散的农户生产者之间资源不对称的局面，国家需要为食用农产品质量安全治理付出的行政成本较高。一方面，由于食用农产品质量安全治理的环节较多，政府不能全方位进行管控，将部分权利赋予下层组织如企业、行业协会等（肖湘雄等，2016）。这一举动虽然分担了政府管控的压力，在一定程度上确保了食用农产品质量安全，但是也导致了信息反馈链变长，主要表现在食用农产品市场各主体之间的关系不平衡。食用农产品的产业链条冗长，主体是掌握生产资料的中大型企业、小农户、进行加工的中小型企业，范围覆盖食用农产品生产资料、运输及产品加工过程。企业在产业链中占主导地位，这导致食用农产品产业链出现断层现象，小农户作为独立的个体，处于该产业链的末端，当食用农产品事件出现时，无法独立承担损失。食用农产品产业链主体地位的不平衡会导致价值错位，小农户作为弱势群体，其权益不能受到保障，当市场经济受到外界影响产生下滑现象时，生产规模较小、没有品牌效应的小农经济最先受到冲击，农民手中大量食用农产品处于滞销状态，导致小农户"东西卖不出去，成本无法收回"。政府需要协调市场主体之间的资源分配，使之相对合理。另一方面，食用农产品产业管控链条不是一成不变的，会随着不同时期的市场经济变化进行相应的调整，一直处于完善、补充、消亡、新生的状态，具备有序的演变进程。

食用农产品产业链的变化一直处于国家管控的范畴之下，但是因为市场信息系统的复杂性，政府无法完全掌握全面的信息，对食用农产品质量安全的管控处于不上不下的尴尬境地。同时，由于生产链上各主体之间的相互联系并不紧密，无法形成协同的社会共治，除了必须满足的必要生产条件、资料的交流与共享外，主体之间的关联度较小。而且，在生态条件的影响下，食用农产品产业链会发生相应的变化。随着生态环境受到破坏，食用农产品的部分生产资料缺失，产业链出现断裂现象，由于缺乏抵御外界环境侵入的能力，在受到外界因素的影响下食用农产品的市场体系受到破坏，导致经济动荡的产生，使市场环境受到破坏。食用农产品产业链的冗长导致政府管控周期变长，容易受到外界不确定因素的影响，政府因此对管控环节进行调整，以此确保能够全面有效地保证食用农产品质量安全，但是缺乏有效的监管一直是政府管控存在的顽固性问题。尽管食用农产品质量安全治理格局发生了根本性的变化，但是处于管控链条的每个部门的监管效率仍然有待提升，只有明确监管主体应该担负的责任，提升其自身专业能力，才能保证政府管控达到预期目标，实现食用农产品质量安全精准管控。

三、管控风险因素多，风险评估复杂

食用农产品通过多个环节进入市场，每个环节都受到外部环境因素和内部不确定因素的影响。食用农产品的质量安全与产地的土质、水源条件、空气质量等有关，由于不恰当的生产过程，经过长时间的人类社会活动后，这些自然条件发生了改变，出现了各式各样的问题。

食用农产品各环节存在的不确定因素较多，政府需要对潜在风险进行精准管控。一是在国家工业化进程的推进阶段，国家大力发展第二产业，各个地区开始征用农业土地建立工厂，使农业耕地面积减少。污染物排放问题在工业发展初期尚未被重视，大量废气、废水排出导致自然环境受到破坏，食用农产品自然生产环境受到影响，导致食用农产品质量安全问题的产生。二是农民大量使用化工产品进行食用农产品种植，这种行为对自然环境造成了破坏。人工合成农业投入品的最初目的是为了消除农业生产过程中危害庄稼生长的杂草、虫害等，增加粮食产量。然而由于缺乏对使用者行为的管控，农业投入品的使用方式、用量等不符合标准，导致食用农产品被污染，出现质量安全危机，购买者的人身安全受到影响。三是在加工阶段即食用农产品的再生产，这一阶段的风险包含人为因素和自然因素。一方面，受到加工环境、设施等外部硬件不卫生现象的影响，食用农产品在加工环节的某个步骤被污染（徐景和，2009）；另一方面，部分加工工人缺乏职业道德，专业知识或专业素养不足，为了满足自身的物质需求，在加工过程中违规操作，导致食用农产品质量安全风险产生。四是在进行跨区域运输时，由于运输过程中存在的多种不确定因素如运输条件的简陋、运输时间较长等，导致食用农产品在运输过程中受到污染，质量受到影响，出现安全问题。五是消费者购买了食用农产品后，对食材处理不当，导致质量安全问题的产生。

食用农产品质量安全风险评估较为复杂。首先，风险评估的目标是保证社会公众"入口"安全，即保障人民群众能够吃到健康、营养、不会对人体造成危害的食物。目前绝大部分国民的饮食习惯是"偏向于食用无需加工或微加工的新鲜蔬果等初级农产品"（索玉娟等，2017）。因此，风险评估要将源头性不确定因素列为评估的重点对象，对食用农产品生产的初始阶段进行严格监控。其次，风险评估的关注重点是食用农产品产业链的安全。随着食用农产品产业链的不断延伸，风险系数增大，在无法预估风险的情况下，产业链容易出现风险失控现象，形成难以掌控的食用农产品质量安全风险。如果产业链的某一环节出现问题，产业链的连接不恰可能会对生产环境造成严重污染，甚至发生断裂的情况，从而影响农业的可持续发展。最后，风险评估存在盲区，由于食用农产品质量安全管控风险因素较多，具有不确定性、突发性、特殊性，部分风险无法被及时发现，阻碍了风险评估的顺利进行，评估标准不能够统一，具有复杂性。

四、管控资源环境硬约束，治理主体软约束

基于中国的基本国情，我们可以发现政府管控食用农产品质量安全时，农业资源环境是硬约束，治理主体是软约束。当农业资源环境不断优化调整，治理主体之间相互监督、相互帮助，将提高农业现代化水平，推进治理体系的建设，实现精准管控，切实有效地保障食用农产品安全管控沿着稳健的道路前行。

中国食用农产品的质量安全管控受到农业资源的限制。中国的农业资源总体较为充足，但是现有的资源总量无法满足国家的总人口需求，人均资源量较少，尤其是南北方差距较大。一是在中国前期经济建设过程中，大量农业土地资源被占用，用于发展其他产业，农业种植的土地面积逐渐减少，部分地区高质量的农业土地资源减少，导致食用农产品的产量、质量呈现下降趋势。二是南北地区水资源的限制。2004 年，中国粮食格局从南粮北运变为北粮南运（方言，2018），有效提高了粮食的种植面积及产量。但是北方食用农产品主要种植生产区的水资源匮乏，水利设施的建设亟须提高，这主要是因为北方降水量比南方少，水资源相对来说比较匮乏。粮食格局的转变虽然有效缓解了南方农业耕地面积小的窘境，但是同时也增加了北方农业水资源的压力，北方出现了耕地充足但是水资源缺乏的困境，这严重影响了食用农产品的生产，约束了北方地区的农业发展。三是自然环境被破坏的不良约束。农业生产发展过程中，农药等人工合成的农业投入品对自然环境造成

了不可挽回的伤害，这些产品中的有毒物质直接导致了农业土地资源的不安全，严重污染了农业水资源。因此，政府的食用农产品质量安全管控受到农业资源环境的约束。

确定食用农产品质量安全治理主体，厘清它们之间的相互联系及对应职能非常关键。各个主体分工明确、职能清晰，才能将管控政策落实到位，当发生食用农产品质量安全事件时，才能够及时解决。当前，我国食用农产品质量安全治理体系逐渐趋向完善，治理主体范围逐渐扩大，行业协会、个人等社会主体开始参与国家治理，非政府的治理主体行为也是食用农产品质量安全管控应该考虑的范围。将主体行为纳入国家法律法规的制定范围，运用相关条例有针对性的对治理主体行为进行约束，从行为主体层面保障食用农产品的质量安全是必要的。质量监督管理部门肩负着主要职责，角色定位极其重要，它们以保障国计民生为目标，保护食用农产品市场的安全为己任，是管控关卡中的最后一扇"防护门"。质监部门确保工作到位是民之福祉，是人民群众安心购买食用农产品的坚强后盾。为规范治理主体行为，坚持食用农产品质量安全管控的初衷，国家将必须遵守、承担与执行的准则写入法律，对治理主体行为进行约束。

五、管控具有中国特色，符合中国国情

中华人民共和国成立初期，中国刚刚进入社会主义初级阶段，国家经济、政治、法律等方面都处于搁置或半搁置状态。如何使国家各项事务步入正轨，是当时中国面临的最重要的问题。常年的兵荒马乱导致土地荒废、水土流失，农业耕地受到了极大的破坏，而农业生产中水利设施相对缺乏，此时农业基本处于停滞状态。为了带动国民经济的发展，我国首先需要恢复和扩大农业生产。中国的农业在国民经济中占有很大比重，但是农业发展处于原始状态。1949 年，我国的粮食产量只有 2 亿多吨，每亩地的产量只有几

十斤①，农作物种子缺乏，许多地区采取刀耕火种的原始农业生产方式，农业生产力极其落后。这一阶段的食用农产品供应受到农业技术水平的限制，处于供不应求的状态，国家实行计划经济手段，采取统购统销制度，每家每户的食用农产品供应量都是根据人口定量分配。国家的首要任务是保证当时的 5 亿人口能够解决土地问题和吃饭问题，人民群众最关注的是如何用有限的食用农产品填饱肚子，国家质量安全的管控重点是数量安全。而国家工业化进程的推进，导致农业经济发展受到工业的限制，农业生产的目的是为了保障工业化的顺利进行，食用农产品质量安全的管控也是以社会主义工业化为前提进行的。

20 世纪末，随着国民经济的稳步发展，国家工业化进程步入正轨，农业发展与工业发展并重。此时，中国食用农产品的供应短缺问题已经基本解决，市场实现了供求平衡，食用农产品质量安全管控开始进入数量与质量并重的阶段。但是在农产品数量管控阶段，农户为了追求产量，在耕种的过程中，没有控制好农药的用量或缺乏对农药性质的专业性了解，危害了消费者的人身安全。1999 年，广西某学校有 322 名人食物中毒，经过调查取证，最终判定他们当天食用的青菜含毒，原因是农药残留（王福春，2003）。而这一类型事件只是食用农产品治理过程中的冰山一角，还有更多受到其他因素影响而发生的食用农产品质量安全事件。尤其是在工业的快速发展的过程中，国家与工业相关的法律法规还未完善，人们的环保意识有待加强。随着大量工业废物的排出，农业生态种植环境被破坏，食用农产品质量安全受到威胁。这些事件的发生使中国现阶段食用农产品质量安全问题逐渐开始浮出水面，国家通过政策的制定、颁布与施行逐渐加强对这一领域的管控力度，提出了"质量强国"的基本国策。同时聚焦百姓民生，制定了多部法律、行政法规，从法制层面对食用农产品质量安全进行严格管控。不同阶段的基

---

① 国家统计局农村社会经济调查司. 中国农业统计资料汇编（1949 - 2004）［M］. 北京：中国统计出版社，2006.

本国情是不尽相同的，因此构建食用农产品质量安全的管控模式应该将我国现阶段基本国情作为切入点，进行大胆创新，形成适合中国的管控新模式。

第三节　食用农产品质量安全管控的演进规律

一、管控能力、科技水平与评价体系相适应的动力规律

古往今来，可食用物资的质量安全管控的观念从无到有。通过对不同时期的思想、政策、制度进行相同点和不同点的分析，我们能够得出食用农产品质量安全管控是一个动态的过程。不同阶段的食用农产品质量安全管控具有不同的特性，一直处于发展状态。从古代、近代、现代三个阶段的食用农产品质量安全管控进行分析，我们能够发现满足人类生存需求是食用农产品质量安全管控的动力。在原始社会时期，一切事物都处于"初化"阶段，完全无管控、生产等概念，人类生存主要依靠大自然的馈赠。随着自然发展规律的发现，人类意识形态有所转变，农业种植的概念处于萌芽期。随后阶级社会形成，统治者将农业生产资料掌握在自己的手中，通过分配的方式将土地租赁给被统治者进行农业耕种，并且采取征收的方式要求种植者将大部分粮食上交国家以充盈国库。由于古代各方面条件的限制，农业耕种还处于比较早期的技术阶段，粮食的管控主要以满足阶级统治者的需求为主，着重数量安全。

中华人民共和国成立以前，国家一直处于政权交替的过程中，食用农产品质量安全管控处于能力缺乏、科技落后、评价体系尚未构建的阶段。中华人民共和国成立以后，经历了三年的经济恢复期，国家治理开始走上正轨，农业作为基础性产业，以保障国家经济的持续发展为动力，开始全面发展。国家领导人从长远发展的角度发现国家持续稳定的发展离不开科学技术的支撑，"农业现代化"政策应运而生。社会主义形态在政策制度的指导下不断

发生改变，社会经济不断发展，食用农产品质量安全问题开始出现，国家开始重视这一方面管控。在农业管控初始阶段，由于自身管控能力与经验的不足，中国开始向发达国家取经，但是由于当时国家农业发展水平处于较低的阶段，科学技术相对落后，发达国家的经验不能完全适用于中国食用农产品质量安全管控，相关治理体系一直处于探索阶段，政府管控能力有待加强（张玉香，2005）。随着国际化进程的推进，国家科学技术水平发展势头良好，相关检验测试程序开始规范化、科学化，法制体系逐渐健全，食用农产品质量安全的政府管控职能不断完善。在经济全球化的影响下，中国食用农产品进出口量直线上升，对政府管控能力提出了新的要求，在现有科学技术的基础上，实行食用农产品质量安全精准管控非常必要。同时，政府不再是唯一的治理主体，社会成员、社会群体等非政府性主体成为国家治理体系的一部分，民间组织和个人的参与有效地弥补了政府单一管控的空白，但是同时也增加了政府管控的难度。规范新生治理主体的行为，构建食用农产品质量安全治理评价体系十分必要。评价体系能够规范治理主体行为，促使食用农产品质量安全管控取得更好的成效。简单来说，为了使政府食用农产品质量安全管控能够获得预期成效，必须坚持管控能力、科技水平、评价体系相适应的动力规律。

二、"从农田到餐桌"的监管规律

食用农产品质量安全管控难度较大，这是因为"从农田到餐桌"的每一个环节都可能存在不确定因素，令人防不胜防，极易导致质量安全问题的发生。因此，对食用农产品各环节进行全方位的监控能够保障其质量安全。2014 年国务院的工作安排将"开展食用农产品质量安全源头治理"① 列为

① 国务院办公厅印发《2014 年食品安全重点工作安排》［EB/OL］. http：//www. gov. cn/xinwen/2014 - 05/27/content_2687816. htm，2014 - 05 - 27.

重点治理的第一项目标。食用农产品供应链处于政府的监督下，但是作为源头的食用农产品的产出具有不可控性因素，如环境的不达标、水质的污染等。一方面，由于国家没有制定详细的农药售卖规则，农药售卖商的出售行为缺乏规范性监管，剧毒农药流入市场，被农民用于食用农产品的生产。另一方面，为了获取最大利益，农户在种植农作物时通过使用农药增加粮食产量，或者在养殖畜牧产品时添加兽药，农兽药的使用剂量根据个人经验添加，无明确计量标准，易导致农兽药使用过量，影响食用农产品质量安全。受到上述行为的影响，食用农产品生产环境污染严重，并且这一类型的污染具有不可逆性，大大地增加了问题食用农产品的危险系数。最重要的一点是进行农业投入品管控时，基层政府缺乏对相应标准体系的构建，导致小农户等食用农产品生产者在进行农业生产时不知道自己使用的农业投入品是否符合规定，把握不好用量，使源头性问题无法得到解决（郑永红，2010）。因此，建立食用农产品生产标准体系，制定相关标准，从生产源头对危险因子进行控制，减小根源性破坏因素的影响，是我国食用农产品质量安全监管的重要一环。

同时，食用农产品作为食品加工的重要原材料，保证其从生产到被食用过程中的质量安全是非常重要的。当生产源头存在的风险因素被排除后，如何保证食用农产品在运输、加工、售卖等环节的质量安全也是十分严峻的问题。一些不法商家为了保证食用农产品在物流运送途中的新鲜度，大量使用保鲜剂使其在经历长时间的跨区域运输后，表面上依然处于刚刚采摘的状态。这一行为虽然保护了商家的私人利益，但是却危害了消费者的人身安全。当前，中国网络购物平台发展迅速，食用农产品的购买渠道拓宽，涉及网络销售，但是不同于线下销售的直接购买，线上销售不能直观地掌握食用农产品信息。国家目前还缺乏针对食用农产品网络销售进行有效全面管控的体系，政策制度的制定也相对落后。同时，落后、偏远地区的生活水平还有待提高，这些地区的食用农产品质量安全依然停留在保量不保质的状态，导致政府管控存在监管盲区，相关政策制度的实施无法辐射到这些区域（高升成等，2017）。因此，实现食用农产品质量安全精准管控必须对不合格、过期、"三无"食用农产品及网络食用农产品交易等进行专项整治，将容易被忽视的、处于监控盲区的农村地区及城乡接合部的交易区域列为国家食用农产品质量安全精准管控的重点区域，从生产链、销售渠道、餐前加工处理等方面进行全方位监管，做到事无巨细。

三、内反馈与外反馈相结合的自组织规律

目前，国家食用农产品精准管控领域的问题比较多，内容比较杂，这不仅是由质量安全管控系统内部信息反馈不足导致的，还与外部经济环境反馈有关。食用农产品质量安全管控是一个从无到有的过程。原始社会时期，组织概念尚未出现，人类简单地以相同的生存目的自由组成群体，农业生产概念尚未出现，物资获取来源于大自然。随着能力、观念等方面的发展变化，社会形态逐渐发生变化，社会开始进入农耕文明时期，"统治"意识开始出现，统治阶层掌握着生产资料。中华人民共和国成立之前，由于长时间的社会动荡，农业管理处在无序的状态。中华人民共和国成立以后，为了快速恢复国家经济，中央制定了政策制度进行社会管理，其中包含了农业发展，农业进入有序管理阶段。

随着国家农业经济的发展，粮食安全管理逐渐转变为现代食品质量安全精准管控。作为加工食品的重要原材料，食用农产品质量安全管控不容忽视。当前国家食用农产品质量安全管控处于半透明、半公开的开放时期。历史发展过程中，国家通过外反馈的方式对一个阶段食用农产品质量安全的政策执行及执行结果的信息收集，决定下一步国家管控政策的走向。同时，通过内反馈的方式对生产各环节进行监测，发现和预防引发食用农产品质量安全问题的不确定性因素。这两种措施有助于国家管控更好的进行，但是在开放的食用农产品市场环境下，政府没有将外反馈与内反馈的信息进行有效整合，质量安全事件依然存在，管控效果不显著。并且政府食用农产品质量安

全精准管控尚未形成组织化的管控模式，这一领域的领军企业数量较少，无法起到带头作用，推动食用农产品产业的安全化发展。大量中小企业、个人独立进行生产，不受行业标准的规范，彼此之间缺乏交流，致使不符合标准的食用农产品流入市场。由于零散的生产模式，政府依然处于食用农产品质量安全管控主导地位，市场内部尚且不能实现自我调节。因为政府监管覆盖不全面，食用农产品市场一直处于他组织状态，市场内部各主体的职责不能落实到位，需要外部条件进行监测，政府投入大量人力、物力对食用农产品质量安全进行管控，管控成本较高，持续时间较短。另外社会成员参与治理的消极态度，也是导致食用农产品质量安全问题不能得到有效解决的原因。因此，政府应该以保障人民群众的人身安全为基本原则，通过内反馈与外反馈相结合的方式，将治理资源进行整合，构建透明的食用农产品质量安全信息公开平台，鼓励私营企业、行业协会、社会成员等自发参与食用农产品质量安全治理，实现治理主体间的信息共享、互相监督、通力合作，多方位促进食用农产品供应链各环节之间的紧密联系，保障管控系统的稳定有序。

四、质量与价格相统一的质价相符规律

按质论价是我国现阶段制定商品价格时不可忽视的基本价格政策，它强调相同种类的商品必须按照所蕴含的质量的高低、效用的大小，以及其满足公众的需要程度的大小相应规定价格，分等定价，实行优质优价、低质低价、同质同价（王文举、王齐祥，1992）。早在古代，我国的思想家们就对商品质量问题阐述了各自的见解，如计然和范蠡注意商品的性能，关心商品的养护，"腐败而食之货物勿留"，意识到商品质量完好的重要性。而孟子批判了许行"市贾不贰"的经济思想，认为这种思想会导致社会混乱，商品质量得不到保障。食用农产品作为一种特殊的商品，其质量安全问题更应引起重视。在食用农产品买卖市场，"质"是食用农产品自然属性和社会属性的统一，包含了安全性、可靠性、营养价值等方面的内容。在食用农产品

生产经营和销售过程中，坚持按质论价，不仅有利于食用农产品相关企业公平竞争、加强经营管理和提高食用农产品质量，实现社会食用农产品的供求平衡，也有利于维护公众的合法权益，保障公众的人身安全，满足公众对食用农产品的多元化需求。目前我国食用农产品市场普遍存在以次充好，低质量的冒充高质量的，以与质量不符合的较低的价格在市场上进行售卖，损害了高价食用农产品的形象，打击了消费者对高价产品的信心，使得真正的高质量食用农产品受到打压，优质食用农产品的生产者、经营者无法获取相应利润，被迫下架并退出市场，低质、劣质的产品却充斥市场，破坏食用农产品的市场秩序。管控食用农产品质量安全，要基于质价相符的原则，配合市场这只"无形的手"对价格机制进行精准管控，保证农产品能够获得与质量相符的合理收益。政府应该建立健全食用农产品质量标准制度，质量监督检查制度，对不符合质量标准的产品及其生产厂家进行严肃的惩处，减少市场上低劣的、价格虚高的食用农产品，以质价相符的思想调节食用农产品市场，正确引导食用农产品的价格走向，保证"一分价钱一分货"。食用农产品的生产者和经营者需要严格规范自身的生产经营过程，不生产假冒、劣质产品，并做好质量认证工作，对自身优质产品进行有效的宣传和推广，努力形成良好的品牌效应，使优质农产品得到公众的信任。只有做到食用农产品的质量与价格相统一，才能使食用农产品质量安全管控变得更加高效、更加精准。

五、严格农业投入品的管理规律

农业投入品是指在食用农产品生长繁殖过程中使用的各类物质，能够使其生产数量、品质优劣、经济效益得到保证，是保障食用农产品质量安全的基础。自古以来，农业哺育着人类，是人类生存的必要物质基础。古代中国的农业生产者在进行耕种之前，会选择颗粒饱满、品质优良的农作物种子进行播种；在农业种植过程中，使用草木灰等有机物质作为肥料，以此增加农作物的产量。当时的农业投入品是有机的自然物质，基本不会对生态环境造成污染，灌溉农田的水源也较为安全、耕地尚未被破坏。

当代物理、化学、生物等科学技术取得了良好的发展，农业投入品的种类逐渐丰富起来，性质也有所改变，对食用农产品质量安全的影响不可预估。

一是对优良食用农产品种子的选择。随着生物技术的不断发展，种子品类越来越丰富，优质品种的概念被提出，目的是实现农业的高产稳产。农作物种子的品质决定着食用农产品产量、品质与经济效益，是保证食用农产品质量安全的基础。推广优质品种会使食用农产品种植结构产生变化，加之种植者对新型品种的一知半解，可能会造成食用农产品产业结构出现不平衡，需要政府把控新型品种的推广，通过制定相关政策制度，加强新型品种的市场投入管控，对种子质量进行治理。

二是对水源安全的管控。水是生命之源，农作物的生长不能脱离水的灌溉，因此保障水源安全对食用农产品质量安全至关重要。导致水源受到污染的主要原因是农业以外的其他产业的发展过程中，大量废弃物被排入大自然，可溶性有害物质溶于水中。另外，上游居民生活用水的排出导致下游水源受到污染。这些污染导致水体的营养成分发生了改变，破坏了水质的生态平衡，间接导致食用农产品的质量安全问题产生。

三是对不同种类肥料的管控。肥料的使用是为了增加土壤的营养成分，保证食用农产品的数量与质量。目前我国肥料的种类繁多，大部分农民倾向于使用无机或无机有机相结合的肥料，追求高效肥料带来的效益。物极必反，高效肥料的长期使用导致土壤"富营养化"，无法进行农作物种植，食用农产品产量受到影响。此外，在肥料使用数量方面，生产者无法把握好"度"，国家相关标准不完善，肥料施用过多导致的食用农产品质量安全现象也屡屡发生。

四是对农药使用安全的管控。为了防止有害物质对食用农产品质量安全造成危害，农药的使用是必然的。农药施用的最初目的是预防微生物、害虫等自然环境造成的农产品质量安全问题（吴鹏升，2006），然而农药的长期使用导致有害生物产生了抗药性，在种植食用农产品的过程中农药投入量的无标准化，导致农药使用超标。并且部分高效农药的稳定性好，导致农药高残留，含毒量超标。因此对农药的使用进行管控应该从农药的用量、使用效果等方面入手。

在国家经济发展过程中，曾发生过多起因错误使用农业投入品导致的食用农产品质量安全事件。部分不法生产者为了获取额外利润，在进行农业生产时不按标准使用农业投入品，导致全国各地多人人身安全受到威胁。食用农产品质量安全管控必须遵循严格管理农业投入品的规律，政府应将不恰当使用农业投入品的行为纳入政策制度的颁布与执行范围，明确法律责罚，从根本上保障食用农产品质量安全。

六、推行标准化建设的生产规律

近年来，食用农产品质量安全事件时常发生，通过对不同事件的分析，我们能够发现生产过程中的食用农产品质量安全问题较为突出，极大地阻碍了国家精准管控进程的推进。首先，食用农产品生产是一个持续的动态过程，生产过程需要严格按照标准进行，然而不同环节的生产标准各不相同，不同标准针对的目标领域是特定的，可以说，对食用农产品每一阶段的生产过程进行标准制定是必要的，但是标准的制定尚且不能代表健全的食用农产品质量安全标准化治理体系已经形成。这是因为这些标准彼此之间的联系是不紧密的，食用农产品质量安全治理标准化是一个综合管控的过程，标准的制定使这个过程得以实现。并且食用农产品质量安全管控的标准不是一成不变的，针对不同时期的管控状况，需要进行合理的、有目标的修改，标准的制定是一个不断循环的过程。其次，推行生产标准化建设的目标是保障食用农产品质量安全管控的有序进行（袁以星等，2003）。标准的制定是有针对性的，食用农产品生产的过程是有重复性的，同一类型的食用农产品生产链基本流程相似，管控内容遵循的标准相同。标准的实施是为了保证进入销售

渠道的食用农产品的数量充足、品质良好与经济效益高。政府对食用农产品
生产过程的标准实施过程进行监督管理，能够确保标准落实到位，发现标准
实施过程中存在的问题，对其进行修正解决。最后，政府建设标准化食用农
产品质量安全生产体系是为了规范市场生产主体行为，保证市场经济的有序
进行，最大限度地满足社会公众日益增长的食用农产品质量安全需求，保障
国家利益和公众利益。

因此，保障食用农产品质量安全，必须要依照一定的法则进行管控，建
立一个有规则的生产制度。食用农产品是农业生产过程中的一部分，保证农
业生产的规范性，对食用农产品的质量安全有所帮助。农业产品的供应是维
持国家基本运行的前提条件，食用农产品质量安全是保障民生安全的基础。
不规范的农业生产会造成社会危机，影响食用农产品的数量、品质、效益安
全。标准体系将生产者和生产过程中的机械设施、环境、农业投入品等作为
标准制定的主要对象，保证这些条件处于一个平衡、良好的生产状态，能够
有效保障。坚持推行标准化建设的生产规律，使农业生产的每一个方面都有
规范的约束，既能保障食用农产品质量安全，也能为政府管控减轻负担，完
善管控模式。

第三章 食用农产品质量安全精准管控的现状调查

第一节 食用农产品质量安全精准管控的主要措施及成效

本章通过资料收集、调查问卷、深入访谈等形式对食用农产品质量安全精准管控的主要措施及其成效进行分析。我国现已形成食用农产品质量安全管控体系和监督检验体系相互支撑，并且科学配合的食用农产品质量安全精准管控体制现状（梅星星，2015）。当前我国对于食用农产品质量安全的监管在宏观上把控力度取得了一定的进步，但在微观上依然存在着精准度不足的情况。

一、健全法律法规，相关保障制度愈加完善

我国于2009年公布施行《食品安全法》，在《食品安全法》颁布之前，中国有2000多家食品行业标准，以及2900余种其他行业标准。具有参考意义并且正在实行的地方标准有1200多项。面对食用农产品的质量安全问题不断发生，这一方面的法律法规也不断地完善起来，直至目前，已有包括《食品安全法》在内的法律30多部。目前所有的食品安全国家标准都在保障着我国食用农产品质量安全。

　　另外，在对主产区生产主体和主销区消费主体的访谈调研中发现，目前许多民众对于当前的食用农产品质量安全法律法规基本上有了一定的了解，对于目前的现行相关制度法规也基本达到了满意状态，可见，相关的保障制度日益健全。

二、建立监管机制，执法保障力度持续增强

　　根据对主产区和主销区的调研，从访谈中我们发现在当前的食用农产品质量安全精准管控中，我国各级食品安全监管部门建立了不同的监管机制。尤其是针对食用农产品的经营者所构建的监管方式更加精准化：第一，包括对食品安全管控主体在管控过程的监管，消费者可以通过网上投诉举报的方式对食用农产品质量安全情况进行反馈；第二，监管主体可以通过工商、公安、法院等部门的执法中获取食品安全的相关行政处罚信息，并将处罚信息进行公开；第三，监管主体可以从经营者中监管如食品原材料进货数据、食品销售出货数据等生产经营活动①。大部分消费者和生产者对当前监管机制较为满意。

三、合理进行分工，精准管控机构逐渐细化

　　首先，为贯彻落实食品安全法，切实加强对食品安全工作的领导，2010年设立国务院食品安全委员会，作为国务院食品安全工作的高层次议事协调机构，部署我国食品安全工作（覃世民，2012）；同时发布了一系列有关食品安全管控的政策决定，明确了食品安全监管责任体系等任务。地方各级政府也积极成立食品安全综合协调机制等机构组织，集中监管体制建设的权威性，

---

　　① 金江军. 以大数据实现食品安全精准治理［N］. 学习时报，2016 – 08 – 25.

这些都取得了明显的进步①。其次，根据《食品安全法》，食品卫生标准、食品质量标准以及有关食品的行业标准都有明确规制，颁布制定有关食品安全的国家标准，并且食品安全国家标准必须由国务院卫生行政部门组织的食品安全国家标准评审委员会决定通过与否。食品安全的国家标准评审委员会是由农兽药、营销、农业活动、健康等方面的多位专家和国务院的监管部门、食品行业协会、消费者协会所选出来的具有代表性的人员所组成，对现行的食品安全国家标准的修订草案的合理性和可行性等进行审批（见图3-1）。

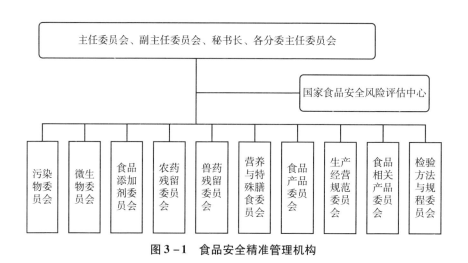

图3-1 食品安全精准管理机构

可见，目前我国食用农产品质量安全精准管控机构的部门设置越来越科学，监管主体的组成也越来越全面。

四、创新生产手段，生产活动模式更加科学

为了让生产主体在农业生产活动中的生产模式更加科学化，农业部针对

① 国务院关于设立国务院食品安全委员会的通知［EB/OL］.（2010-02-10）. http://www.gov.cn/zwgk/2010-02/10/content_1532419.htm.

食用农产品质量安全的精准管控实施了一系列的措施。首先，近年来，农业部提高了关于加强建立科学的农业生产模式，更加针对性地去加强农业活动的相关科学数据的观测、收集、整理、分析和应用的专业程度，并且，农业部也印发了《农业基础性长期性科技工作实施方案》，该方案针对性地明确了国家农业科学观测实验站布局建设和试运行事务，在目前严格要求"统一部署、系统布局、整合资源、稳定支持"的标准下，在当下的监测力度和成本的增加的情况下，农业部进行了反复的实地调研和分析，根据土质水平、生产背景等不同方面选定了 36 个站点作为第一批"国家农业科学观测实验站"①。其次，随着对基础农业设施的投入，农业生产活动的科学化、机械化逐渐提升，2005～2017 年的主要农业机械拥有量虽然在个别年份有少量的下降，但总体上呈现逐年递增的状态（见表 3－1、图 3－2 和图 3－3）。可见，我国生产活动的生产模式在可参照的科学生产模式更加精准化。

表 3－1   主要农业机械拥有量

年份	大中型拖拉机（万台）	小型拖拉机（万台）	农用排灌柴油机（万台）	农业机械总动力（万千瓦）
2005	139.60	1526.89	809.91	68397.8
2006	171.82	1567.90	826.35	72522.1
2007	206.27	1619.11	861.50	76589.6
2008	299.52	1722.41	898.39	82190.4
2009	351.58	1750.90	924.92	87496.1
2010	392.17	1785.79	946.25	92780.5
2011	440.65	1811.27	968.39	97734.7
2012	485.24	1797.23	982.31	102559.0
2013	527.02	1752.28	934.70	103906.8

---

① 农业部办公厅关于印发《农产品质量安全例行监测预算定额标准》的通知［J］. 中华人民共和国农业农村公报，2018（2）：57－58.

续表

年份	大中型拖拉机 （万台）	小型拖拉机 （万台）	农用排灌柴油机 （万台）	农业机械总动力 （万千瓦）
2014	567.95	1729.77	936.13	108056.6
2015	607.29	1730.04	939.93	111728.1
2016	645.35	1671.61	940.77	97245.6
2017	670.08	1634.24	930.15	98783.3

资料来源：《中国统计年鉴》（2018年）。

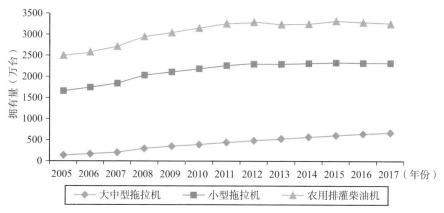

图3-2　2005~2017年主要农业机械拥有量

资料来源：《中国统计年鉴》（2018年）。

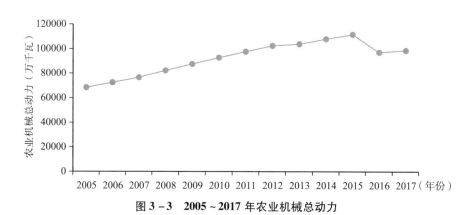

图3-3　2005~2017年农业机械总动力

资料来源：《中国统计年鉴》（2018年）。

第二节　食用农产品质量安全精准管控存在的突出问题

经过整理分析后的调查问卷和深度访谈的调查结果显示，当前食用农产品质量安全精准管控的落实现状并不理想，而被调查者也表示消费主体在整个食用农产品质量安全精准管控也具有至关重要的作用。另外，通过对抽样区农民的深度访谈得知，当前食用农产品的生产源头也存在很多问题。在通过对食用农产品质量安全的监管部门的管理者进行访谈而发现，目前食用农产品精准管控也面临着一定的难度。基于问卷结果及相关意见整理，食用农产品质量安全精准管控所面临的很多问题总结为以下几个方面。

一、精准管控中管控观念避害性严重，难以令人满意

首先，通过实地调研得知，对于"被采访人对于食用农产品质量安全的政府工作观念的评价"这一问题，许多农业生产者表示监管主体在精准管控中"避害性"倾向严重。食用农产品质量安全问题突出，而监管主体在精准管控的过程中因为利益或其他因素出现了或多或少的避害性倾向，导致了信息公开的动力小，信息资源难以得到共享。

其次，根据消费者行为进行相关性分析：利用 Pearson 相关系数（pearson correlation coefficient）分析研究"您在购买食用农产品时是否会关注食用农产品价格的下降？""您平时是否在意优质优价的产品？""您是否满意当前的食用农产品质量安全监管制度？"（见表 3－2）。

从表 3－2 可知，食用农产品价格下降与是否满意监管制度之间的相关系数值接近于 0，P 值 ＞0.05，说明食用农产品价格的下降和是否满意当前的监管制度之间并没有相关关系。对食用农产品的优质优价和是否满意当前的监管制度之间的相关系数值呈现出 0.01 水平的显著性，说明食用农产品

的优质优价与是否满意监管制度之间存在显著的正相关关系。

表 3 - 2   食用农产品价格下降与是否满意当前监管制度之间的相关关系

统计因素	分类	食用农产品价格的下降	优质优价
是否满意当前的监管制度	相关系数	0.077	0.184 **
	P 值	0.179	0.001

注：显著性水平 ** p < 0.01。

根据对监管主体治理主动性的样本频数进行分析（见表 3 - 3）。

表 3 - 3   监管全体主动性的样本频数分析结果

统计因素	选项	频率	百分比（%）
监管主体介入频率（当地监管部门在生产活动中的参与程度?）	低	162	54.00
	中等	72	24.00
	高	46	15.33
	介入过多	20	6.67

资料来源：数据由本研究整理。

可见，认为当地监管部门在生产活动中的参与程度低的有 162 人（54%），参与程度中等的有 72 人（24%），参与程度高的有 46 人（15.33%），介入过多的有 20 人（6.67%）。大多数生产主体认为监管主体的治理主动性不高。

根据对消费者关注的安全因素的样本频数进行分析（见表 3 - 4）。

从表 3 - 4 可知，消费者在进行食用农产品选购过程中，在担心"食品添加剂超标"分布上，大部分样本为"选中"，比例是 84.31%；担心"没有明确标注转基因食品"的样本的比例是 36.93%，而对于担心"注水肉牲畜"来说，担心的人数占比最高为 54.90%；从担心"食物过期变质"分布上，大部分样本表示担心，比例是84.64%；从担心"农药残留"来看，样本中有超过8成的样本为"选中"（见图3-4）。从表3-5可知，在消费者购买留意的因素方面：2成样本关注"价格低"；"价格适中"中超过6成样本选择"选中"；关注"质量高，但价高"的人数中超过7成样本选择"选中"，30.39%会关注其他因素。希望得到改善的地方：样本中80.72%希望关注产品的质量，73.86%的人希望关注产品的价格。对于"产品的供应量"来讲占比最高为48.04%。

综上不难发现，消费主体对当前的管控观念不够满意，消费主体所担心的因素在市场中依然存在，导致了监管人员的不作为。

最后，结合实地访谈，发现监管主体依然存在着对食品安全的教育与宣传不够重视的情况。

表3-4　　　　消费者关注的安全因素的样本频数分析结果

统计因素	选项	参数	频数	百分比（%）
最担心的因素	A. 食品添加剂超标	未选中	48	15.69
		选中	258	84.31
	B. 没有明确标注转基因食品	未选中	193	63.07
		选中	113	36.93
	C. 注水肉牲畜等	未选中	138	45.10
		选中	168	54.90
	D. 食物过期变质	未选中	47	15.36
		选中	259	84.64
	E. 农药残留	未选中	45	14.71
		选中	261	85.29
	F. 其他	未选中	280	91.50
		选中	26	8.50

资料来源：数据由本研究整理。

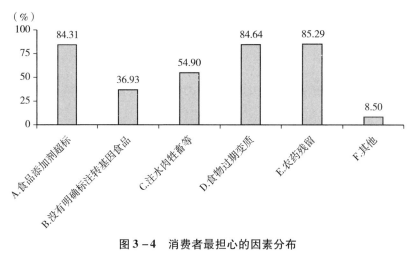

图 3 - 4　消费者最担心的因素分布

资料来源：数据由本研究整理。

表 3 - 5　　　　　　　消费者关注的安全因素样本频数分析结果

统计因素	选项	参数	频数	百分比（%）
购买最留意的因素	A. 价格低	无法选择	1	0.33
		未选中	255	83.33
		选中	50	16.34
	B. 价格适中	无法选择	1	0.33
		未选中	114	37.25
		选中	191	62.42
	C. 质量高，但高价	无法选择	1	0.32
		未选中	85	27.78
		选中	220	71.90
希望得到注意的因素	A. 产品质量	无法选择	20	6.53
		未选中	39	12.75
		选中	247	80.72

统计因素	选项	参数	频数	百分比（%）
希望得到注意的因素	B. 产品价格	无法选择	20	6.53
		未选中	60	19.61
		选中	226	73.86
	C. 产品的供应量	无法选择	20	6.54
		未选中	139	45.42
		选中	147	48.04

资料来源：数据由本研究整理。

二、精准管控中消费主体所获得的安全信息难以对称

根据对六个主销市的实地访谈发现，消费主体对于优质食用农产品的需求量极大，但市场上的优质食用农产品供应量却让人失望，部分地区的安全食用农产品的需求导致了价格的上涨，对比另外的主销市的价格来看，价格相差很大。根据对消费主体的实地访谈可知六个主销市的消费主体渐渐从对价格的关注转向了对质量安全的关注。但市场上可供消费者选择的高质量食用农产品的数量明显不足。通过对主销区的调查，在这种情况下，前者出于追逐利润最大化的目的往往使后者处于不利地位（周小梅，2010）。消费者需要花费一定的成本来获取一定的信息或知识，如投入一定的人力、物力和财力。例如，如果想知道售卖者的信用状况，需要花时间收集信息或委托中介进行调查。这些昂贵的成本成为双方搜索信息的障碍，有些人无法搜索信息，因为他们负担不起昂贵的搜索费用，有些人不愿意搜索信息，因为搜索信息的成本高于他们可以获得的利润，这导致市场交易中的大量购买者没有售卖者那么多的信息。对于普通的消费者而言，有限的信息访谈使他们难以收集所有信息，即使收集有限的信息，也需要花费很多钱（包括时间、金钱和能源等资源）。此外，有效信息的收集，分析和处理支付了各种经济资

源的价格，食品生产者和消费者之间的信息传递也是成本。显然，消费者通常不会食用对他们生命造成威胁的食物。消耗巨大的成本去搜集信息。消费者处于信息劣势的地位。食品生产链各方面产生的食品安全信息，除非经相关检验部门或食品安全监管部门检验。监管机构和其他相关政府部门并未意识到这一点，更不用说食品生产链末端的消费者了。如果政府当局无法保证快速有效地向消费者提供食品安全信息，或者生产者和经营者故意隐瞒负面信息，消费者将处于亏损状态。

消费者很难在购买食用农产品时得到可信的生产数据，一方面来自于生产主体不愿公开，另一方面来自于监管主体的监管不力，还有一方面来自于消费主体的安全意识淡薄。而这种信息不对称的情况不但令消费者的权益受到侵犯，而且还令消费主体产生对生产主体的不信任，从而使食用农产品在市场上的交易成本提高（刘小兵，2004）。总之，消费者难以得到可靠的信息，导致了消费主体的支付意愿不够，很多消费者趋向于购买更好的产品，生产主体也难以摸清消费者的支付意愿，从而导致了大量的低劣产品滞销，生产主体成本大量升高，相反，优质的产品却得不到足够的供给量，市场上出现了质量性和数量性供求结构失衡的双重矛盾。消费者的购物需求正在逐渐地从针对价格的过度关注慢慢转向了农产品质量的关注，导致优质的食用农产品在某些主销区出现了供不应求的状态，生产主体对消费主体的需求的思考不足，大量的劣质食用农产品进入市场出现了供大于求的状态。

三、精准管控中管控能力素质不强

首先，根据对调查对象在生产生活中使用农兽药的频率在各变量上的情况进行相关性分析（见表3-6）。

从表3-6中可以看出，调查对象在生产生活中使用农兽药的频率、当地监管部门在生产活动中的参与程度、当地监管部门是否有一套具体的食用农产品质量安全标准、当地农业活动的生产场地是否集中上均存在显著的相关性（p < 0.01）。可见生产主体在生产食用农产品的过程中，选择是否进行较为安全的生产的方式与"当地监管部门在生产活动中的参与程度""当地监管部门是否有一套具体的食用农产品质量安全标准"有着密不可分的联系。

表 3-6　　　　　　　调查对象在生产生活中使用农兽药的频率
在各变量上的相关性分析

统计因素	分类	您在生产生活中使用农兽药的频率	当地监管部门在生产活动中的参与程度	当地监管部门是否有一套具体的食用农产品质量安全标准
您在生产生活中使用农兽药的频率	Pearson 相关性	1.000	0.216**	-0.306**
	显著性（双尾）		0.000	0.000
当地监管部门在生产活动中的参与程度	Pearson 相关性	0.216**	1.000	-0.369**
	显著性（双尾）	0.000		0.000
当地监管部门是否有一套具体的食用农产品质量安全标准	Pearson 相关性	-0.306**	-0.369**	1.000
	显著性（双尾）	0.000	0.000	

注：显著性水平 ** p < 0.01。

其次，根据问卷一对监管主体的认识频数进行描述性分析（见表 3-7）。

表 3-7　　　　　　　　　监管主体的认识频数分析

统计因素	选项	频率	百分比（%）
监管主体介入频率（当地监管部门在生产活动中的参与程度？）	低	162	54.00
	中等	72	24.00
	高	46	15.33
	介入过多	20	6.67

统计因素	选项	频率	百分比（%）
为监管主体治理能力打分（对当地监管部门的关于食品安全的治理能力打分?）	满分	49	16.40
	高分	115	38.30
	及格	100	33.30
	不及格	36	12.00
是否清楚监管评价标准（当地监管部门是否有一套具体的食用农产品质量安全标准?）	有	65	21.60
	没有	74	24.70
	不清楚	161	53.70
是否严格按标准生产（是否严格按照第12题中所提到的标准严格生产?）	严格按照标准生产	11	3.70
	按照标准弹性生产	25	8.30
	不理会标准	29	9.70
	本题总计	65	21.70
	缺失	235	78.30

资料来源：数据由本研究整理。

从表 3-7 中可以看出，认为当地监管部门在生产活动中的参与程度低的有 162 人（54%），参与程度中等的有 72 人（24%），参与程度高的有 46 人（15.33%），介入过多的有 20 人（6.67%）。在当地监管部门的关于食品安全的工作打分上，满分的有 49 人（16.4%），高分的有 115 人（38.3%），及格的有 100 人（33.3%），不及格的有 36 人（12%）。当地监管部门有一套具体的食用农产品质量安全标准的有 65 人（21.6%），没有的有 74 人（24.7%），不清楚的有 161 人（53.7%）。严格按照标准生产的有 11 人（3.7%），按照标准弹性生产的有 25 人（8.3%），不理会标准的有 29 人（21.7%）。

根据对问卷的分析可见，生产主体在生产领域中的安全性与监管部门的监管能力有关，而根据对生产主体的调查发现，当前我国食用农产品质量安全精准管控中监管主体的管控能力依然存在着很大的提升空间。

在当前的背景下，不难发现我国目前处在基层的食用农产品质量安全监管主体内的执法人员能力高低不等，很多监管人员的理论水平、治理能力不足，并且在食用农产品质量安全检测方面的相关的法律、法规范围内的理论储备不足，并且长期处于原地踏步的状态。另外，还有很多的地方监管部门经常违背相关规章制度进行执法，更有甚者从中牟利，违法乱纪，在执法过程中利用职务之便为自己所在的部门赚取外快；另外有一些人员态度不积极、执法手段模糊不清，有一些人员对相关法规不甚了解，只能以罚代法（梅星星，2013），用罚款代替。由于种种原因，执法机构和执法机构只关心自身利益或部门利益，忽视了应承担的社会责任，导致缺乏监督和低效，以及潜在的食品安全隐患。同时，虽然一些食用农产品市场开辟了快速检测体系，但检测方法落后，技术监督方法有限，难以提供有效的检测结果。食用农产品检验记录和食用农产品证书不能代替实验室仪器，确定食用农产品中农药残留等指标，提供有效的数据支持。

四、精准管控中管控机构职能交叉，多头分散

第一，在针对监管主体的访谈中发现，监管主体由于多头监管引起职责不清，权责混乱。各个监管部门目前不能有效地形成监管合力，各自为政，使得政府监管的责任无法落实。而各级监管主体在食用农产品精准管控中对自己的职权并没有一个具体的了解，而且各部门普遍存在仅有一个界限模糊的监管权，而缺少权责体系的限制，使得监管主体在精准管控中依然拥有一个很大的自主裁量权，有时候他们因为有利益可得，就互相争着要监管权，有时候又因为无利益或者利益小，监管难度大，责任重而互相推诿，监管缺失，导致重复监管和监管盲区并存。同时，也因为各部门各自为政，缺少合作，不共同分享资源，所以监管的效率低下，浪费资源，内部之间的相互损耗也非常大。

第二，监管机构在精准管控中左右为难。每一级监管机构，一方面要照

顾到食用农产品的产量上升，另一方面又要照顾到食用农产品的质量安全的层面；一方面需要解决管控失职所带来的惩罚，另一方面还需要实现当地食用农产品的产业增长，所以，其在精准管控中难免会缺乏独立性，从而造成顾此失彼的情况。从评估的独立性角度来说，因为其评估所得出的结论会在日后成为对不法销售组织信誉缺失、破坏食用农产品质量安全的最直接的证据，所以足见其巨大的作用，在评估进程中的精准管控会受到来自销售商、监管部门以及其他监管主体的干扰，这种干扰会左右评估的准确性、主动性。从管控独立性的角度来说，当前一些区域的食用农产品监管主体优先会采取行政处罚的方式来为个人或部门盈利，为了一直处在这种不当的盈利模式下，很多监管主体会采用一种"养鱼管控"的情形，另外，监管部门在实施对食用农产品质量安全的管控过程中也会遇到当地的其他相关的个体或行政部门的阻扰，其管控的独立性也必然会受到或多或少的干扰。另外，食用农产品质量安全监管制度所构建的间隔又不长，在这一期间，它所具备的对食用农产品质量安全的保障机制的成效还没有具体作用在精准管控中。所以，这一系列的表现都证明了监管主体在精准管控中的执行力独立性很低，这个问题也在一定程度上影响了食用农产品质量安全所出现的问题，从而使食用农产品质量安全的精准治理出现了监管不力的效果。根据《食品安全法》规定，国务院成立了食品安全委员会，并将其定位为高层次的审议和协调机构，以协调和指导中国的食品安全监管工作。但是，食品安全委员会没有法定垂直管理的权力，监管和管理相关监管机构很困难。它只是一个非强制性的协调机构，使其协调效率大大降低。当地食品安全委员会作为政府同级食品安全综合协调的组织和协调机构，无权直接预先促进地方政府引进这样的小型企业或者小作坊、小餐馆和食品售卖商、根据现行法律授权。如《食品安全法》明确规定，省、自治区、直辖市负责制定管理措施或地方性法规。因此，对于部分监管盲区、敏感环节及产品仍难以进行有效监管（李硕等，2018）。

五、精准管控中管控政策靶向力不精确

通过对生产主体和消费主体的深度访谈，不难发现，精准管控过程中，治理手段"行政化"特征严重，政策靶向力不精确。通过深度访谈发现，当前形势下我国食用农产品质量安全精准管控的方式大致有三种：分别是"专项整治""例行监测"和"监督抽查"。其中"例行监测"的基本思路是以政府导向为依据，再历经建立目标、完善目标、执行目标等过程，对田地或市场中的食用农产品进行检测，全程都以法律法规为重要依据；而"监督抽查"采取的是以农业行政主管部门的要求为原则，以监督农产品质量安全为管控目标，对田地或市场中的食用农产品采取抽样检测的方式；"例行监测"和"监督抽查"在方法上具有很多的不同，看似都是监管部门采取的主动治理行为，但其实全部都是由农业行政部门对本部门任务分内的关于食用农产品质量安全的一系列的其他活动、在本质上仍然属于被动的管控。并且，监管的落脚点在什么地方、出现在什么时间、对食用农产品进行什么方式的监管，全都是明显的部门负责人意识的体现，在管控的过程中，主要还是以"运动式"和"突击式"这两种方式为主，这种单一的，缺乏活力的管控手段都呈现出了单向式和强制性的令人失望的特点，而生产者和中间商为了可以节约生产和加工成本，就会有目的进行配合相关组织的管控工作，所以也导致了监管部门在其责任里面的工作中难免对食用农产品质量安全的相关问题的检测有了一定的制约；这样一来，尽管在监督检测时，很多问题暴露出来，可还是会在政策要求必须依法追究其责任的情况下，在监管的过程中经常用罚款的方式来完成，如果在执法过程中受其他团员体组织的干扰和介入，事情便得不到解决，往往事情也会"大事化小，小事化了"。当前食用农产品质量安全精准管控的每个环节，不论是其行动指南还是行动目标管理都强烈地被部门长官意识干扰和影响，具有较强的行政化特点。

六、精准管控中对食品安全的检验方法不易操作

通过对问卷一部分问题的分析，对农业活动基本情况进行频数描述性分析（见表3－8）。

表3－8   农业活动基本情况频数分析

统计因素	选项	频率	百分比（%）
农业活动经验来源	自学	81	27.00
	父辈传授	88	29.30
	政府组织学习	78	26.00
	其他途径	53	17.70
农兽药使用频率	从不	37	12.30
	偶尔	101	33.70
	经常	88	29.30
	频繁	74	24.70
监管部门对违禁农兽药的普及情况	普及力度大	48	16.00
	普及力度一般	90	30.00
	普及力度小	98	32.70
	完全没有普及	64	21.30
监管部门对于相关法律的执行评价	优	30	10.00
	良	141	47.00
	差	129	43.00

资料来源：数据由本研究整理。

从表3－8中可以看出，此次调查中，调查对象从事农业生产的技术源于自学的有81人（27%），源于父辈传授的有88人（29.3%），源于政府组织学习的有78人（26%），其他途径的有53人（17.7%）。调查对象在

生产生活中从不使用农药的有 37 人（12.3%），偶尔使用的有 101 人（33.7%），经常使用的有 88 人（29.3%），频繁使用的有 74 人（24.7%）。调查对象中认为监管部门对违禁农兽药的普及力度大的有 48 人（16%），认为普及力度一般的有 90 人（30%），认为普及力度小的有 98 人（32.7%），完全没有的有 64 人（21.3%）。在生产主体中，对监管部门对于相关法律执行的满意程度中，非常满意的有 30 人（10%），选择"良"的有 141 人（47%），认为监管部门行为很差的有 129 人（43%）。

根据对问卷的分析可见，虽然相比之前的标准欠缺的情况也有了一定的进步，但在具体规定中，依然存在对具体类别的食用农产品相关管控方案精度、准度不足的现象。

目前的食用农产品质量安全认证的进程相对其他国家略微缓慢。当下所具备的食用农产品质量安全的认证机构不是很多，缺乏一个可供参考的条文，相关的管控行动的组织步履维艰。对于没有拿出食用农产品进入交易市场的许可，食用农产品产地证明或者购货凭证、质量合格的相关证明的企业一定要经过监管部门的抽样检验，才会获得市场的准入许可。大型市场等食用农产品的销售地一定要树立起食用农产品所供货进行检验的观念与意识，积极地详记各类食用农产品的供货商场地和其他一些具有参考性的资料。但是目前来说，很多的食用农产品交易市场的管理人员一心只为从送货中盈利，使很多的制度都形同虚设。而对于这种情况，并没有一套合理科学的方法进行和监督。

七、精准管控中生产主体生产资源分配不均

首先，根据问卷利用 Pearson 相关系数相关分析研究对生产主体的生产现状和生产场地的现实情况进行相关性分析（见表 3-9）。

从表 3-9 中分析可知，生产主体所获得生产资源的多少与生产活动场地是否集中存在着显著的相关性（p<0.01），所以生产场地的集中与分散，

关乎着生产活动中的生产资源分配。

表 3 - 9 调查对象在生产生活中使用农兽药的频率
在生产场地是否集中的相关性分析

统计因素	分类	当地农业活动的生产场地是否集中
您在生产生活中获得的生产资源的多少	Pearson 相关性	0.193 **
	显著性（双尾）	0.001

注：显著性水平 ** p < 0.01。

其次，根据对生产主体的现场访谈，得知在生产活动中由于生产场地的分散使得大多数的生产活动中的资源分配很难达到合理的程度。

最后，对生产主体安全生产现状进行频数描述性分析（见表 3 - 10）

表 3 - 10 生产主体安全生产现状频数

统计因素	选项	频数	百分比（%）
生产场地是否集中	集中	32	10.70
	不集中	151	50.30
	不清楚	117	39.00
是否公开生产数据	公开	83	27.60
	不公开	74	24.70
	没有渠道公开	143	47.70

资料来源：数据由本研究整理。

从表 3 - 10 可以看出，当地农业活动的生产场地集中的有 32 人（10.7%），不集中的有 151 人（50.3%），不清楚的有 117 人（39%）。会向外界公开安全生产信息的有 83 人（27.7%），不开口的有 74 人（24.7%），没有渠道公开的有 143 人（47.7%）。

　　根据以上对问卷和访谈提纲的分析可知，虽然目前的农业生产科学性显著提高，农业生产活动也朝着机械化的趋势发展，但依然存在小农观念制约食用农产品的安全生产的情况。生产场地分散，导致了食用农产品生产活动中的资源分配不均，对精准管控的难度要求也提高了许多。

　　我国农村存在着大量的生产资源不均的现象，有一些地方的生产资源严重不足，而另一些地方的生产资源却出现了严重的过剩现象，从而导致了生产主体生产活动中的成本过高，继而导致了其质量不精的情况。另外，生产资源过剩的地区却出现了生产资源浪费重复的现象，这样的生产资源不均，也加剧了食用农产品质量安全的恶化。随着科技的进步，我国农业机械化得到了进步，在当前我国农村土地和农村青壮年劳动力流出农业生产活动的环境下，农业生产机械化程度的提升标志着我国农产品生产科学化和农业活动劳动精简化的进程（赵文、程杰，2014），但生产场地的分散却让优质的生产资源难以在生产活动中得到合理的分配，导致了严重的生产主体生产资源不平均的状况，优质的资源在部分地区被生产者放弃，导致了生产资源过剩，而有些地区却急缺生产资源，从而导致了农兽药的过度使用，或者生产主体为了利益而放松对安全生产的管控，从而威胁到了食用农产品的质量安全。

第三节　食用农产品质量安全精准管控存在问题的主要原因

一、精准管控中管控观念陈旧落后，缺乏时代性

　　目前，我国缺乏一套具有创新性的精准管控观念。在通过对主产区和主销区的实地调研中，许多人对当前监管主体的管控观念评价较为陈旧。在精准管控的监管主体中，监管人员始终贯彻陈旧迂腐的管控观念，这种观念不仅不利于解决食用农产品质量安全问题，反而导致了监管人员在行使职权时

出现了严重的避害性，监管主体在进行食用农产品质量安全管控活动中，很少会让大家满意。迂腐、落后的管控观念很难在食用农产品质量安全的精准管控中做出正确的抉择，从而使消费者越来越难以满意。

二、精准管控中管控制度对解决信息不对称针对性薄弱

我国颁布的《中华人民共和国产品质量法》明确表示："我国通常采用抽查的手段对产品质量进行监督检查。"但是通过对主销区的调研中发现，在当前的市场环境中，目前监管部门的监管能力欠缺，对于某些食品的抽查，一般采用生产企业送样的方法，监管部门只对样品进行检验。该方法有许多缺点。监管机构很难监督和管理食品生产者和经营者的许多行为。基本依靠其自觉性来保证食品质量安全，这可能导致公司发送的样品严格遵守相关标准，市场上销售的绝大多数非供应食品不符合国家质量标准。食品安全风险预警信息和重大食品安全事件及其调查处理信息的影响仅限于特定地区，也可由省、自治区人民政府食品药品监督管理部门公告。但"食品安全法"还规定，县级以上人民政府食品药品监督管理，质量监督，农业行政主管部门应当按照各自的职责，公布日常食品安全监督管理信息。

三、精准管控中监管能力专业性缺失

当前，我国对于食用农产品质量安全的精准管控的投入不足，从人才引进，相关理论的培训，以及现代技术的运用和技术伦理的把控都严重匮乏，当前食品安全监管主体专业技能水平和职业素质以及设备配给的情况都不同程度处于较低水平。另外，基层监管部门在精准管控中资金上的投入也非常匮乏，无法进行常态化地监管和检测，从而使小型和作坊式企业成为食品安全监督上的盲区。调研中同时发现，虽然我国政府在食用农产品质量安全相关的资金投入处在逐年扩大的状态，但其所占的成本支出比例仍然比较

小，相关投入依旧明显不够，且存在着投入资金分散，投入模式不尽合理，因为我国的食用农产品市场中的经营商众多，且所处范围大，个体规模小，这在一定程度上又加大了精准管控过程中的监管难度。

四、精准管控中权责划分不够精细，职责区分不明

通过对主产区和主销区的调研，食用农产品监管主体内部缺乏运行有效，结构合理的权责体系，许多管控人员缺乏权力制约因素、动力机制因素，导致了食用农产品监管部门监管不力，相关标准的制定也收效甚微。权力主体的多元化会造成权责的碎片化问题。横向职责分工不合理，会形成"有事不管，有利争管"的权责真空局面。我国食品安全监管采用的是多部门监管模式，监管基本涵盖了工商部、农业部等各部门。食品安全的管理职能分散在国务院的部委和直属局与各级地方政府相应的机构，食品从生产到销售的不同阶段由不同部门负责，对国内生产的食品和进口食品的监管由不同的部门负责。出了问题，很难去认定到底是谁的责任，相关部门间也会相互推脱。

五、精准管控中管控政策所显示的主动性不足

通过对生产主体和消费主体的询问不难发现，目前在食用农产品质量安全的管控中的方式还是将传统的行政方法作为监管手段，可是这一种管控模式是针对计划经济体制下制定的趋向于行政形式的管控机制，是一种相对"被动型"的政府式的管控。运用在如今的食用农产品质量安全精准管控中来，管控行动的进行、组织都受到了行政部门所该考虑的有关利益方面的因素影响，这种具备"行政长官式"明显特征的管控手段，导致了每年从中央到地方政府投入到食用农产品质量安全精准管控的成本带不来我们所期盼的它本应该带来的丰厚的社会效益。管控主动性的缺失，也阻碍了管控手段

的顺利进行。这一种"长官制"的管控手段也严重地影响到了每一个监管主体对待食用农产品质量安全管控的积极性，使食用农产品质量安全问题得不到有效的改善。

六、精准管控中所提出的方法标准缺失严谨性

调研发现，目前我国并没有一套可以依照的科学的食用农产品质量安全检验标准。标准在制定的过程中，并没有相关的专业技术人才的参与，因此，目前的标准也表现出缺乏科学性，部分条文并不合理等问题。在标准不严谨，执行可行性弱等问题的共同作用下，导致了我国食用农产品质量安全问题的频发，如何制定标准越来越成为我们需要重点考虑的事情。在这一问题上，相关机构并没有为此做出应有的努力，这和我们前面提到的治理主动性的缺失不无关系，最严谨的标准的制定，决定着我国食用农产品质量安全精准管控的走向。

我国也没有形成完整的检验体系，和精准管控相配套的法律法规也不健全，食用农产品质量安全精准管控的进程中也没有完全考虑到如何建立健全其应该有的完备检验体系。多头分散，检验方式少且不易进行，并没有一个完整的体系。因此，我们必须制定农产品质量安全监管完善的检验方法。地方政府同样应当继续根据各地的不同的实际情况，持续地推出相应的地方性法规和管理措施。然而，许多省市的有关工作还很落后。如果消费者的食用农产品质量在提供未指定的农业投入和法律责任的范围受到了不法侵犯，就难以为有关负责人澄清他的权利和义务。中国于2011年成立了国家食品质量安全风险评估中心。国家食品安全质量风险评估中心的职责就是为了进行一系列的关于我国食品安全风险评估的工作，同时做关于风险管控的相关技术工作，还有体协类似于风险评估、交流等工作；而卫计委食品安全标准与监测评估司同样也负责组织和开展食品安全风险监测、评

估和交流的任务①；同时，国家食药监总局食品安全监管三司职责范围中也包括分析预测食品安全总体状况、组织开展食品安全风险预警和风险交流等事项②。另外，我国已制定的改革方案已经清楚地将从源头的生产环节一直延伸到销售市场，或者再生产深加工的企业，而食用农产品在市场上的运输、售卖和再加工的环节的责任分派给了食品药品监管局。但是，农业部门对食用农产品质量安全相关风险的分析和评估不限于规定职责的范围。同时，国家质检总局食品生产监督部门负责生产加工部门的食品质量安全监督和风险监测③。由此可见，在新的食用农产品质量安全监管体系下，不同职能部门之间出现了新的职责重叠；由于政策空间的不同，政策区域越接近不同部门，争取和维护部门利益，抑制部门间合作的可能性越大，监管效率越低（Anthony，2006）。

七、精准管控中生产主体受到小农经济的长期制约

调查中发现，长期以来，我国农业受限于来自于小农意识的小农经济的制约，导致生产场地分散，不利于管理，更不利于资源的科学合理分配。我国的食用农产品质量安全离不开农业现代化，而小农经济对农业现代化的阻碍则体现在多个层面，例如，我国食用农产品的附加值因小农经济而无法增长、农业规模化也因小农经济下的小农意识的制约而长期无法得到发展。更重要的是，小农经济的局限性使得食用农产品的产品质量得不到有效地提高：第一，除了部分地区地广人稀外，大部分地区都存在着人多地少的情况，导致了资源分配不均的状况，部分地区生产资源过剩，导致了严重的资

① 国家卫生和计划生育委员会主要职责内设机构和人员编制规定［EB/OL］.（2013 - 06 - 18）. http：//www. gov. cn/xxgk/pub/govpublic/mrlm/201306/t20130618_66125. html.
② 国家食品药品监督管理总局主要职责内设机构和人员编制规定［EB/OL］.（2013 - 05 - 15）. http：//www. gov. cn/zwgk/2013 - 05/15/content_2403661. htm.
③ 国家质量监督检验检疫总局主要职责内设机构和人员编制规定［EB/OL］.（2008 - 08 - 12）. http：//www. gov. cn/gzdt/2008 - 08/12/content_1070478. htm.

源浪费，与之相比，大部分地区表现出来的生产资源不足，生产资源的不足导致了食用农产品质量安全的源头的问题所在。第二，小农经济下形不成规模的农业生产，使得对农业的精准管控难度也扩大了许多，一方面"精"度受到了地理限制，另一方面"准"度也受到了观念的限制，由于区域块的分割，导致了监管主体在有限的条件下，很难做到管控精准到每一个细节，而小农意识的长久影响下，监管主体在监管进程中的难度也增大，很多生产主体存在着经济压力，导致了食用农产品质量普遍不高，低质量的食用农产品大量流入市场，人民的身体健康受到了严重威胁。

第四章 食用农产品质量安全精准管控的案例分析

第一节 案例选择与案例简介

一、案例选择

艾森哈特（Eisenhardt，1989）提出 4～10 个案例是归纳结论中使用原始案例的理想数目，同时根据案例选取的典型性原则和目的抽样法则（张霞、毛基业，2012），对与研究目的相关的案例进行了挑选。根据研究框架的构建，考虑到案例数据的可获得性、获取方式的数据有效性，结合多案例研究的逻辑复制原则，本研究最终选取了 4 家典型从事食用农产品经营的企业进行调研。

案例筛选标准主要包括以下几个方面：（1）案例的典型性。典型性案例更有利于鲜明地展现食用农产品质量安全管控的精准。近年来食用农产品质量安全事件的时常发生引起了市场恐慌。本研究的目的在于探究食用农产品精准管控过程中重要主体的管控行为，因此选取的案例必须是典型的从事食用农产品经营管理的企业，主要考察大型企业与当地政府在食用农产品质量安全精准管控中的行为作用。（2）案例的多样性和对比性。为了洞悉食用农产品质量安全精准管控企业采取的不同措施，案例选择既要关注多案例分析的逻辑复制，也要注意案例间的差异。选择不同的案例，能够从不同案例中得出相似结论并进行相互验证，使案例与结论相互补充，更有助于增强研究设计的周期性和外在效度，提升研究结论的说服力。（3）案例的完整性。为保证能够访谈到案例相关的负责人，可以提供关于案例研究的详细材料，并且能够与被访谈者进行多次访谈，确保访谈研究的可持续性，帮助研究获得真实丰富的一手资料，以及二手资料的公开性与完整性，实现研究的三角验证。（4）案例企业均为广东省内企业。广东省地理位置临近香港、澳门，是供港澳食用农产品大省，在食用农产品质量安全精准管控方面拥有更加丰富的经验。从研究方法来说，将研究案例限定在广东省内有利于减少因地区控制产生的变量影响，降低案例的外部变异性。

二、案例简介

本研究选择的 4 个案例基本情况如表 4-1 所示。

表 4-1   案例概况

案例编码	A	B	C	D
创立时间	1955 年	1983 年	1998 年	1999 年
所在地区	中山市	云浮市	惠州市	惠州市
注册资本	2188 万元	341800 万元	9900 万元	5000 万元
经营范围	水产养殖	畜禽养殖	生猪养殖	蔬菜种植
重点访谈次数、对象、时间	2 次、生产部门负责人、25 分钟/次	3 次、养殖部门负责人、30 分钟/次	2 次、生产部门负责人、25 分钟/次	3 次、生产部门负责人、20 分钟/次
补充访谈次数、对象、时间	2 次、养殖地工作人员、10 分钟/次	2 次、养殖地工作人员、10 分钟/次	2 次、养殖地工作人员、10 分钟/次	2 次、生产地工作人员、10 分钟/次
访谈总数	4 次	5 次	4 次	5 次
政府访谈次数、时间	2 次、20 分钟/次	1 次、25 分钟/次	1 次、30 分钟/次	1 次、25 分钟/次

续表

访谈主要内容	政府：如何理解精准管控；精准管控方式方法；取得的成效；存在的问题企业：内部所拥有的精准管控条件；管控的目标；政府支持；面临的问题	政府：如何理解精准管控；精装管控所具备的内外部环境；需改善的方面企业：精准管控运行模式；管控发展过程；与利益相关者关系处理；管控成效	政府：如何理解精准管控；精准管控方式方法；协调利益相关者情况；存在的问题企业：内部精准管控的特殊之处；合作方的选择；合作过程的互动	政府：如何理解精准管控；精准管控方式方法；政府角色确立；政府政策支持企业：精准管控运行模式；精准管控过程的建立；政府支持；面临的问题
企业资料	公司年报（3 次）	宣讲 PPT（1 次）公司年报（2 次）	公司年报（2 次）	公司年报（3 次）
二手资料	媒体报道（5 次）	媒体报道（4 次）人物专访（2 次）	媒体报道（3 次）	媒体报道（3 次）人物专访（2 次）
现场观察	养殖基地（1 个）	养殖基地（2 个）	养殖基地（1 个）	生产基地（1 个）

（一）A 公司

A 公司创建于 1955 年，1999 年转制为混合所有制企业，是一家集科研、养殖、深加工、贮存、运输、出口、品牌销售、"互联网＋"新业态为一体的综合性外贸企业，国家重点农业龙头企业、广东省供港澳鲜活食品协会会长单位。集团的核心业务是养殖、加工水产品、销售产业化经营。1997年是香港回归年，公司养殖产品出口香港；2000 年某品牌产品鱼肉片通过"绿色食品"认证；2004 年起公司先后被农业部等八部委认定为"农业产业化国家重点龙头企业""广东省优秀民营企业""连续十年守合同重信用企业"等荣誉称号，并先后通过国际标准化组织（ISO）9001、危害分析的关键控制点（HACCP）管理体系认证；2006 年公司投资合作兴建"阜沙镇鸦雀尾水产种苗繁育场"和"黄埔镇窖水产种苗孵化场"，建立了水产养殖从种苗到餐桌的可追溯体系；在接下来的两年，集团对水产线进行资源整合，组建了供港塘鱼站和供澳塘鱼站，在农业部门和国家质检部门的支持下，公司目前拥有供港澳水产品注册基地 133 公顷，每个基地严格按照要求建立监控记录档案，建立了淡水鱼质量可追溯技术体系。集团按照"企业产品品牌化、生产经营标准化、市场格局国际化、利益联结紧密化"农业产业化经营战略，建立并强化了"健康养殖—深加工养殖—品牌销售"产业链，坚持"优质产品、优良服务、满足客户、不断改进"的服务宗旨，打造了以港澳为中心的国际化外市场，产品出口至全球 30 多个国家和地区。同时从 2012 年开始打造网络销售集团生鲜自主平台某产品；2014 年第一家社区体验店开业，正式开启线上线下（O2O）模式，引导了健康、安全为主题的食用农产品消费新趋势。

（二）B 公司

B 公司创立于 1983 年，公司总部位于云浮市新兴县。公司目前在全国 20 多个省（自治区、直辖市）拥有 275 家控股公司，5 万余户合作家庭农场，5 万多名员工。2018 年，公司上市肉猪 2229.7 万头、肉鸡 7.48 亿只，总销售高达 572.44 亿元。构建了农牧设备制造、生物制药、畜禽繁育、畜禽养殖、食品加工、生鲜营销、金融投资的食用农产品全产业链。在广东省十大品牌系列食用农产品评选 50 强中，B 公司的品牌食用农产品占据 3 个名额，作为国内养殖业的领头羊，以其高标准、严要求进行科学管理生产食用农产品。公司 2007 年被评为"国家火炬计划重点高新技术企业"，连续三次被评为"农业产业化国家重点龙企业"，同时拥有"国家星火计划龙头企业技术创新中心""全国农产品加工业示范企业""中国畜牧行业优秀模式""广东省诚信示范企业""全国农牧渔业丰收奖"等多项荣誉称号。公司从创立之初便实行"企业＋家庭农场"合作模式，认为食品安全是靠科学管理出来的。公司上下严格坚持"六个统一"，实行从养殖种苗的选取到种苗繁殖、养殖饲料生产、养殖病虫防疫、养殖保健品生产以及饲养管理服务和养殖产品销售等产业链全程管理，同时公司与华南农业大学、中山大学等高校进行合作，共同研发建立一系列规范有序的食用农产品安全生产体系，为畜禽产品的质量安全提供保障。以"提供'从农场到餐桌'全程监管、无缝对接的食品"为核心价值，建立"畜禽养殖—屠宰加工—中央仓储—物流配送—连锁门店"的新型养殖产品连锁经营模式，致力于打造"中国生鲜食品连锁领航者"品牌。

（三）C公司

C公司成立于1998年，公司自成立以来一直专注于中国农业的发展和产业升级，建成了以低碳循环经济为重要中心的山村立体养殖体系，实现了从种猪科学养殖、屠宰、实验室、环保、菜篮子便利店、终端销售的养殖全过程的废弃物循环再利用。公司从上至下形成了以生物安全及净化疾病科学化、目标及管理标准化、团队分工及合作精细化、执行及解决方案专业化的"四化精神"；以专（专注、专业）、细（细节、细致）、精（精通、精准）为内容的滴水穿石、百折不挠的"工匠精神"；感恩、尊重、责任、坦诚、学习、主动的"团队精神"为核心内容的企业文化。20年来旨在为百姓提供健康放心的猪肉，从创立之初便坚持以达到严管理、高标准、高起点的目标而不懈努力，2004年公司被国家农业等八部委评为国家级农业龙头企业，保鲜肉类产品顺利通过了HACCP、ISO9000质量认证；2005年公司被商品与质量消费市场调查中心评定为"全国产品质量、服务质量无投诉用户满意品牌"，广东出入境检验检疫局批准注册为"供港澳活猪饲养场"；2006年公司获准成为四家供港冰鲜猪肉加工厂之一。正因为高标准，公司种猪场被广东省农业厅评定为"广东省原种猪场合格单位"，生产基地被广东省农业厅评定为"省级现代化农业园区""广东省重点生猪养殖场""生猪标准化示范场"，成为了广东省"菜篮子"基地。为更好地保障产品质量，公司与华南农业大学、南京农业大学、广东省农科院等高校及研究院开展合作，对出口猪肉制品安全生产及全程质量关键技术进行研究。公司强调把对顾客、对员工、对环境、对社会的责任贯穿公司经营始终，用负责任的理念和行为、以食品安全为己任、以营养健康为目标、以放心猪肉为契机，立志于为人们提供放心安全优质的农牧产品。

（四）D公司

D公司创建于1995年，位于广东惠阳，是一家以自主开发、种植、养殖、加工、储存、配送及销售为一体的全产业链现代农业企业，被认定为"农业产业化国家重点龙头企业"、国家高新技术企业、广东省蔬菜产业园实施经营主体牵头单位。2019年8月27日的粤港澳大湾区"菜篮子"建设工作交流会上D公司与C公司入选首批粤港澳大湾区"菜篮子"生产基地。公司的生产模式是：公司制定农户生产标准、种植标准、采收标准、免费提供畜牧、蔬菜种苗，派遣农产品专业技术团队指导病虫害的防治，以一村一特产、一户一特产的方式进行大规模生产，与公司签订合约的农民，公司承担繁殖幼苗、农资投入、病虫害防治等生产资料的投入，帮助农户规避市场风险，保障农户稳定收入。公司以"投资公司＋创新中心＋示范基地"的经营形式，对食用农产品种植、养殖领域的科学技术研究及应用推广，公司自主创办三家农业科学研究院，同时与华南农业大学等高校进行合作，力争实现农业科学研究、技术开发、技术推广及运行管理的新突破。除此之外，公司开创以"基地＋加盟商＋超市专柜"的销售模式，提出只卖自种自养的产品，对产品质量敢承诺能担保。围绕"你帮我找缺点，我给你奖励"的原则，提出任何人发现公司食用农产品有农残超标现象或假冒行为，经核实奖励人民币1万元的举措来确保食用农产品质量安全。为促进产业融合，打造了集农业、旅游、健康产业生态为一体的健康农业旅游观光小镇，推动农业科普、农业示范、农产品加工及展销。公司自创始来以"让更多的人吃上自然健康的食用农产品、让更多农民过上更有尊严的生活"为企业使命，提出"万物遵自然，众生享健康""每一棵蔬菜都是一个承诺"等理念"为食品安全护航，为百姓造福"。

第二节　数据收集与数据分析

一、数据收集

为了高度确保案例研究过程中数据资料来源的多样性和理论体系构建拥有坚定的事实依据，确保三角验证原则的实现，提高研究结论的信度和效度，研究通过如表4－2所示的一手访谈与二手资料两种收集方式收集相关资料。

表4－2　　　　　　　　　　案例资料收集来源

资料类型	资料来源	资料获取方法
一手资料	访谈	各企业食用农产品质量安全负责人；政府相关负责人；农户；生产基地负责人
	补充访谈	包括电话、微信、邮件与相关人员交流，从合作单位获取有关信息
	现场观察	走访食用农产品种植基地、生产车间
二手资料	学术文献	中国知网、万方数据、超星的期刊和硕博士论文
	新闻报道	报纸、腾讯新闻、百度网页等网站的相关报道
	官方报告	企业官网、年度报表、政府披露

1. 一手资料

（1）半结构化访谈。这是研究收集资料的主要渠道。因为企业经营所具有的内部性特征，借助访谈能够深入了解企业在研究主题方面的现实情况，弥补在理论研究方面存在的不足，尝试寻找研究可能存在的新问题和新视角。2018 年 7 月至 2019 年 8 月陆续对 4 家企业和相关机构进行了电话、邮件访谈，访谈开始前对受访企业的询问维度进行了探讨，在深度调研中，研究团队确保每次访谈至少有 3 位研究团队成员参与，其中 1~2 位成员进行主要访谈，其他人员进行辅助补充问题。对研究主题项目负责人和实施人员、企业的管理人员、政府部门项目的管理者等与研究主题密切相关的代表性人员进行访谈，收集与食用农产品质量安全相关的一手资料，同时考虑到企业高层管理者的访谈难度，对 4 家企业的其他相关人员进行了补充访谈。每人访谈时间在 30 分钟左右，对项目主要负责人则进行多次访谈。在访谈开展过程中，迅速对调研资料进行整理，通过访谈讨论和文献材料对比补充，对研究的主要内容和主题框架进行初步拟定。补充访谈是在拟计划调研过程中由于某些原因没有成功获取资料的情况下，对访谈人员采取电话、邮件、微信等联系方式进行再次访谈或对需要进行核对的问题进行确认。

（2）现场观察。对企业在乡村的食用农产品种植基地和生产车间进行参观。

2. 二手资料

（1）新闻媒体。从网络、杂志、报纸、广播等媒体渠道搜集企业食用农产品质量安全管控的相关报道。企业官网的公开资料是了解企业发展和成就的重要信息来源，包括企业的发展重点、文化建设、社会责任等。

（2）档案文件。从企业获得内部发行刊物、讲话报告、年度报表、企业生产的相关规章制度等；从政府部门搜集当地的食用农产品质量安全精准管控的会议资料、宣传管理手册等。

（3）学术文献。利用中国知网、万方数据资源、超星等文献数据库搜集与研究主题相符的学术期刊论文和硕博士论文。

二、数据分析

扎根理论目前分为三个版本：经典、程序化、建构主义扎根理论。三个版本各有所侧重。经典版本主要强调发现理论的过程，其编码以实质性编码和理论性编码为主；程序性版本主要强调新理论的构建，其编码以开放性编码、主轴性编码、选择性编码为主；建构主义编码主要强调研究者与被调查者之间的互动过程，其编码过程较为灵活，研究者可自主选择编码步骤（于佩良，2019）。相比于其他两种版本，程序性扎根理论拥有系统规范化的数据分析程序以及编码要求，其操作性和规范性更强。根据本研究构建新理论的目的以及研究对象的主要特点，在综合其他版本的理论基础上，选取了程序性扎根理论进行研究。

（一）开放式编码

开放式编码作为案例编码的首要步骤。主要针对收集到的原始资料，通过对资料进行初始分析，对资料现象进行指认、概念界定以及范畴规范化。为保证研究数据的完整性和避免资料的遗漏，本研究借助 NVIVO11.0 软件对搜集资料进行初步编码。首先，本研究针对 A、B、C、D 4 家企业管控食用农产品质量安全相关资料进行初步分析，将案例资料进行分解设立为独立事件并对事件中的现象进行贴标签描述；其次，对上一个步骤进行的所贴标签进行归纳整理，总结出合适的概念；最后，对上一个步骤的初始概念进行再次提炼归纳获得初始范畴。

此部分将展示 D 公司的部分开放式编码。第一步，将独立事件的贴标签按照 d1、d2、d3…的顺序进行标记；第二步，对贴标签内容进行概括后得到的概念按照 D1、D2、D3…的顺序进行标记；第三步，对概念进行再次提炼获得的初始范畴按照 DD1、DD2、DD3…的顺序进行标记（见表 4 - 3）。

本研究对 4 家研究企业相关资料进行编码，最终获得 51 个概念，16 个初始范畴（见表 4 - 4）。

表 4 - 3 　　　　　　　　　　　　　D 公司开放式编码举例

原始案例资料	贴标签	概念化	范畴化
D 公司自 1995 年成立以来在生产上的创新、研究，以及销售模式上的创新、研究，体现的都是公司的理念——就要生产出绝对安全、口感好的农产品。公司拿蔬菜来作为一个突破口，让市民、让政府了解企业是做什么的。做中国最好的蔬菜一直是公司的目标。d1 "全年都在生产和销售健康环保的产品，这是我们的初衷。我们的目标是百分之百做到安全、环保和健康。" d2	d1 明确公司经营方向 d2 产品经营目标	D1 主要市场（d1） D2 公司目标（d2）	DD1 企业宗旨（D1，D2）
"农产品最基本的要求就是质量安全。而要保障农产品的质量安全，则必须从源头抓起。" d3 公司现阶段在全国各地拥有 28 个蔬菜种植基地，对生产基地的选址严格把关，强调次数最多最重要的因素就是生产基地周边没有工业污染源。另外，生产基地建设的土壤中所含的重金属指数和污染残留量必须低于国家对绿色农产品种植基地的数据标准。d4 "只有好的生长环境才有可能种植出好的蔬菜。" 在保证种植"大环境"无污染的同时，公司在施肥、农药等"小环境"方面也没有丝毫懈怠。为了严格把控肥料的质量安全，公司自建了一家有机肥料厂，肥料的原料主要是压榨花生油剩下的花生麸。用农作物加工处理后做成的有机肥料，对土壤污染小，分解速度也更快，而且富含营养元素更多，效果更好①。d5 在高质量保证食用农产品安全的基础上，公司要求生产基地必须遵循种植物的自然生长规律，高标准执行国家绿色食品规范，不得为追求产量而"揠苗助长"，严格按照健康生态循环发展模式②，每只鸡生长期必须 10 个月，每条鱼养殖期必须 2 年，"我们追求的是菜有菜味，鸡有鸡肉味，鱼有鱼香味。" d6	d3 注重生产源头 d4 注重生产环境 d5 种植饲料要求 d6 符合自然生长	D3 基地选择（d3，d4） D4 原料监控（d5） D5 养殖监控（d6，d14）	DD2 生产管理（D3，D4，D5）

原始案例资料	贴标签	概念化	范畴化
作为村里的龙头农产品生产企业，公司在发展企业的过程中，也为当地村民带来了相对丰厚、稳定的收入。董事长介绍说"把当地村民的菜地租下后，返聘村民种菜，按照每吨蔬菜给予1500~2200元不等的报酬，大部分工人轻轻松松便能月入三四千元。"d7 在给予较高报酬的同时，对工人操作制定严格的标准。施肥方面严格使用公司提供的有机肥料，打药方面遵循由公司的专业打药员实施的行为，违反规定者不但被开除，而且还要承担相应的质量安全责任。d8 对于公司打药员的管理，不仅需要在岗前进行专业培训，还要在每次取药和打药之前，按照公司程序签订相应的责任书，如果违规打药操作将受到严厉处罚，甚至承担相应的法律责任。d9	d7 返聘农户种植 d8 制定种植要求 d9 明确生产责任	D6 与农户建立合作（d7，d8，d9）	DD3 建立合作（D6，D9）
"任何单位或个人发现我们有外购假冒农产品或是农药残留超标，经调查核实，我们承诺对其奖励人民币1万元。"d10 为进一步健全食用农产品的质量安全管控模式，公司投资大量资金人力进行食品安全追溯系统建设，实现在社区配送的蔬菜产品中的可追溯③。"有了二维码溯源系统，消费者可以及时准确地了解产品信息。"d11 消费者满意了，就在网上指定银行上付款。如果消费者对质量不满意，可以申请退货，可以拒绝付款。d12	d10 消费者承诺 d11 消费者查询 d12 消费者意愿选择	D7 消费者监督（d10） D8 消费者知情（d11，d12）	DD4 消费者需求（D7，D8）

原始案例资料	贴标签	概念化	范畴化
公司与华南农业大学合作发明了轨道式大面积喷灌，完全利用了工业的编程，只要一个工作人员在室内，就可以通过远程监控，或者租用卫星全球定位系统（GPS）指挥，对着这个屏幕去淋灰、淋水、喷药。d13 可以避免极端天气对食用农产品生长环境的影响，也能够达成农产品生产机械化、生产环境管控数据化，实现了公司对高质量农产品的安全生产要求，在这种环境下生产的蔬菜外表和品质更加优秀④。d14	d13 与高校建立合作 d14 生产自动化管理	D9 产学研结合（d13）	
惠州市农业部门建立了"农产品追溯监管综合服务平台"。d15 监管平台的建立健全将成为食用农产品企业和农民合作社关于产品质量安全的大数据管理库，并且能够成为食用农产品生产经营主体或农业行业协会提供标准的内部管理信息系统，明确规定农产品企业产品质量和生产销售记录、产品记录管理，同时也将与"信用惠州"进行数据同步更新，实现食用农产品高标准高质量安全生产⑤。d16	d15 政府参与管控 d16 数据化支撑	D10 政府监管平台（d15，d16）	DD5 社会资源管控（D10）

注：①新农网. 广东惠州四季绿配送蔬菜实现"一菜一码"[EB/OL].（2013 – 11 – 25）［2019 – 08 – 01］. https：//www. qhee. com/node/listed – company/8746/4556&crawler.

②③孟然，胡佳. 鼓励消费者"来找茬"[J]. 新农业，2018（2）.

④南方日报. 惠州农业站上新风口，将建高端农产品集散地［EB/OL］.（2019 – 03 – 19）［2019 – 08 – 01］. http：//hz. southcn. com/content/2019 – 03/19/content_186111284. htm.

⑤刘建威，陈春惠. 借大湾区建设东风，深耕农业绿色品牌［N］. 惠州日报，2019 – 05 – 17.

表 4 – 4　　　　　　　　　　开放式编码形成的范畴与概念

编号	初始范畴	概念
1	市场环境	食用农产品质量安全问题、社会信任危机、政府管控、食用农产品行业不规范

编号	初始范畴	概念
2	企业宗旨	公司目标、主要市场
3	消费者需求	消费者监督、消费者知情
4	企业产品	质量保障、配送服务
5	企业内部管控资源	高层次人才、物联网、大数据、信息化可追溯体系、全过程管控
6	产业链内部质量管控	管控食用农产品质量、农户签订合约、一对一培训、严格质量管控体系、全过程管控
7	建立合作	与农户建立合作、产学研结合、消费者监督、政府支持
8	利益相关者	员工福利、农户收益、消费者权益
9	互利共赢	带领脱贫、增加农户收入、长久合作
10	生产管理	基地选择、养殖监控、原料管控
11	流通管理	物流资源、运输存储
12	企业责任	环境保护、可再生资源利用、社会公益、社会责任
13	销售管理	产品追溯、质量维护
14	消费模式	网上购买、生态园参观、生产基地体验
15	社会管控资源	政府监管平台、政策支持、大数据实地实时统计、云应用透明化管控
16	管控效能	消费者满意度、公司盈利、食用农产品质量安全

（二）主轴编码

主轴性编码主要将初始范畴之间的逻辑关系、情景现象、深度联系进行联结。通过对上一步骤开放性编码阶段所获得的初始范畴进行研究，发现初始范畴间存在相关联的主体及逻辑关系，因此在主轴编码阶段对初始范畴采取进一步提炼并归纳为食用农产品质量安全责任、宗旨确立、管控绩效等10个副范畴。同时将副范畴进行凝练命名为企业社会责任、利益相关者、精准管控理论构建3个主范畴。主轴编码结果如表4-5所示。

表4-5 主轴编码结果

主范畴	副范畴	关系内涵
企业社会责任	食用农产品质量安全责任关注合作伙伴合法权利 公益责任	食用农产品供港澳龙头企业重视产品质量（产业链内部质量管控），注重消费者权益保护，维护农户利益（关注合作伙伴），在自身利益不断增长的情况下，关注生产可循环积极开展慈善公益事业（公益责任）
利益相关者	政府、企业、农户主体间的相互信任 互利共赢	为实现对食用农产品质量安全的精准管控，多元主体的分工协作必不可少，政府政策引导支持、农户合作关系的订立，建立长久信任的伙伴关系是实现食用农产品质量安全的有效保障
精准管控理论构建	宗旨确立 管控模式 管控资源 消费模式 管控效能	针对社会食用农产品安全事件的频繁发生，农业企业遵循提供健康、优质食用农产品（企业宗旨），政府、企业利用互联网、大数据（管控资源）对食用农产品全过程、全产业链进行精准管控（管控模式）。为保障消费者知情权，获得消费者信任，建立生态园等体验活动向消费者提供最优的产品（消费模式），最终实现食用农产品的高质量管控，各利益相关方的效益最大化（管控效能）

企业社会责任。针对食用农产品质量安全问题频发，政府监管存在不足，需要借助食用农产品产业链内部提升食用农产品质量安全。食用农产品龙头企业以资金技术为核心，帮助农户规避风险，使食用农产品从源头保障质量。在企业的帮助下，农户通过生产可以获得收入，降低食用农产品安全事件发生率，维护消费者合法权益。同时企业利用盈利对周边生态及社会环境进行资助，通过慈善方式与社会责任来实现企业社会价值，从而在食用农产品质量安全管控中发挥最大效用。

利益相关者。食用农产品质量安全管控目前参与群体以政府为主，缺少食用农产品内部主体合作，难以实现食用农产品质量安全的有效管控。食用农产品质量安全管控涉及政府、企业、农户、消费者等各主体，生活水平和消费需求的提高，食用农产品质量安全必须不断得到提高才能满足社会需要，这就需要食用农产品利益相关者发挥各自优势，促进主体间的信任与资源交换共享。食用农产品质量安全的长久管控必须依靠利益相关者的参与合作，通过不同主体的交互作用，利益相关者也将获得各自利益的提升。

精准管控理论构建。当前的食用农产品质量安全管控强调政府的外部作用，但是在政府监管存在不足的情况下，这种将监管模式已经不能满足食用农产品市场快速发展的现状。食用农产品精准管控不仅需要社会外部力量的作用也需要内部主体资源作用。不仅需要政策制度的宏观管控，也需要信息化、大数据的微观管控。政府作为社会外部管控的重要主体，政策支持能为食用农产品质量安全管控提供法律和财政双重保障；而信息化智能化手段的运用则能够迅速构建起消费者信任，实现食用农产品管控的精准化和效能的最大化。

（三）选择性编码

选择性编码的主要内容是将已经范畴化的核心概念进行有逻辑的串联。根据编码得出的核心范畴，发现主体间的联系，借助范畴、关系等资料来对事件现象进行说明，由此得出更具有明显特征的范畴是其主要任务。本环节针对主轴编码阶段所归纳的 3 个主范畴以及 10 个副范畴之间的内在联系进行分析，确定了食用农产品质量安全精准管控的内在机理，围绕相关核心范畴获得了精准管控选择性编码（见图 4 - 1）。其故事线为：为有效管控食用农产品质量安全，以食用农产品龙头企业社会责任为立足点，聚焦食用农产品利益相关者，发挥政府、企业、农户等内外部管控作用，借助信息化管控资源，建立良好的合作关系，实现内外部的融合，促进食用农产品质量安全精准管控效能的最大化。

（四）编码关联性分析

（1）厘清食用农产品质量安全精准管控过程中的关键事件。在收集一二

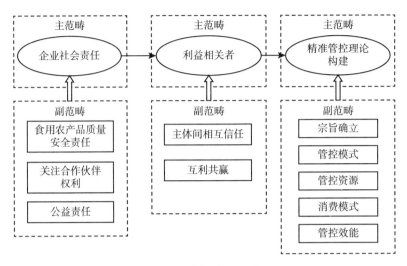

图 4 − 1　选择性编码结果

手资料后，为了确保研究的真实性、可靠性，研究者进行独立编码。在编码过程中尽量保留被访者提供的原始术语，对文本进行编码标号，并运用"原生"规则对数据进行概念化处理，得到 51 个初始概念。得到初始概念后与食用农产品精准管控参与人员一同对初始概念进行归纳总结，探究各概念之间的逻辑关系与共性。随后对逻辑关系进行范畴化处理，降低核心概念的节点层级构建新节点，得到 16 个初始范畴。对初始范畴归纳梳理后，识别出食用农产品精准管控的关键事件（管控模式创新、管控手段与现代技术的融合、管控供应链的更新、管控效果评估）。（2）绘制食用农产品质量安全精准管控发展历程图。根据"主体—手段—效果"的管控逻辑对数据资料进行聚类分析，对一级编码形成的初始范畴进行归类，探究各范畴之间的潜在关系，构建轴线形成主范畴与副范畴，得到 3 个主范畴与 10 个副范畴。在主副范畴的指引下，结合关键事件构建了食用农产品质量安全精准管控发展历程图。（3）探究食用农产品质量安全精准管控的过程，以及跨案例间精准管控的共性。以主范畴为基础，发展历程图为支撑，构建扎根理论模型，更好地厘清精准管控的故事图。本部分确定了研究的核心范畴：在精准管控过程参与的利益相关者，蕴含的基本关系为：利益相关者应该积极承担的社会责任，不断转型、创新食用农产品质量安全精准管控理论，确实推动食用农产品高质量发展。随后基于食用农产品质量安全管控的逻辑对核心范畴进行细分，得到了主体、信息、过程、效能四大视角，结合四大视角构建了食用农产品质量安全精准管控理论模型。（4）跨案例比较研究，探究精准管控的个性。继续对主范畴进行剖析，找出各范畴的内部联系，对食用农产品质量安全精准管控的个性进行挖掘，并结合理论、数据、图表进行比较研究，以便于提炼出综合的食用农产品质量安全精准管控理论框架。

（五）信效度与理论饱和度保证

1. 信度保证

案例研究的信度保证在于研究数据的真实性与可靠性，高信度的案例过程能够为其他案例研究者提供可重复使用的研究步骤并得到一致的结果。本研究为确保案例研究信度，研究开始前与导师、专家、专业同学讨论制定周密的研究计划；研究数据整理中以 NVIVO11.0 软件建立数据资料库，将相关资料进行录入分类，在数据分析中注重对访谈原话与资料原文的引用保障理论构建证据链的完整；数据编码过程中与其他两位成员共同参与编码，杜绝个人主观因素对数据的影响。霍斯提（Holsti，1969）认为根据相互同意度计算公式与信度检验公式获得的参与编码人员平均相互同意度能高于0.8，那么便可以证明参与编码人员数据编码的统一性较高。本研究根据其计算公式进行计算编码人员的相互同意度：

$$R = \frac{n\overline{K}}{1 + \overline{K}(n-1)}$$

$$\overline{K} = \frac{2\sum\limits_{i-1}^{n}\sum\limits_{j-1}^{n}K_{ij}}{n(n-1)} \ (i \neq j)$$

$$K_{ij} = \frac{2M}{N_i + N_j}$$

其中，R 是编码者的信度，n 是参与编码的人员数量，$\overline{K}$ 是编码人员平均相互同意度；K_{ij} 是编码者 i 和编码者 j 的相互同意度；M 是编码者 i 和编码者 j 意见统一的项数；N_i 是编码者 i 做出编码的总项数；N_j 是编码者 j 做出的编码总项数。借助该公式，本研究三位编码者的平均相互同意度为 0.823 以及编码者信度为 0.933，获得的结果如下：

$$\overline{K} = (0.817 + 0.801 + 0.852)/3 = 0.823$$

$$R = 3 \times 0.823/(1 + 2 \times 0.823) = 0.933$$

数据计算结果证实，三位编码者的编码统一性较高，可以对案例进行正式编码。

2. 效度保证

案例研究的效度保证主要从建构效度、内在效度、外在效度三个方面进行。建构效度方面，本研究通过三角验证的数据收集方式，一手访谈与二手收集资料方式进行多元认证与补充。在数据证据链方面，通过扎根理论从原始资料进行概念化、范畴化提炼，探索范畴间的相关联系，将资料中的各种因素归纳到证据链中，确保本研究的建构效度。

内在效度强调研究过程中因素之间的关系的可信度。内部效度的证明要展示数据分析的过程，让学习研究的读者确信研究结论是在不断经过严格的数据分析之后获得的。本研究采用扎根理论对案例数据进行编码分析，通过对原始资料进行开放性编码获得初始范畴，然后通过主轴编码获得案例主范畴，最后通过选择性编码获得案例结论，整个编码过程都严格按照编码要求，实现内在效度的保障。

外在效度是将案例研究获得的结论进行检验以此来确定是否能够进行广泛运用。一方面本研究采用了多案例研究方法，在遵循基本复制原则的基础上，对四个案例进行反复验证；另一方面通过对以往研究理论进行整理分类，实现现有理论与本案例研究相结合，这两个方面都展现了研究的外在效度。

3. 理论饱和度

理论饱和度是指在数据资料不断分析比较的过程中，持续根据已有数据进行理论提炼和修正，直到获取的数据资料不再对已构建的理论产生新贡献达到理论饱和（Betz and Fassinger，2011）。本研究在进行编码时，从18个负责人访谈记录中进行随机抽取了3/4的访谈内容进行初步编码以及食用农产品精准管控理论初步构建；剩余1/4的访谈内容用于进行理论饱和度验证。在2/3的内容经过开放性编码、主轴编码两个编码阶段后，研究发现初始概念以及范畴内容已趋近饱和，偶尔会出现新的构成因子。在完成3/4全部内容编码后，几乎没有新的构成因子出现。编码所获得的主要范畴包含了食用农产品质量安全精准管控理论构建的重要因素。此后对剩余的1/4的内容进行理论饱和度验证，发现剩余内容对理论构建没有较大影响，由此可以证明编码分析所获得的范畴内容达到理论饱和，其研究内容是真实的、有效的，因此研究构建的食用农产品质量安全精准管控理论在理论上达到饱和。

第三节 案例研究发现

一般情况下，影响公共政策的要素主要包括政策主体、政策客体、政策目标、政策工具四个方面。公共政策的精准性来自于对政策主体的精准规定、对政策客体的精准界定、对政策目标的精准设定、对政策工具的精准选定（王春城，2018）。精准管控影响及构成因素复杂，需要有明确的理论构成要素。要素是构成理论事物的基本因素，它包括了事物所必需的基本属性。在案例编码过程中获得了食用农产品质量安全精准管控理论构建中包含的管控要素与主体要素之间的关系，这些要素关系的范畴组成了精准管控理论的要素分析框。因此研究食用农产品质量安全精准管控的主要构成要素与要素之间的相互关系是实现精准管控的初始阶段（吴建南等，2007）。与此同时，借鉴公共政策精准性的定义将食用农产品质量的精准管控的构成要素划分为以下几个方面：

精准管控主体，即谁在推动食用农产品质量安全管控工作，有哪些主体参与到了精准管控。精准管控方式，参与主体通过哪些途径、采取了何种手段进行了精准管控。精准管控过程，参与主体对食用农产品哪些程序进行了管控工作，保证了质量安全。精准管控效能，即食用农产品精准管控给参与主体所带来的效能表现，管控工作会对各主体带去不同影响。

一、精准管控主体多元化

区别于以往对于食用农产品质量安全的管控以政府的威权管控为主，现阶段食用农产品管控更强调多元化主体的参与。以企业、生产基地、农户为中心的食用农产品内部管控主体以及以政府为中心的社会管控主体是实现食用农产品质量安全的重要组成部分。

（一）"公司＋示范基地＋科研机构＋注册基地＋专业农户"

A公司作为拥有60多年供港澳经验的食用农产品产业化企业，在食用农产品质量安全的保障方面具有举足轻重的作用。在管控食用农产品质量安全的过程中，公司一直按照绿色食品标准高标准建设，对自有的133公顷养殖基地建立质量管理体系，为加强公司周边辐射带动能力，推动了"公司＋示范基地＋科研机构＋注册基地＋专业农户"农业产业化经营模式，引导扶持周边数千家农户进行鱼类健康养殖，在公司带领下科学致富。为从水产品源头确保高质量，公司以契约合同的形式与周边农户签订养殖生产利益联结协议书，在供港澳水产品注册基地的农户，公司还制定水产养殖技术员与合约养殖户签订养殖技术指导责任书，进行面对面技术指导，详细讲解宣传水产养殖技术知识。严格按照要求建立监控记录档案，严格执行国家质量监管部门对出口注册养殖基地的体系管理，严格落实公司对水产品养殖环境、产品源头、产前、产中、产后五个重要控制点安全质量监控体系。同时为了实现对水产养殖过程的幼苗繁殖、水质环境、水塘周边土壤、喂养饲料、鱼成品进行全程监控以及对可能影响到产品质量的微生物、农资投入品残留进行检测，提升食用农产品质量安全水平，建立健全公司水产品可追溯体系，公司成立了水产研究所，并与中国水产科学研究院珠江水产研究所、南海水产研究所等科研研究院建立长期科研合作关系。正因为这些举措，集团研究所被认证为"广东省淡水养殖和加工工程技术研究中心"并加入了"国家大宗水产鱼类产业技术体系"项目。

作为食用农产品社会管控的核心，集团总部所在地中山市农业局为推动农业龙头企业与家庭农场实行合作来落实食用农产品质量安全，促进现代农业规范化发展，在2013年颁布了《中山市培育发展农业龙头企业专项资金管理办法》《中山市扶持培育家庭农场项目资金管理办法》。鼓励家庭农场与市内农民专业合作社、农业龙头企业采取订单、股份合作、利润返还、风险保障等不同举措建立食用农产品生产紧密联结关系。此外，强调企业对家庭农场围绕产前、产中、产后各生产环节对农户进行技术指导、疫病防治等服务，确保食用农产品质量源头。中山市农业局为更好地普及食用农产品质量安全，定时开展水产品快速检验检测班、食用农产品安全控制暨追溯体系建设培训班、农药经营管理培训班、新型职业农民培训班等与食用农产品质量安全密切相关的科技培训班；为促进食用农产品相关从业人员学习积极性，市农业局还举行食用农产品质量安全检验比赛，这些措施的严格落实使中山市每年检测产地的食用农产品样品多达13万份，但其主要食用农产品检测合格率能够持续稳定在96%以上；且农贸市场自检食用农产品数量更多，高达36万份，其合格率能保持在99.79%[①]。

（二）"公司＋农户（家庭农场）＋政府"

B公司从成立之初便实行"公司＋农户"的生产经营模式，将单个生

---

① 郭冬冬，黄颖锋，凌源. 大力实施乡村振兴战略，推进农业供给侧结构性改革和农村综合改革中山加快推进农业农村现代化［N］. 南方日报，2018－12－21.

产者纳入公司产业链条、共建共享体系中，促成了家庭农场新型农业经营主体的形成。集团一边与农户密切相连，一边与市场紧紧相依，带领贫困户脱贫致富，激活了产业发展活力。截至 2018 年，已有 5 万余户家庭农场与公司达成合作，在合作过程中，企业帮助农户解决资金短缺、技术不足、抗风险能力差等问题，同时向农户提供种苗、饲料、药物、技术、销售等全链条服务，农户仅需按照企业标准进行养殖。公司在全国各地设立养殖基地，根据当地不同情况采取不同合作模式，如"公司＋家庭农场＋贫困户""公司＋村集体经济＋贫困户"，实行"五包一保"，包养殖基地规划建设、包畜禽饲料供应、包畜禽药品疫苗、包养殖技术服务、包畜禽成品回收，最后确保平均利润，积极为农户提供支持。广东南岭养殖小区成立之初，当地提供土地，公司垫资建设新型鸡舍，配置自动喂料线、饮水线、物联网设备等装置；提出公司负责经营畜禽养殖初始环节的饲料生产、加工，养殖疫苗的研究、生产，养殖幼苗的选育；仔猪的培育、生产，养殖成品猪的环节则全部委托给农户；终端成品的回购、屠宰、猪肉加工、销售等环节又循环回到公司经营，这一举动解决了农户的后顾之忧，也吸引了当地原有的自繁自养的养殖户选择与 B 公司合作，保证了公司优质的原料来源。

企业总部所在地云浮市以扶持农业产业化经营、培育发展食用农产品龙头企业以及农民合作社规模、帮助农民实现持续增收、加强食用农产品有效供给、保障食用农产品质量安全为目标颁布了食用农产品贷款补贴和财政补贴的政策方案，同时云浮市委办、市府办联合印发了《关于促进现代特色农业加快发展的实施意见》。市委市政府每年将为现代特色食用农产品产业提供 1500 万元补助资金，同时对优质粮油加工及市政府"菜篮子"产品贷款补贴项目进行优先帮助，在申报农业相关项目方面，对农业合作社的优质食用农产品进行财政补助倾斜，对质量检测设施、新技术引进等给予支持，努力构建具有云浮特色的"基地为主、园区示范、片区覆盖、交通串连"的农业产业带，打造优质稻、生态茶园等"十大"现代特色农业商品基地，加强对食用农产品种植养殖大户、合作家庭农场、农民专业合作社、农业龙头企业四大食用农产品质量管控主体的培训，最终形成"以优质粮食生产为基础、特色林果经济和绿化苗木为主导、食用农产品精深加工和现代物流为支撑、休闲观光旅游农业为辅助"的现代特色农业发展新格局①。

（三）"公司＋合作社"的"1＋N"

作为以饲料加工—生猪饲养—种猪繁育—环保养殖—绿色果蔬—生猪屠宰—冷链加工运输—肉制品深加工—自营连锁"菜篮子"便利店销售的产、供、销一条龙的农业产业化国家重点龙头企业，C公司在内部管控模式上也采取了"公司＋基地＋农户"的生产模式。荆州分公司为响应国家精准扶贫号召，积极参与企业扶贫工程，在扶贫村发展农业，带动贫困农户脱贫致富，公司推出龙头企业＋专业合作社的"1＋N"合作养殖模式，强化农企互动。赣州分公司2011年与南康政府签订了战略合作框架意向书，与政府共同合作建设种养结合的高效集约化农业产业，推动南康实现农业产业升级。赣州分公司采用"公司＋合作社"模式，引导和收编周边散养户，将散养户养殖纳入到公司的"统一管理、统一繁育、统一防疫、统一饲料、统一销售"的规范化饲养轨道，建立以养殖基地引导，带动周边合作社商品猪生产及无公害种植。尽管公司拥有生猪养殖的全产业链，但对于产品质量的保障、饲料的选择方面仍会选择更加专业的公司进行合作。为保证猪肉品质与安全，公司建设了一个升级实验室、两个原辅材料和产品化学室，先后与华南农业大学、广东省农科院等高效和科研机构建立了广泛合作，对食品质量安全控制技术与产业化、养殖场疫病控制等安全把控方面开展研究工作。

以赣州农牧所在地江西省南康市政府为例，南康区作为社会管控的中心，借助企业化管理和经营的手段，以高质量食用农产品项目引领农业健康、以标准化生产基地推动农业健康、以优质食用农产品品牌促进农业健

---

① 钱枫. 我市全力构建现代特色农业发展新格局扶持"十大"工程打造"十大"基地［N］. 云浮日报，2016－06－07.

康。为进一步提升食用农产品质量安全水平，政府建立了食用农产品管控专项资金，不断建立食用农产品产业生产基地，积极在乡镇建设食用农产品样本检测室，积极发展农业机械化生产，开展食用农产品管控技术培训班培养创新人才。为强化食用农产品质量安全监管，赣州市率先在全省区市建立了副县级的食用农产品质量安全样本检测中心，持续推进食用农产品质量安全监测站项目在市、县区域的建设，构建"市+县+乡镇"的食用农产品质量安全监管体系，同时出台"三品一标"的奖扶措施，对一年内获得"三品一标"证书的生产经营主体给予不同额度的奖励。对于农业企业的落户，政府鼓励农业企业吸纳当地贫困人员帮助其脱贫致富，并对拥有一定数量的贫困人员的企业提供政策优惠和扶贫资金补助。正是因为政府对食用农产品质量安全检测工作的重视，赣州市的食用农产品质量安全检测合格率多年来保持在98%，从未发生过重大食用农产品质量安全事件。

（四）"投资公司＋创新中心＋示范基地"

D公司作为集自主研发、种植、养殖、加工、储存、配送及销售为一体农业产业化国家重点龙头企业，在食用农产品内部管控方面，一方面，采取了"龙头企业＋生产基地＋农户"的经营方式，在广东、广西、江西、陕西等省份甚至国外建立了30多个生产基地。在确保公司的食用农产品质量方面坚持公司生产模式，严格建立成品生产模式、种植模式、采收模式，免费提供种植幼苗，委派蔬菜种植技术团队负责病虫害的防治，与公司进行合作的农户可以不花费一分钱来承担幼苗、农资投入、病虫害防治等额外成本，但必须坚持"每一棵蔬菜都是一个承诺"。为更好地保障生产基地食用农产品种植质量，公司领导成立志愿服务队并邀请专家学者到基地向生产者传递科学种植知识，再三重申食用农产品生产过程中不得使用具有高残留、高毒性的农药化肥、饲料添加剂等对环境和人体有害的生产原料，推广使用花生麸植物源有机肥、生物物理防治，从源头保障产品质量符合国家绿色产品质量要求。另一方面，公司还建立了"投资公司＋创新中心＋示范基地"

的经营模式，在蔬菜种植期间内坚持有机肥料的施用，对病虫害工作贯彻以预防为主，同时采用轮作、捕虫灯等多种物理防治措施，贯彻不用药、少用药理念。在基地耕种和土地管理阶段中，公司鼓励使用自主研发的轨道式大面积自动喷灌设备，机械设备的投入使用，有利于降低人工成本，同时实现施肥、洒水、喷药自动化作业。此外，开辟基地直接与蔬菜加盟商、超市进行合作，此种销售模式为广大消费者提供绿色安全食用农产品，坚持只卖自种自卖的产品。

公司总部所在地惠州市，拥有多家重点农业产业化企业。惠州市早在2008年便发布了《惠州市推进农业产业化经营发展农业产业化龙头企业的实施方案》，方案提出了工作重点和对农业企业的扶持措施。明确培育壮大农业产业化龙头企业，给予财政扶持，市政府每年对农业产业化龙头企业的贷款补贴扶持都提供固定的财政资金；为激励企业推行食用农产品标准化生产，政府对农业产业化龙头企业生产的食用农产品获得国家无公害认证、绿色食品认证、有机食品认证的给予奖励；敦促农业产业化龙头企业严格遵循《农产品质量法》相关规定进行食用农产品安全检测工作，勉励企业进行食用农产品生产过程全程监控，建立健全食用农产品生产、流通各环节的数据追溯制度、产品质量安全监测制度。持续鼓励龙头企业与农户构建生产利益共享、销售风险共担的食用农产品利益共同体，实行多种食用农产品合作经营形式，规范农业生产，给予税收、信贷、科技支持，借助科研院所、高校、农技机构提高农业科技创新能力，提高食用农产品的品质和科技含量（缪建平，2017）。

由此，可以提出以下关于食用农产品质量安全精准管控的理论内容：利益相关者战略联盟，助力精准管控。食用农产品质量安全问题的发生往往带着突发性、不可预测性，政府尽管制定相关法律法规，通过立法来保障消费者食用农产品安全，制定生产经营者遵循的规章制度来维护市场秩序。但政府公共政策系统的局限性，对政策制定和执行产生负面影响，容易使政府陷入"政策困境"，同时因为政府严格的层级制度，在迅速应对食用农产品质量安全问题时，使政府的行动与反应能力迟缓或反应失灵（张勤、钱洁，2010）。因此，多利益相关者参与食用农产品质量安全精准管控，能够弥补政府单独管控的不足，实现食用农产品精准管控的效能最大化。利益相关者合作相对于政府威权管控对食用农产品精准管控具有的优势行动逻辑：

利益相关者合作精准管控有助于重建多元主体的信任。食用农产品安全事件的频繁发生，造成了消费者对产品质量的信任危机。利益相关者管控将农户、企业、政府、消费者紧密联结在一起，在保障食用农产品质量安全过程中，推动不同主体之间针对食用农产品质量管控提出自己的意见和建议，既能够关注政府管控面临的困难也能倾听消费者对质量的要求，既关注农业企业采取的措施也听取农户生产的不易。在公平、和谐的基础上共同管控食用农产品质量安全，有助于消除多主体因问题事件而产生的信任隔阂，引导主体间的利益认同感，重建不同主体间的信任关系。

利益相关者合作精准管控有助于激发人民群众对食用农产品质量安全管控的热情，在全体成员的共同参与下最终实现对食用农产品质量的保证。食用农产品质量安全涉及从生产到销售的全过程，关系到社会生活中的每一个人，因而实现有效管控是一项艰巨困难的重大工程，必须号召社会大众积极参与。企业参与能够获得声誉溢价，农户参与能够获得生活收入，消费者参与能够获得健康产品，政府参与能够获得公共利益，多主体利益的获得将吸引更多的主体参与到食用农产品管控，充分发挥社会组织的作用，形成食用农产品质量安全的合理管控。

4个案例企业在食用农产品质量安全管控方面均采取了不同利益相关者的合作模式，借助农户（家庭农场）、合作社、创新中心、科研单位及高校等主体在政府的支持主导下对公司相关生产基地的食用农产品进行合作管控，积极与消费者进行交流探讨，追求多方利益的最大化，有效助力食用农产品质量安全精准管控工作。

二、精准管控方式信息化

食用农产品质量安全问题的根本原因在于主体之间存在的信息不对称。当前信息技术的快速发展，互联网、云应用等技术在各领域的广泛应用为食用农产品质量安全管控信息化的推广提供了技术支撑。食用农产品质量安全精准管控中通过互联网与云应用实现产品的可追溯。互联网作为技术，云应用作为实践，可追溯是技术在实践中产生的结果，这一过程实现了食用农产品质量安全精准管控信息化。

（一）以云应用推动农业产业链融合

随着农业市场化的发展，互联网与实体经济的快速融合使得信息化对管控食用农产品质量安全的作用越来越明显。互联网、大数据等信息技术在食用农产品市场中的应用将消费者需求反映到生产端，推动食用农产品生产方式发生变革。人工智能、物联网、卫星定位等技术在食用农产品繁殖、生产、储存、加工、流通等全产业链环节应用，食用农产品装备不论是在信息收集还是在精准运用方面都大大推动了食用农产品质量安全的管控，也促进了以农业为基础的一二三产业链的融合。

4家案例企业经过长时间的努力，都已经发展成了全产业链龙头企业，不仅实现了第一产业的领先，还在农业生产基础上，推动了一二三产业的融合发展，培育了新产业新业态。D公司2016年投资成立了农业科学院研究所用于研究农业种植、养殖领域。在食用农产品生产管理过程中，研究所自主研发了"轨道式大面积喷灌设备""大跨度经济型大棚"使得食用农产品生产施肥、洒水、喷药均实现自动化作业，促进了农业与工业的融合。B公司在畜禽养殖的基础上探索适合我国的工厂化猪场建设方案以及为确保养殖的疫情防治，将公司产业链延伸至农牧设备制造、生物制药方面，甚至发起了农业金融投资，推动了公司产业发展。

C 公司和 D 公司总部所在地惠州市，将互联网引入农业实现了"互联网＋农业"的生产方式。2018 年由中国农机研究院和广州市智慧农林科技有限公司基于云计算、互联网、农业传感技术、物联网、北斗卫星定位等技术开发了手机软件（App）"智慧农林—滴滴农机"。App 的运用使得农户只需通过手机就可以发布农机服务需求，农机拥有者通过手机接单可以直接实行田地作业，减少了农户与农机之间的联系，加速了业务连接。App 的远程操作方便了不会使用手机的农户，推动了农业生产资源的复苏，也增加了农户的收入。借助农业发展，惠阳区依托 D 公司农业公园、蔬菜智慧物流及数据服务中心，以岭南客家民俗文化为特色，打造生态农业与旅游业。将特色客家建筑、优质瓜果生产基地、生态采摘基地进行联结，建立了惠阳区特色蔬菜产业融合优化发展带①。

（二）以互联网管控食用农产品市场机制

随着国家对"三农"问题关注度的不断增加，农业、农村、农民信息化设备升级和使用能力的提高，无处不在的互联网逐渐减少了城乡农户与消费者之间因为交通、地区等跨地区造成的信息不对称，使食用农产品交易市场逐渐转向透明。借助网络，食用农产品生产者和经营者可以及时获取关于食用农产品的相关信息，减少由信息不对称造成的不必要损失，同时推动食用农产品销售线上与线下的融合（张兴旺等，2019）。

作为 4 个案例企业所处的广东省率先做出了将互联网信息引入到食用农产品市场机制中，支持网络化经营模式，推动现代食用农产品新型经营体系发展。广东省大力发展食用农产品电子商务，紧跟国家农业电子商务示范省建设步伐，借助电商网络平台，不断探索广东省食用农产品品牌，促进食用农产品进城与农资下乡双向互通，引领新型食用农产品经营主体与互联网企

---

① 惠阳建设涵盖平潭、良井、永湖的全产业链优质绿色蔬菜产业园［N］.惠州日报，2019 - 09 - 02.

业对接，推进建设食用农产品冷链物流、信息流、资金流的网络化运营体系，增加食用农产品效益。同时与农业产业化企业打造网络化品牌，促进当地一二三产业融合，加速应用互联网开展品牌宣传，加强地方食用农产品特色、食用农产品地区品牌、特色农耕文化、农业休闲旅游等资源开发，借助品牌优势进行社会宣传，将特色食用农产品打造成为特色产业，从而推动食用农产品质量安全管控广泛化①。

为解决食用农产品流通基础设施落后，食用农产品产销过程中存在的信息不对称、衔接不紧密，食用农产品卖不出去、买不到等问题，广东省根据国务院意见并结合省内食用农产品实际，建设了广东省食用农产品价格信息网。价格信息网运用互联网信息技术、地图展示等现代科技，对食用农产品市场进行重点监测和信息发布，将现有食用农产品价格信息资源进行收集整合，并对食用农产品价格信息和价格行情走势在官网上进行发布，向农户、经营者、消费者提供食用农产品相关政策法律法规。建立食用农产品监测信息采集点，不断增强食用农产品信息方面的监测预警和开发，对食用农产品生产基地、储存基地、销售市场等地生产、库存、销售等情况根据市场情况向社会进行预警，科学分析食用农产品市场信息，为食用农产品市场稳定运行提供信息支撑。

（三）以可追溯净化食用农产品市场环境

互联网和大数据实现了消费者行为数据和经营者、消费者之间交易和产品评价信息的高度积累和广泛利用。条形码、二维码等信息追溯技术在食用农产品质量安全追溯过程中的广泛使用，逐步解决了买卖双方在市场信任和食用农产品质量安全监管环境面临的问题。信息化手段的运用，有助于将食用农产品市场中企业红名单与黑名单进行公示，有助于净化食用农产品市场环境、规范市场秩序。

---

① 唐珩. 粤发布"互联网＋"行动计划［N］. 羊城晚报，2015－9－29.

"二维码食品防伪追溯标签及管理系统"的投入使用，便于消费者对购买产品的名称、认证机构、生产企业、生产基地、产品证书等产品信息进行查询，可以及时反馈关于产品可能存在的虚假错误信息。对于政府监管部门，可追溯等技术的应用，有利于推动监管部门执法的积极性，增强工作人员的反应能力，减少工作压力。农业部新发布要求食用农产品及其农资产品必须向消费者提供可供扫描的产品二维码标签，实现对食用农产品质量安全追溯信息的查询，通过二维码对任意产品赋予单独身份编码，实现一物一码，对食用农产品的生产、存储、流通、销售等环节进行数据收集，有利于建立食用农产品市场规制，肃清食用农产品市场环境。

4 家案例企业所在的中山市、惠州市、云浮市都借助可追溯体系强化责任可究，规范食用农产品市场环境，不断将食用农产品拓展纳入电子追溯体系，不断延伸食用农产品供应链追溯环节，使食用农产品追溯系统与社会管理系统、企业供应系统、民生管理系统进行对接。此外，三市针对不同食用农产品类别追溯码，逐步建立了与认证认可不同追溯码的标识标记制度，便于消费者快速识别；并借助可追溯信息，建立了追溯平台以及食用农产品质量安全企业产业链档案和产品质量失信"黑名单"，采取定时向相关主体发布公告，对消费者进行实时预警的方式，帮助消费者安全消费。同时不断提高可追溯食用农产品宣传力度，提升大型连锁超市、学校、医院等大宗消费团体采购可追溯食用农产品的意愿，打造有利于可追溯食用农产品消费的市场环境；政府适时利用信息化手段整合可追溯数据，将食用农产品执法、日常监管、风险管理等相关数据进同步更新，实现追溯平台对企业红黑名单、食用农产品检测数据、流通数据、执法数据等多数据跨地区、跨部门整合，构建安全市场环境。

由此，可以提出以下关于食用农产品质量安全精准管控的理论内容：内部信息及时发布，支撑精准管控。食用农产品质量安全问题时常发生的原因在于食用农产品自身所带有的经验品和信任品特性，这些特性造成食用农产品交易市场上多个主体间的信息不对称。生产者、销售者在交易过程中具有天然的信息优势，而消费者仅依靠自身经验和外观进行质量信息获取，政府部门一方面迫切希望解决信息不对称问题，另一方面政府本身由于食用农产品种类繁多、追溯困难等原因也存在信息不对称（刘成等，2017）。信息化技术的应用能够将食用农产品质量安全相关的内部信息及时传递给社会大众，从而减少信息不对称现象的发生，促进食用农产品市场健康发展。

信息化管控将"互联网＋"的销售方式引入到食用农产品销售市场，促进了电子商务的快速发展，加速了市场效率，打破了传统交易中存在的时空限制，为小众、分散的食用农产品提供了销售渠道，也为消费者提供了更多选择。消费者可以通过计算机互联网直接与生产者进行交流，直接了解食用农产品情况，减少由于信息不对称造成的信任隔阂，降低生产者、企业、消费者之间的协作成本，实现以消费者需求为中心的食用农产品销售。食用农产品公司将生产、存储信息以及市场销售信息进行整合，成立信息化管理配送中心，将公司线上消费与线下消费融为一体，鼓励越来越多的消费者借助互联网了解农产品，从而避免消费者信息孤岛现象。

人工智能、5S（整理、整顿、清扫、清洁、素养）等全自动化信息技术在食用农产品种苗繁殖、生长、存储、运输、销售等全产业链的应用，促进食用农产品相关信息收集、农业精准作业能力的提高。生产者通过万维网（Web）端后台管理系统、手机网站等多终端多手段协同实现 24 小时不间断、食用农产品全产业链精准管控。生产集团通过企业资源计划（ERP）管理系统对合作农户领取的种苗、饲料喂养、疫苗防疫等养殖信息进行记录，对农户生产情况进行不间断监控，既能够保障产品生产过程的规范，又能够提高公司管理效率，节约管理成本。根据生产者和企业提供的相关数据，案例企业所在地广东省政府借助信息技术对生产者和企业的食用农产品信息进行整合和利用，向社会传递食用农产品价格和质量信息，及时发现和处理食用农产品质量安全问题，为食用农产品质量检测和精准管控食用农产品市场提供信息支撑。

三、精准管控过程数据化

食用农产品全过程供应链存在信息不对称，尤其是在食用农产品生产、流通、销售等内部产业链中的信息沟通不畅以及管控过程缺失等问题，因此建立一个利益相关者共同参与食用农产品质量安全内部管控的大数据平台必不可少。通过大数据平台，可以对食用农产品生产、流通、销售等内部产业链重要信息进行收集和发布，利用大数据对全产业链各个环节进行监测预警，推动各主体之间的交流合作，实现食用农产品从田间到餐桌的全链条内部精准管控。

（一）食用农产品生产管控数据化

目前大数据在食用农产品生产过程中的应用，主要是将生产基地的土壤、水质、病害及食用农产品生产情况等数据信息通过云计算、射频识别技术、通用分组无线服务技术（GPRS）等方式将食用农产品数据传输至数据监控中心，从而借助信息技术进行科学、准确的分析、存储与处理，实现生产过程中精确施肥、自动灌溉、病虫害防治等农产品生产需要（赵瑞旺、满静，2016）。一方面当前我国工业迅速发展所排放的有害物质对农业生产所需要的土壤、水资源造成污染，对食用农产品质量安全造成危害；另一方面食用农产品生产投入品使用不合理，农资质量环境残次不齐，影响食用农产品质量安全的保障。大数据在食用农产品生产方面的使用，可以对食用农产品生产环境进行实时监测，政府部门通过数据整理向社会公布食用农产品生产状况，减少食用农产品质量安全问题。以互联网平台为主要内容的智慧监管有助于建立以消费者为导向的食用农产品全产业链数据化、智能化管控的监测体系，有利于严厉打击食用农产品质量安全违法行为，实现食用农产品全程可追溯和互联共享。

A 公司为保证水产品生产的高质量，2005 年购入了光纤监控系统，从源头加强水产品养殖监管力度，从鱼类种苗开始进行追踪，在种苗孵化场、周边育苗场、养殖基地各生产场地安装电子监控设备进行远程实时监控。与此同时，成立水产品质量监控检测中心，通过数据分析检测水产品本身、水中生长的微生物、农资投入品残留、农药使用检测，对水产养殖过程的鱼种幼苗、水塘环境、水塘周边土壤、鱼类饲料、鱼类成品进行全程不间断监控，提高投入品的有效利用率，降低因农药残留造成的水产品生产环境污染。在生产技术方面，更新自动蒸汽控制阀，改造水循环系统，在物联网和移动终端融合的情况下，质检员通过手机就能监测养殖参数和启动养殖机械，实现对水产品生产的全方位数据化管控。

B公司早在1991年便开始进行信息化建设，2005年公司与金蝶软件公司合作建立了电子商品防窃（盗）系统（EAS）集中式信息管理系统，借助EAS系统实现了对整个产业链的全覆盖；2009年公司提出"权力下放，数据上移"，通过大数据平台实现管理的透明化、精益化。EAS数据平台拥有80多种功能，对应供应链的每一个细节记录，不同岗位拥有不同权限。基于大数据，"猪联网""鸡联网"等物联网被用于农场管理，农户和管理人员通过手机能够随时随地查看农场现状以及环境温度、湿度，远程控制自动喂料、自动喂水、排风、灯光等设备；养户巡查系统可以定位公司技术人员位置，检查技术人员是否下到生产基地进行实地指导，同时上传数据，包括日常进出入基地时间、鸡（猪）采食量、基地环境。食用农产品生产管控数据化提高了生产环节管理的规范化水平，减少了管理漏洞。

C公司在畜禽养殖环节坚持循环立体环保养殖，借助物联网打造自动化控制系统。对于养殖基地的饲料、喂养、通风等程序都严格按照全封闭式自动化控制系统，同时借助数字化监控实现对养殖基地的视频监控，实时掌控栏舍生猪状态。技术人员进出养殖场所需要进行多次消毒、穿戴隔离服预防外部细菌的携带。为保证养殖基地周边环境，公司按照国际标准建造了含有环保设施的生猪养殖线，将排出物进行处理后形成的有机肥用于基地周边的蔬菜基地，实现养殖全过程的循环利用，既保障了养殖的高质量，也维护了生态环境。

D 公司在针对食用农产品生产环节管控主要采取了三项措施：一是注重生产基地的选址。远离工业污染、靠近绿水青山是公司首要要求。其次借助物联网技术对基地周边土壤是否含有重金属污染进行检测，并获取存储土壤温度、湿度、光照等生长需求数据为标准化生产提供数据参考。二是有机肥的使用。为严格控制基地有机肥对蔬菜生产质量安全的影响，公司自建肥料厂供合作农户施用，增强蔬菜吸收能力。三是借助全球定位系统（GPS）技术、机械自动化手段实现对蔬菜生长环境的远程监控，在 GPS 指挥下实施农药的精准喷洒和水资源的精准浇灌，提高农药的利用率，减少农药残留。

（二）食用农产品流通管控数据化

食用农产品从产地到消费者手中，必不可少的便是流通环节，包括存储、运输、配送等多个步骤。物流过程在整个食用农产品流通环节中占据比例最大，物流过程中的食用农产品信息、交易过程信息以及相关供应商的信息对追溯食用农产品质量安全具有重要作用。

由于食用农产品自身所具有的易腐性，因此在运输过程中对温度、湿度等配送要求较高。为保障流通过程中食用农产品质量不受到影响，大数据技术的应用如射频识别技术在食用农产品流通过程中用于搜集食用农产品所需的湿度、温度等数据，并及时调整，降低运输过程中食用农产品的腐坏率。还可以借助 GPS 技术对运输车辆进行追踪，对行车路线进行动态分析，制定最佳行车路线，减少运输时间，确保食用农产品新鲜度。通过大数据建立物流环节追溯信息系统模块来确保流通环节的质量安全，包括车辆管理（车辆信息、车型、车牌号、驾驶员信息）、物流管理（运输环境信息、包装箱或托盘编码、始发地和目的地信息）、存储管理（产品来源、出入库时间和数量、库房环境）等相关追溯信息（见图 4-2）。

A 公司拥有自己的供港澳运输船队、车队、货运码头，每天采用陆运和水运相结合的运输方式，从中山港口和深圳运输高达 110 吨的鲜鱼及鱼制品到香港生鲜市场。公司建有淡水鱼出口专业运输车队、船队，为完善物流运输配送体系，在活鱼运输过程中实施全程封签管理，避免发生鱼类交叉污染。公司在中山海关部门的帮助下在运输船上安装了 GPS，全程对船运航线进行监控，对没有问题的船舶实行快速通关；对中途停航、不在监控范围内的船舶加强监测力度，这一制度的实施使得中山到香港的运输时间缩短了 2~3 小时，既节约了公司运输成本，也为水产品的鲜活、安全、优质提供了时间保障。

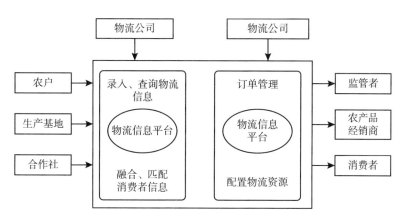

图 4-2　基于大数据的物流管理模型

B 公司在流通质量管理体系方面，建立了线下实体经营的产品物流链，明确产品的流通流程及岗位职责。公司以物流园为核心，对产品运输进行全程冷链管理。园区建立零下 35 摄氏度至 25 摄氏度的存储、配送温控环境，此外与第三方专业冷链物流公司进行合作，在产品运输车辆中设立车载温度计、GPS 定位系统，适时实施对产品运输环境的调整，保障食用农产品在规定安全的温控环境、最短时间、最短路线下送达公司门店，确保食用农产品的新鲜度。

C 公司与科技公司进行合作对公司原有数据管理体系进行升级，为公司到门店物流快捷配送提供了技术支撑，减少物流配送耗时。数据管理体系改变了以往产品配送方式，升级后支持大规模连锁门店配送，数据实时传送使产品信息能够及时反馈到总部和各门店，便于公司总部及时查询产品流通数据。多配送中心、区域配送、二次配送等以总部为中心，多个物流终端配送中心以及以门店为节点的物流配送体系的建成，实现了公司直配直送的食用农产品物流体系，减少了食用农产品因长时间运送造成的损坏，确保了食用农产品的新鲜度和安全度。

D 公司管控食用农产品质量安全既注重"最先一公里"也关注"最后一公里"。对于"最先一公里"的管控，公司在田间建立冷藏设施以及大型空调低温加工车间；对于"最后一公里"，公司建有低温运输车队，完善物流运输配送体系。在食用农产品存储方面，存储冷链延伸生产基地，食用农产品采收时进行遮阴，采收后放入冷库进行降温处理及包装，冷藏车与仓库装卸平台进行无缝对接。借助大数据接受消费者订购信息，利用物流公共信息调整物流运输资源，可以在最短时间内将食用农产品送到消费者手中；公司采用冷鲜冷藏技术，使生鲜食用农产品维持保鲜度，车辆安装电子卡，具备实施追踪能力，可以帮助消费者了解食用农产品物流信息，提高运输效率，减少食用农产品损坏。

（三）食用农产品销售管控数据化

由信息不对称引发的食用农产品质量安全问题层出不穷，一方面消费者对食用农产品质量安全信任度降低，另一方面对食用农产品质量安全要求越来越高，但消费者在市场中处于信息弱势地位，无法获得食用农产品关键信息。随着大数据、云计算等信息技术的发展，食用农产品销售环节开始弥补消费者的信息不足。

以物联网设备、大数据平台为核心，采用电子商务（C2C）模式，条形码、二维码、射频识别技术的应用将食用农产品生产地、生产日期、生产单位、流通单位、销售单位等全产业链信息进行收集处理。通过数据的收集，为每一个食用农产品设立单独的身份证认证，每一个食用农产品都必须具备属于自己的条形码或二维码，供消费者或零售商查询，减少食用农产品可能存在的质量问题。此外，消费者可以通过手机客户端、App 软件、官方网站查询食用农产品相关数据，实现从餐桌到田间的质量溯源。

A 公司借助互联网打造网上专卖店，实现线上与线下结合，探索 O2O 销售模式。线下实行品牌专卖及自提专柜点销售出口同标产品，借助电子标签、二维码、射频识别技术（RFID）实现对所售产品的追溯。消费者既可以通过线上网店对产品进行查询，也可以通过线下扫描产品 RFID 码获取产品来源信息。消费者可以通过微信公众号对产品相关情况进行询问，包括产品类型、产品重量、捕捞时间、养殖单位、养殖基地等产品质量信息。线下消费者购买到包含追溯标签的鱼类商品，可以通过手机扫描到水产品养殖信息以及流通环节。

生鲜电商的发展使得"二维码身份证"开始进入网络销售，B 公司鲜品平台销售的每一只冰鲜鸡鸡脚上佩戴两只脚环，一个是检疫检验脚环，另一个是二维码身份识别脚环。消费者可以扫描身份证脚环进入公司食品溯源系统获取鸡的身份信息，包括品种、出生年月、供应基地、疫苗防疫等。大数据的应用让消费者详细了解食用农产品信息，提高了信息知情权，也让人吃得更安心。

C 公司与大型超市签订合作协议，按照高标准质量体系要求生产猪肉在卖场推出。不论是在公司自有门店还是在合作超市，消费者对于 C 公司销售的产品都能进行从培育、喂养到运输的全程追溯，不仅可以查询到初加工日期、培育种场、养殖猪舍、防疫用药等基本养殖情况，甚至可以追踪猪肉的"家庭情况"。

D 农产品公司为进一步完善食用农产品质量安全管理体系，在公司配送的蔬菜产品方面实现了"一菜一码"。在公司食用农产品配送中心用手机对任何已经包装好的蔬菜进行扫码，便能够查询到蔬菜相关的"身份"信息，这一食用农产品质量安全追溯系统在公司生产基地的产品上已推广使用，通过二维码可以准确地了解到食用农产品具体由哪个生产基地、农户进行种植，是否使用过有害农药，便于追究质量安全责任。

由此，可以提出以下关于食用农产品质量安全精准管控的理论内容：过程实时监控，保障精准管控。食用农产品质量安全精准管控是一个复杂的系统问题，涉及到食用农产品的各个层面各个环节，每个层面和环节拥有不同的处理数据，数据存储机构不一样导致管控数据出现"孤岛"。传统的食用农产品质量管控因为数据庞大，食用农产品质量安全产生源头纷繁复杂，在管控方面存在诸多不便，随着大数据的发展，国家治理体系改革，食用农产品质量安全管控工作出现变化。

数据化管控使企业、政府部门借助大数据技术，收集食用农产品动态化信息进行随时追踪，无论是生产、运输还是销售都能进行实时管控。传统管控模式由于数据缺乏多侧重于事后管控，当食用农产品质量安全事件发生之后，相关部门才介入，敦促行业进行自纠自查。数据化管控关注事前预测，企业对食用农产品数据进行录入并传输给数据监管平台，政府则通过数据平台进行监督做到事前预防。案例企业通过大数据平台实现了食用农产品生产、运输、销售的精准管控，对各个环节进行了监测预警，及时收集、处理数据，避免了消费者安全隐患。

大数据技术与食用农产品质量安全管控的耦合有助于精准识别鱼龙混杂的舆情数据，辨别数据存在的价值性，在处理安全事件时能迅速控制舆情事态，及时传递真实信息避免市场恐慌；也有助于整合横向不同政府部门之间的数据以及消费者、企业间的纵向数据，形成多主体、多层级、多方面的数据共享机制和追溯平台，从而促进决策的精准性。食用农产品公司利用大数据，发挥数据辅助作用，通过信息系统的横纵向整合，实时获得产品采购数据、销售数据等重要数据，为公司决策制定提供了依据。

大数据时代下信息公开透明，消费者能够借助相关渠道获取食用农产品安全信息，可以减少信息不对称现象，鼓励消费者参与食用农产品多元管控。以数据为中心的多主体管控平台，自动化的数据采集帮助消费者通过手机 App 扫描二维码查询产品产地、品牌、质量安全等信息，也可以向企业和政府进行意见反馈；政府通过消费者反馈进行快速筛选，实现与消费者的信息交流，对食用农产品安全进行预防，并借助数据分类，查找食用农产品安全事件发生的环节、责任主体，实现责任管控的精准性（见图 4－3）。

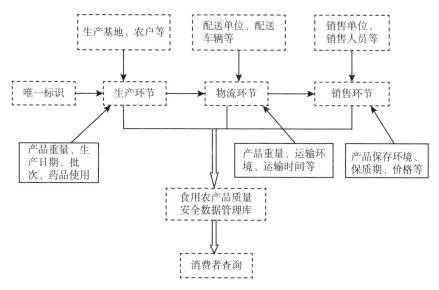

图 4－3　食用农产品数据化全程追溯模拟系统

资料来源：笔者整理。

四、精准管控效能最大化

（一）公司企业声誉溢价

企业声誉资本是社会大众长期以来对企业形成的综合印象，是企业的无形资产。企业声誉资本包括知性声誉资本和情感性声誉资本，知性声誉强调企业的经济实体真实状态；情感性声誉资本则强调社会大众对企业形象的感知（尚海燕，2019）。

正面的企业社会责任信息会提高企业声誉资本，同时也将向消费者传递食用农产品质量安全信息，企业则可获得声誉带来的溢价。企业社会责任主要包含经济、法律、道德、慈善四个方面。通过四家企业公布的社会责任信息，可以看见在经济责任方面，四家公司自成立以来，各自从蔬菜种植、水产品养殖、畜禽养殖进为新农村建设做出贡献。随着企业规模的扩大各公司开始涉及与畜牧养殖相关的各行各业，形成了农牧机械设备制造、生物制药、畜禽繁育、畜禽养殖、食品加工、生鲜营销的食用农产品全产业链，甚至借助产业园打造健康生态经济发展模式，促进了一二三产业融合。在法律责任方面，各公司严格遵守国家法律法规，始终坚持将诚信、守法经营作为企业健康发展的必要条件，在与合作伙伴签订重大合同时，坚持法律专业人员指导，保障合作伙伴的合法权益，对于合作内容坚持诚信履约，保障企业运营的合法合规性。在道德责任方面，各公司坚持公平竞争，以"提供'从农场到餐桌'全程监管、无缝对接的食品"为核心价值，打造高质量食用农产品品牌。坚持绿色养殖，生态为重，积极响应国家政策，践行绿色发展理念，遵循"资源化、生态化、无害化、减量化"原则，建立环保管理体系。在慈善责任方面，B公司在1996年便成立了慈善基金会，截至2017年，公司向慈善基金会累计捐款数额已达1.6亿元，基金会用于奖助教学、新农村建设、赈灾等公共事业方面总金额约为3400万元。C公司投资建设村民文化广场、改造农村生活垃圾回收站、成立福利基金会为60岁以上老人每月提供400元生活补助，为乡村道路、自来水建设进行捐资。各公司积极开展志愿者服务，利用公司的资金优势，在教育、新农村建设、疾病救助、敬老爱老、赈灾及生态保护方面开展公益活动。四家企业在企业社会责任方面展现出积极的责任姿态，在各个方面都做出了表率作用，深入贯彻落实了当代社会主义核心价值观，为消费者提供了放心安全的畜禽产品，展现了优秀的企业形象，提升了消费者购买公司食品的意愿。

正面的社会责任形象使得企业在市场竞争中获得较高的"货币选票"，消费者在面对无法分辨质量安全的食用农产品时，则倾向于选择具有市场美誉的企业品牌，企业也能适时地将食用农产品质量安全信息传递给消费者，使消费者在购买企业产品时具有较高的支付意愿，最终推动企业食用农产品产生溢价，相关生产经营者也能获得高利润。

（二）政府公共利益获得

在利益相关者精准管控食用农产品质量安全中，政府利益与社会公共利益的形成格局是，地方政府通过行使公共权力在多元管控主体中进行利益和资源分配，初步满足自身利益需求，更进一步实现社会公共利益。政府利益主要包括：（1）农业产业化企业食用农产品生产基地建设获取的土地转让使用权出让金。随着农业产业化企业在广东省的落户和发展以及税制改革，生产基地土地收益成为食用农产品产出地地方政府为提供公共服务所需的主要经济来源。以 C 公司、D 公司所在地惠州市为例，惠州市曾在 2014 年对 633 公顷梁化镇食用农产品深加工项目进行招商融资，这一举措既引进了食用农产品加工单位的落户，也增加了政府收益。（2）地方政府良好的公共形象。我国农业目前正处于实现乡村振兴、加快农业农村现代化的关键时期，实施质量兴农战略，增加优质食用农产品和农业服务供给，有利于满足不同层次的消费需求，增强人民群众的幸福感和获得感。在不断提高食用农产品质量安全的时期，地方政府与农业企业进行合作，借助企业社会资源，打造食用农产品质量安全保障典范城市，既可以实现对食用农产品质量安全的管控，也可以实现对公共形象的追求。（3）地方政府政绩诉求。加强食用农产品质量安全管控，实施质量兴农战略能够使地方政府在经济增长、财政收入、社会稳定方面获得政绩诉求。惠州市截至 2018 年建成现代农业示范基地 120 个，农业龙头企业、农民专业合作社分别达到 280 家、2236 家，新增国家地理标志农产品 2 个，66 家以上规模生产经营单位纳入食用农产品质量安全追溯体系，溯源产品达 446 个，480 家重点品种企业纳入省食品安全追溯系统平台，有效地促进了当地食用农产品经济效益的增长。

(三) 农户年均收入增加

小农经济规模经营的问题是食用农产品市场长久以来面临的困扰，制度因素以及资源条件的制约，单个农户农产品经营无法应对信息社会的高昂成本、技术更新以及市场风险，这就造成了农户在一定程度上节约生产成本，从而引发食用农产品质量安全问题。农业产业化企业实行的利益相关者合作经营方式为农户规避了市场风险，增加了家庭收入，尤其对于贫困家庭来说加入企业合作模式是脱贫致富的新途径，也降低了食用农产品质量安全发生的概率。

A 公司秉持着"自己好不行，大家好才是真的好"，由原来的"公司+农户"发展为更为发散的"公司+基地+养殖户"的辐射模式，带动公司周边 12 个乡镇数百养殖户发展，承担中山市渔业科技推广的责任，每年选取 100 户养殖户与之签订技术指导合同，公司派出技术员进行一对一教学，以养殖户带动周边，带领大家实现科技增收。

B 公司"公司+农户（家庭农场）"的合作模式，开辟了新的利益分配机制，帮助农户规避了市场风险，最大程度地保障了家庭农场的收益。精准扶贫是实现乡村振兴的关键之处，B 公司坚持因地制宜，2018 年在分公司所在地根据当地贫困户养殖业发展状况建档立卡贫困人口 100563 人，贫困人口在公司和政府的帮助下获得无息贷款用于开展养殖业。贫困户可以根据自身条件参与"定制式"扶贫模式来实现短期增收、中期脱贫、长期致富。2018 年 8 月，河源市紫金县南洋村举行扶贫产业现场分红大会，以"公司+农民专业合作社+贫困户"的合作模式为 33 户建档立卡贫困户（114人）发放分红收益 48000 元，为贫困户提供了劳务收入和效益分红，也提供了增收保障，有助于贫困人口顺利脱贫。

C 荆州分公司推出"龙头企业+专业合作社+贫困户"的合作养殖模式，2016 年通过合同联结方式帮助 4240 户合作农户增收；2017 年 8 月，随着五群养殖专业合作社的投产，为村集体增加年收入 12 万元；2019 年在公安县 9 个乡镇完成 15 个合作社的建设，鼓励贫困户参与养殖，采取公司代养的模式，保证每年固定资产 15% 的分红（33.75 万元/年）给贫困户。公司整合资源，打造放心、健康的生产加工基地与工业旅游基地，为农户提供工作岗位、培养合作农户使他们能成为懂技术、会经营的新型职业农民。

D 公司"公司 + 合作社 + 基地 + 农户"的联农带农机制，以企业带农户，将农户并入企业的发展规划中，帮助农户增收。2016 年公司与 5000 多户农户进行合作，为农户提供菜苗和技术，使得农户年收入由千元上升到超过 4 万元。2018 年，广东省省级现代产业园惠阳区蔬菜产业园又新增带动周边 1700 多农户参与公司蔬菜产业化经营，此外还提供了 1000 多户农户就业，蔬菜园土地租金也由此前约 40 元每公顷涨到现在约 100 元每公顷，都给农户带去了不少的收益。

生产基地的落户带动农业相关产业链的发展，对规范食用农产品质量安全、贫困地区的经济发展和新农村建设都起到推动作用，在以农业经济为主的贫困山区弥补了当地经济基础的不足，为缺乏就业技能和就业渠道的贫困人口带去了生机。"公司 + 基地 + 农户"的合作模式现代技术的应用，改变了传统的人工劳动模式，成本与利润呈正比的生产模式的推广使得优质产品的生产意识逐渐深入生产者思想；分工协作的生产方式提高了资源利用率，增强了农户抵御风险的能力，促进了食用农产品生产过程的标准化和生产成果质量的可追溯。

（四）消费者知情权保障

在食用农产品交易市场中，生产经营者往往享有食用农产品从生产到销售的全产业链信息优势，而消费者则处于信息被动状态。部分食用农产品生产经营者为实现自身利益的最大化，甚至采用虚假信息损害消费者对产品的知情权。信息不对称是市场交易过程中无法避免的问题，因此生产经营者的主动披露和诚实经营是目前保障消费者知情权的首要方式。

加强对食用农产品质量安全的精准管控，建立健全食用农产品全产业链信息化和数据化追溯，对于消费者了解企业产品，确保知情权起到了重要作用。四家案例企业为保障食用农产品质量安全、向消费者提供产品信息，借助互联网、大数据、二维码、手机 App 等平台，在产品包装上采取条形码、二维码形式将公司生产的产品信息进行录入。消费者在购买案例企业相关产品时，可以通过手机进行扫码验证，获取食用农产品的生产农户、生产基地、检验员、农药化肥施用信息等来实现消费者对产品知情权的保障。为更好地推广食用农产品提升市场竞争力，B 公司每年都组织消费者参观养殖基地，查看养殖环境，增强消费者信任；D 公司打造农业公园，每年接待游客超 60 万人，并借助旅游平台向消费者科普农耕文化、农业生产、食用农产品加工及展销等方面知识。企业为推广产品所采取的措施一定程度上促进了消费者对产品信息的获取。

消费者知情权的保障除了依靠生产经营者的主动展示之外，政府信息的积极公示和监管方式的变革也将发挥重要作用。惠州市政府为贯彻中央一号文件，全面提升食用农产品质量安全，建立了全程可追溯、互联共享的追溯监管综合服务平台。"追溯平台"综合了生产信息、检验认证、品牌建设、防伪标签、物流过程、大数据分析、地理信息系统（GIS）位置、线上电商等多种功能，遵循一物一码原则，每个食用农产品都拥有独一无二的"身份证"。消费者可以通过手机和电脑查询到食用农产品详细信息，甚至包括龙产品龙头企业、合作社、品牌产品、三标一品认证等信息（缪建平，2017）。目前部分消费者已养成买菜扫描二维码的生活习惯，主动关注食用农产品从田间到销售的全链条信息，尤其关注农药化肥的施用情况。

消费者享有了解其购买、使用产品真实情况的权利，这是国家法律赋予每个消费者的重要权利。市场信息不对称的不可避免性导致消费者知情权受损，但随着食用农产品质量安全管控的重视，信息技术和大数据分析的发展，使消费者一直想要关注并获得的食用农产品正面信息和负面信息都能通过互联网、手机进行查询。很大程度上减少了因信息不对称而产生的食用农产品潜在安全风险，保障了消费者对食用农产品信息的知情权，避免了食用农产品质量安全事件的发生。

第四节　案例研究结论与实践启示

一、研究结论

食用农产品质量安全与广大人民群众身体健康、生命安全密切相关，关系着乡村振兴和全面小康的实现。在研究过程中，发现管控食用农产品质量安全需要发挥利益相关者的功能。农户与企业是食用农产品生产的关键；政府管控是重要保障及支持；消费者支付意愿与企业经济利益实现是管控动力。只有保障利益相关者的利益需求，才能够实现食用农产品质量的精准管控，从而实现高质量供给。

基于对国内外文献的分析以及本研究的实证调查研究，得出以下主要研究结论：

第一，食用农产品质量安全问题是关系全球社会发展的公共问题。我国正处于全面建成小康社会的关键时期，乡村振兴与质量兴农战略的提出，使得食用农产品质量安全问题成为我国亟须解决的问题。在如何管控食用农产品质量安全的研究中，具有话语权的龙头企业与生产者、消费者等产业链内部主体与政府等社会主体之间的合作显得举足轻重。因此，本研究从食用农产品企业出发，与政府、农户、消费者搭建良好的合作关系。研究发现，只有内部管控主体与社会管控等利益相关者之间关系的高效发展，才能够实现食用农产品全过程无死角的精准管控，使产业链高质运行，以此达到食用农产品安全供给。

第二，食用农产品质量安全精准管控具有长期性和发展性特征，需要各主体长期积极参与。在此过程中不仅需要企业加强自身技术、管理规范还需要增强企业社会责任感，更需要发动消费者、社会组织等不同主体来构建食用农产品质量安全精准管控模式。但散而多的农户生产者目前仍然占据食用农产品生产主要部分，这一因素使得食用农产品质量安全在生产源头具有不稳定性。因此需要不断探索适合社会发展的生产模式，以"公司＋农户""公司＋合作社""公司＋生产基地"等多种合作方式促进农户生产规范化，与龙头企业共同构成我国食用农产品生产的重要部分，这一合作对食用农产品质量安全从生产源头进行精准管控具有重要意义。与此同时企业与科研单位进行合作，不断完善追溯技术，提升质量检测水平，对食用农产品质量安全同样拥有重要作用。

第三，信息技术的发展为食用农产品利益相关者实施精准管控提供了可操作性。以食用农产品产业链管理为基础，借助现代互联网信息技术，发挥政府在食用农产品方面的政策以及管控引导作用，通过食用农产品可追溯标识达到责任追究以及消费者参与的目的，提供全过程的质量监控，实现政府管控与市场发展以及食用农产品管控利益相关者行为融合。食用农产品的"身份"标识与信息技术是首要前提，没有产品标识就无法实施责任追究，生产经营者就无法实施高质生产；政府的信息管控与消费者购买是安全保障，只有有效管控才能促成责任追溯，此外，消费者根据生产信息进行购买才能促进生产行为的改变。

由以上研究结论，本研究获得了食用农产品质量安全精准管控理论构建模型，如图4－4所示。

二、理论贡献

针对我国当前以政府管理为中心，排除社会公民与其他社会主体参与的社会管理模式，谭晓辉等（2012）提出政府管理应该与公民、其他主体、社会组织进行合作构建多元共治社会管理。在食用农产品质量安全管控方面，越来越多的学者也认识到这点，研究视角逐渐从政府向生产者、消费者扩散。就政府监管研究方面来看，张晓涛（2008）、刘亚平（2009）、颜海娜

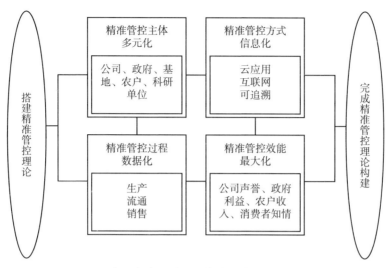

图 4 - 4　食用农产品质量安全精准管控理论构建模型

（2010）等梳理了政府监管的发展历程，分别从政府质量管理、监管机制改革、监管职能三个方面总结了政府监管存在的问题，并提出了建议。从食用农产品生产者方面来看，王可山（2010）、陈丽华（2016）、程杰贤（2018）等整理了生产者关于食用农产品质量安全影响因素主要包括生产者家庭收入、接受文化程度、家庭可负担系数、市场价格预期，提出了激励农户参与食用农产品质量安全的政策建议。从食用农产品消费者方面来看，赵荣（2011）、陈小静（2011）、李雅娟（2019）等整理了消费者对食用农产品购买意愿的影响因素，其中主要包括消费者对相关政策的不信任、个体认知程度不高、接受质量安全信息的渠道、家庭观念因素，提出普及食用农产品健康消费观念等政策建议。除此之外，还有少部分学者对食用农产品物流环境进行了研究，张晓旭（2019）等从食用农产品所具有的易腐性以及冷链物流的运输环境的复杂性进行了分析，提出了相关政策建议。随着社会管理多元化模式的出现，就食用农产品质量安全管控而言，尽管研究方向发生变化，但整体上仍专注于政府对生产者、消费者的外部约束，忽视了产业链中具有重要作用的企业对食用农产品质量安全的主动作用以及与食用农产品相关的利益相关者作用，同时也忽视了对食用农产品管控信息工具的关注，这些显然与社会发展潮流相悖，也无助于构建更安全的食用农产品安全环境。

因此为探讨更适合我国食用农产品管控的理论，本研究在吸收借鉴了其他学科理论知识的基础上，构建了以企业积极承担社会责任与利益相关者运用大数据、互联网、物联网信息技术手段参与食用农产品质量安全的内部精准管控以及以政府为中心借助云应用、可追溯技术实施食用农产品的社会精准管控相融合的管控理论，将食用农产品质量管控责任落实到社会中的每一个主体，最大化地实现精准管控主体效能。此外，在对优秀农业产业化企业保障公司食用农产品质量安全所采取的措施和收集到的相关数据资料进行分析后，总结了食用农产品质量安全精准管控的相关理论经验：多利益相关者的稳定合作、全产业链的信息化管控、全过程的数据化管控、最大化的多维合作效能都需要从食用农产品的生产、流通、销售过程入手，实时运用云应用、物联网、大数据、区块链等高科技，才能实现对食用农产品质量安全各单元的精准、高效管控。在这一层面来说，丰富了我国智能化、信息化等前沿技术在食用农产品管控过程中的运用理论，实现了从多个利益相关视角、不同理论基础、不同管控模式研究食用农产品质量安全管控，为我国精准管控食用农产品质量安全提供了可参考的管控模式。

三、实践启示

本研究探讨的以供港澳龙头企业与利益相关者联结的食用农产品精准管控主体，确保了组织结构的稳定。这种管控模式解决了因单个农户生产者所带来的食用农产品生产源头安全风险，企业与农户签订合约，提供技术支持，最大限度实现了从生产到销售的全过程质量管控。凭借资金、技术、管理实施全过程质量管控，政府提供财政、政策支持鼓励企业生产优质食用农产品，借助大数据可追溯平台对市场运行进行管控，营造良好的市场环境。这些共同价值观促成了稳定可持续的食用农产品精准管控运行，这种管控方式值得内地各食用农产品企业及政府学习借鉴及运用，保障消费者购买优质食用农产品的合法权益，实现利益相关者的长久共赢。此外，通过对案例企业的研究发现，为更好地推广食用农产品的精准管控工作，需要从以下三个方面入手为食用农产品质量安全精准管控工作提供支持。

（一）加强信息化人才培养，提高人才数量和质量

食用农产品质量安全管控信息化人才的培养，既要注重人才数量也要密切关注培养质量。农业信息化人才对实现质量兴农、乡村振兴都具有非常重要的作用。对于人才的培养主要从三个方面着手：

首先，提高对信息化人才培养的重视。食用农产品质量信息化人才的培养对我国农业发展是长远有利的战略规划。政府要从政策层面上引导信息化人才的培养，深入调查当地从事食用农产品质量安全的信息化人才现状和困境，加强对食用农产品信息化人才需求的宣传，充分调动当地高校、农业研究所等单位参与人才培养，政府给予政策或资金帮扶，为农业信息人才的培养营造良好的社会环境。

其次，加强高素质复合型人才培养。根据不同农业层次需求采取不同的培养方案。对于高校农业专业人才培养，各大高校应根据国家质量兴农战略规划、乡村振兴等政策，适当增设相关专业课程，扩大农业食用农产品信息技术类学生的招生，为食用农产品农村发展提供人才储备。在专业设置方面要坚持理论与实践相结合、信息与农业相结合原则，注重专业素养与实践能力的全面发展，为社会输送食用农产品质量安全信息化管控的高质量复合型人才。

最后，加强低端熟练性技术人才培养。农户是食用农产品生产的第一线，提高农户等生产人员的信息化能力是保障食用农产品质量安全的根本。地方政府与基层信息单位、高校等积极开展食用农产品质量安全信息化人才

的培训，定时聘请相关专家为农户举办讲座，向农户推广信息化技术的同时发掘食用农产品质量管理人才，组织学习能力强的农户进企业、学校进行专业学习，为食用农产品生产第一线培养拥有熟练技术的信息化人才。

（二）建立区块链技术追溯体系，完善食用农产品信息

区块链技术的防篡改、分布式、加密性、共识机制、可追溯性既可以防止食用农产品质量安全信息的篡改和泄密，也可以通过去中心化网络特性解决食用农产品追溯过程中面临的数据孤岛问题，从而避免生产环节与实际销售数据脱节的状况，提高食用农产品质量和溯源技术。

根据食用农产品质量安全追溯体系的发展状况，保证食用农产品质量信息的真实可信来提高精准管控的程度，按照区块链架构（物理层、数据层、网络层、应用层）建立食用农产品质量安全溯源体系。物理层又是数据采集层，对食用农产品的生产加工、运输过程、销售购买全过程进行记录，时间戳技术、梅克尔树的数据结构模式的应用使得信息一旦输入到数据库网络便无法进行篡改。

数据层通过区块头＋区块体的保存方式、哈希算法和盖入时间戳的信息加入方式为信息进一步加密。通过建立分布式的存储数据库，非对称加密与时间戳技术的应用为任一交易记录建立独一无二的密钥，其信息记录具有高透明性，食用农产品的交易数据可以供合法用户进行查阅，为交易信息安全奠定了共识基础。

网络层是在接收到交易请求后，第一个发现交易节点的食用农产品单位可以对当前区块的交易形式记账权。网络层利用共识机制以算法函数为基础运算出一个满足访问权限的随机数字并对此次所需记录的数据进行传输①。区块链所有的去中心化和防篡改性特征保证了食用农产品网络数据的整体

---

① 张利，童舟. 基于区块链技术的农产品溯源体系研究［J/OL］. 江苏农业学：1－5［2019－09－05］. https：//doi. org/10. 15889/j. issn. 1002－1302. 2019. 13. 059.

性，一旦有质量安全信息篡改现象发生将被剔除节点，因此可以将政府部门和各主体纳入节点对食用农产品质量安全信息进行不同权限管理。

应用层是生产者、消费者、政府等多主体可以通过 App 或互联网接口对食用农产品质量信息进行直接查询或者对交易信息进行输入的渠道。应用层将输入信息再传回给网络层以此提供溯源信息查询。区块链技术模型的建立，借助加密函数算法、时间戳技术、共识机制为食用农产品质量安全信息提供了全程不可篡改性追溯，保障了市场与生产数据的一致性。

（三）完善食用农产品管控法律法规，明确责任主体

完善食用农产品质量安全法律法规，坚持以"互联网＋"时代为基础，以信息化为中心，以遵循信息公开共享、公众参与、法律责任划分明确为原则，食用农产品相关主体责任一视同仁。借鉴发达国家将大数据、信息化应用在食用农产品管控方面的法律实施经验，弥补我国在大数据治理食用农产品方面的不足。

明确食用农产品生产主体责任。在对家庭农场、生产大户等大规模生产经营主体建立食用农产品生产档案、引导规模化制度化生产的同时，逐步将分散的农户生产主体责任纳入法律管控范围，加大对生产经营主体不规范生产的处罚力度。所有生产主体都必须遵循《农产品质量安全法》，不得将农户责任与其他大规模主体责任进行区分，在没收违法所得、罚款数额设定方面必须坚持一致。

继续完善食用农产品管控体制相关法律。一方面要加强对食用农产品检测激励措施推广，降低检测成本提高检测效率，推进检测认证相应的法律法规改革。尤其是加快完善关于农药化肥管理条例、添加剂等法律法规。另一方面要明确规定食用农产品质量安全管控所需的资金政策、扶持方式，政府管控部门的工作责任与权限、实施手段和管控对象，避免多头管理和权责模糊不清现象的出现。

颁布大数据、信息化相关法律法规。食用农产品电子销售成为流行趋

势，与此相关的农户、生产者、企业、政府法律责任需要进行重新界定，将大数据引入到食用农产品溯源工作，实现对食用农产品的全过程监控。在针对大数据与食用农产品质量立法的过程中，政府要严格规范食用农产品数据采集、分析过程，立法要贯彻落实科学性、合理性原则，对可能出现的主体隐私泄露问题必须有明确的法律援助。

第五章　食用农产品质量安全精准管控的动力机制

第一节　食用农产品质量安全精准管控动力机制分析

一、食用农产品质量安全精准管控动力机制的多维审视

当前食用农产品质量安全精准管控动力机制不够完善。从主体利益的角度来看，当前的动力机制还没有针对利益分配和整合构建一套完整的机制，对于主体权责利的划分也不明确；从行政推动角度来看，政府主体始终加大对食用农产品质量安全治理的力度，构建了一套较为成熟的治理体系，但对于精准管控的实践还不够多，且停留在一些基础性的实践，无法满足和适应当前复杂变化的环境，如食用农产品质量安全网格化治理；从管控压力角度来看，当前的食用农产品质量安全管控现状对各类主体都造成了巨大的压力，但这种压力与治理之间没有形成一个很好的良性互动机制；从管控保障角度来看，政府主体对于食用农产品质量安全精准管控的保障从人、财、物、法律等多个方面进行，但保障还不全面，对于信息数据技术的保障还缺失，对于每一个保障领域没有建立起完善的机制；从社会心理认同的角度来看，社会公众对于食用农产品质量安全精准管控的了解还不够，对于各类主体参与管控的行为还没有完全认可。可以说，当前食用农产品质量安全精准管控动力机制还十分不完善，构建一个依托信息数据技术的面对新条件、新

形势、新环境的食用农产品质量安全精准管控动力机制迫在眉睫。

(一) 基于主体利益维度的精准管控动力不足

在某种意义上讲，利益等同于好处，是人们对于一定对象的客观需求的追求，目的是为了满足生存和发展，这种追求受制于客观规律。而经济利益与精神利益的矛盾、集体利益与个人利益的矛盾，是导致食用农产品质量问题出现的根本原因，也是精准管控能否实现的关键因素，因此营造良好的食用农产品质量安全环境和推动食用农产品质量安全精准管控都需要解决上述矛盾。

当前，食用农产品质量安全精准管控主体追求的利益存在一定差异性，这种差异性的存在是正常的，主要是主体的权责不同导致利益目标的不同造成的。但当前基于主体利益维度，食用农产品质量安全精准管控的动力机制存在的突出问题之一就是管控主体盲目逐利。不同的主体追求的利益是不同的，但在逐利过程中都存在不同情况的盲目逐利。

对于政府主体来说，政府主体违背市场经济规律过度规制和干预，行政推动反倒成为阻碍，比如在食用农产品价格管制中，首先是应当去挖掘食用农产品价格波动的原因和实质，再考虑是否有必要采取相应的措施进行价格管制，但当前政府在进行价格管制时经常采取不合理手段，导致破坏食用农产品价格波动释放的信号，对中小型食用农产品企业和家庭农产、农业合作社造成了很大的价格挤压和利益受损。

对于市场主体来说，经济利益是其最大的驱动力，市场主体在追求经济利益的过程中经常出现问题，这也是食用农产品质量安全最大的风险之一。例如，生产者为了降低成本、提高产量，在农产品种植和喂养过程中使用违禁农兽药品，大量使用违法手段来生产不合格农产品；经营者为了经济利益，采取各种手段逃避监管。

对于社会主体来说，其也是重要的管控主体，盲目逐利的情况也时有发生，涉农研发机构在研发农兽药时，存在与生产者勾结的情况，生产、研发低成本违禁药品共同牟利；对于行业相关协会而言，在参与管控过程中不被公共利益所驱动，在行业标准制定、专业人才吸纳方面有待提高；而媒体机构在利益追逐的过程中不够客观规范，随着新媒体的诞生，新媒体在很多关于食用农产品质量安全事件的报道上不客观，甚至捏造事实盲目引导社会公众，盲目追求利益，博得关注量和流量。

主体盲目逐利导致食用农产品质量安全环境恶化，治理效果不佳，充分体现了基于主体利益维度对于食用农产品质量安全精准管控的动力不足。

（二）基于协同联动维度的精准管控动力不足

从当前食用农产品质量安全管控的情况来看，政府的行政手段是治理的重要推动要素，但治理不精准、协同困难的问题导致行政手段没有发挥最大的推动作用。从精准管控的角度来看，当前对于信息数据技术的运用不充分，导致食用农产品质量安全风险防范能力较差，面对复杂多变的治理环境，很难系统及时地发现问题和问题本质，大多都是问题出现后再采取措施进行治理，缺乏对风险的精准预判能力和对政策的精准匹配能力。精准管控有三个特点：一是治理的主动性；二是治理的精准性；三是治理的科学性。就当前的治理效果和现状来看，在这三个方面都存在较大问题。

从协同治理的角度来看，在食用农产品质量安全精准管控的过程中主体的协同联动较困难，主要存在以下几个问题：一是政府主体职能交叉或缺位，在政府主体内部，对于食用农产品质量安全监管的部门有很多，在没有出现问题时各个部门可以做到各司其职，但问题集中爆发时，部门间会存在相互推诿的现象，导致食用农产品质量安全环境进一步恶化；二是管控主体权责不明晰，食用农产品质量安全精准管控的主体存在多元化的特点，各类主体的权责没有明确是导致协同联动困难的重要原因，这会导致治理存在盲区，也会导致主体间诚信缺失；三是协同联动的观念不深入，"一元治理"时代政府单一主体管控的模式和思想的影响对治理的发展有着一定阻碍作用，管控主体过分依赖政府主体，导致协同联动困难。

管控精准化程度不高、协同联动困难充分体现了基于精准协同维度对于食用农产品质量安全精准管控的动力不足。

（三）基于管控保障维度的精准管控动力不足

保障在汉语词典中有三种释义：第一个释义是保障权利、生命、财产等，使之不受侵害；第二个释义是确保，保证做到；第三个释义是起保障作用的事物。在社会科学研究领域中，主要使用第一个、第三个释义。保障的延伸解释是，为了完成某项任务或者达到某种效果而采取一系列手段和办法。对于食用农产品精准管控的现有保障主要是从人力、财力、物力、技术和法律方面的保障，但当前的管控保障在力度上还远远不够，保障还不够精准、全面，以政府财政投入为例，2017 年湖南省安乡县财政对农产品质量安全治理的专项经费是 25 万元，直接拨付给农业局，其中 15 万元主要用于澧陵大市场的农残速测，10 万元用于生产基地及其他农贸批发、宾馆、超市农产品质量监管和乡镇监测工作[①]。2011 年是 20 万元，7 年的时间只递增 5 万元。湖南省安乡县位于常德市，是洞庭湖冲积平原中的一个纯湖区农业大县，是全国商品粮基地，截至 2018 年末人口为 54.09 万人，据此计算 2017 年农产品质量安全人均投入仅为 0.46 元，而 12 个乡镇农产品质量安全监管经费合计仅为 10 万元，由此可见，政府投入严重不足，资金来源十分单一。现有的食用农产品质量安全精准管控的保障对管控的推动力明显不足。

（四）基于管控压力维度的精准管控动力不足

压力在汉语词典中有物理和精神上的两种释义，在心理学上，压力被定义为心理压力源和心理压力反应共同构成的一种认知和行为体验过程。通俗地讲，压力就是一个人觉得自己无法应对环境要求时产生的负性感受和消极

---

① 安乡县人民政府. 对县政协九届三次会议第 29 号提案的回复 [EB/OL]. (2018－11－20). http://www.anxiang.gov.cn/c124/20181120/i272142.html.

信念（曹连雪，2014）。食用农产品质量安全精准管控所有主体在面对做好精准化管控时，因为食用农产品质量安全环境的复杂化和对于管控精准化的更高要求，面临来自各个方面的管控压力增大。然而，管控主体在面对压力时，压力不但没有充分转化为动力，反而在强压下出现责任缺失、盲目逐利和消极面对的情况。以政府主体的政绩压力为例，政绩压力会对食用农产品质量安全精准管控造成严重影响，当前环境下，巨大的管控压力使部分政府主体的政绩观发生了变化，为了谋求政治利益，盲目追求浮在表面的"安宁"和在信息不对称背景下人民群众的满意度，在管控力度、方式、积极性上大打折扣，严重威胁着人民群众的生命健康和安全；以媒体机构为例，社会主体同样是食用农产品质量安全精准管控的重要主体之一，在面对管控压力时，部分媒体机构没有去深入挖掘新闻事件、没有去关注治理现状，采取造谣的极端方式来获取利益，如"45 天出笼的白羽鸡，是激素催大的吗""又红又甜的西瓜是被打了针"[1] 等假新闻频繁在微信朋友圈转发，严重破坏了人民群众对于管控主体、食用农产品质量安全的信任。基于管控压力的动力不足是当前食用农产品质量安全精准管控动力机制的重要问题之一。

（五）基于心理认同维度的精准管控动力不足

心理认同是从认知到同化的心理过程，是建立在认识了解的基础之上的，经过深入思考和判断后产生认可和赞同（刘筱婕，2016）。心理认同一般也会对行为产生影响，即行为最终会和认同的结果保持一致。心理认同是个体心理在成长过程中动态的、逐步推进地对认知客体的认识和情感的一致、思想与行为的一致等多方面综合作用的一个感悟过程。通俗地讲，心理认同就是认知主体对认知客体产生认可赞同的一种心理状态，这种状态一般会产生肯定性的、信任的、积极的情感，同时又会转化为认知主体的行为的驱动力。从心理认同的概念来看，包括以下两个方面的认同：理性认同、情

---

[1]　马昌. 农产品质量安全十大谣言曝光［J］. 农村·农业·农民（B 版），2017（7）.

感认同。

对于当前食用农产品质量安全精准管控动力机制来说，社会的理性认同和情感认同都严重缺乏。理性认同缺乏是指社会对于食用农产品质量安全精准管控的目标和方式缺乏客观性的认同，在当前的环境背景下，社会公众对于食用农产品质量安全精准管控的认知还不够，对治理目标的共识没有在行动上体现出来，导致客观上对食用农产品质量安全精准管控缺乏认同感，这是对管控主体激励缺失的一种表现。情感认同是指社会公众在参与监督治理和认知治理过程中，逐渐形成的信任、满足，当前社会公众认知食用农产品质量安全精准管控不够，参与监督少之又少，导致社会公众对管控主体和安全环境缺乏信任，对生活质量与健康要求缺乏满足感。理性认同和情感认同的缺失是社会心理认同缺失的两个方面，这也是基于心理认同维度动力不足的表现。

二、食用农产品质量安全精准管控动力不足的成因分析

食用农产品质量安全精准管控动力不足，这在很大程度上影响了食用农产品质量安全精准管控的精准化程度和治理效果，不利于管控主体积极参与管控。为解决食用农产品质量安全精准管控中动力不足的问题，构建合理、科学、精准化的动力机制，研究问题的成因及本质是非常重要的。食用农产品质量安全精准管控过程中利益、行政推动、管控压力、管控保障、心理认同等方面的机制欠缺或缺失，则是导致动力机制存在诸多问题的成因。

（一）利益整合与协调机制不完善

利益是影响食用农产品质量安全精准管控体系的最重要的因素。利益需求是所有主体参与管控的源动力，追求正当的利益是管控主体的正当行为，但管控主体追求的利益存在差异性是食用农产品质量安全精准管控矛盾的关键所在。主体利益维度的动力不足也是当前动力机制存在的突出问题之一，

这在根本上取决于利益的协调和整合，没有建立适应现状的利益协调与整合机制来有效处理管控主体参与管控过程中的利益矛盾，会导致管控主体盲目追求利益，进而恶化食用农产品质量安全环境和治理效果。

"协调"一词在管理学上是指正确处理组织内外各种关系，为组织正常运转创造良好的条件和环境，促进组织目标实现的过程，整合是指通过一定的方式和手段，使各不同部分在保持各自性质特点的前提下，共同构成一个有机的完整的整体（木永跃、杨文顺，2008）。利益协调与利益整合，是指通过多种方式，在保证各群体利益的基础上，为实现群体目标对各利益主体和关系进行规范与调整，使各个部分组合起来以构成一个利益共同体的过程。在没有利益协调和整合的情况下，管控主体的利益追去很难达成共识，管控主体利益间的矛盾很难转化为良性矛盾。因此，建立一个完善的利益整合与协调机制在食用农产品质量安全精准管控过程中是十分必要和迫切的。

（二）精准的协同监管机制待丰富

协同监管是以政府为主导、多方力量共同参与的一种监管模式。在这个背景下，政府行为显得尤为重要，合理的政府行为能引导各类管控主体共同参与到管控当中来，同样也能起到重要的行政推动作用。精准则是以信息数据技术为保障、确保管控目标精准、内容精准、手段精准等治理全面精准的技术目标。而现有的治理精准化程度和协同监管机制存在一定程度上的问题，这导致动力机制在精准和协同维度的动力严重不足。

食用农产品质量安全精准管控的协同机制受到过去"一元治理"时代的思想和模式影响，在多个方面显露出了问题，一是协同的概念没有深入管控主体，协同主张摒弃碎片化结构、实现无缝隙监管，整合组织功能、实现监管流程再造，突破一元治理困境、实现监管跨界协作，而在这些方面没有构建起一个完善的机制，管控主体对于协同的概念认知不够深刻；二是当前的机制没有根据利益需求明确管控主体的权责，机制构建中应当针对利益需求和治理现状为管控主体匹配相应的权责，正是这方面的缺失导致了问题的出现。而对于精准来说，当前的信息数据技术是足够强大的，并且在进一步发展，但在食用农产品质量安全管控方面的实践还有待开发，一方面精准的理念没有深入管控主体的观念，另一方面技术人才和相关培训也严重缺乏，此外，自上而下没有构建完整的信息数据库和政策案例库。

（三）压力反馈机制不准确

食用农产品质量安全精准管控过程中，管控主体的压力来源有很多，包括管控现状、信息数据技术现状、政府规制、法律法规等方面。管控主体的压力捕捉程度是与主体承受压力成反比的，即压力捕捉越及时，压力就会越小，这是压力促进管控主体参与管控的一个重要方面；另一方面，对于管控主体承受的压力捕捉越精准，越有利于管控主体愉悦参与管控。当前在管控压力正反馈上还存在动力不足的问题，这归根结底是因为机制构建不准确。

当前在食用农产品质量农产品质量安全精准管控中并没有构建完整的压力正反馈机制，但在治理体系的发展中，在压力反馈方面也在逐渐形成机制，且逐步形成的机制并没有重视压力来源，对于机制没有形成"捕捉压力—正反馈—减小压力"的运作过程，压力正反馈机制构建的根本目的是减少管控主体的压力，为精准管控提供动力，然而运作过程如果存在问题，那正反馈效果会大打折扣。同样，压力捕捉的精准程度也是决定压力正反馈机制正常运行的重要因素，精准捕捉压力要求充分运用信息数据技术，精准捕捉压力、精准制定政策，将管控压力正反馈给管控主体。当前对于压力的捕捉精准程度还不高，这在很大程度上取决于先进的信息数据技术的使用程度，对于政策的精准匹配也有欠缺，这都是导致基于管控压力维度的精准管控动力不足的原因。

（四）管控保障机制不成熟

食用农产品质量安全精准管控的推进要求在人力、资金、物资、技术以及法律上有全面的、充分的保障。面对不断变化的食用农产品质量安全环境和管控现状，各类管控主体对于管控保障的要求变得越来越高，对于管控保障的精准程度也越来越高。当前的食用农产品质量安全精准管控的保障机制存在较大问题，一是没有构建完善的人才培养机制，使得人才在食用农产品质量安全精准管控中没有发挥最大作用；二是没有构建完善的资金投入和筹措机制，资金的投入对于食用农产品质量安全精准管控的运作非常关键，当前的资金投入和来源都非常单一，限制了食用农产品质量安全精准管控的推进；三是没有构建完善的物资保障与调控机制，没有将食用农产品质量安全精准管控需要的物资精准调控到相关环节，物资的投入力度较弱；四是没有构建完善的技术保障机制，对于信息数据技术等相关技术的保障不够到位，这导致精准管控难以实现；五是没有构建完整的全套食用农产品质量安全精准管控法律法规体系，信息数据的采集是精准管控的重点，但没有完善的法律体系来保护和规范信息数据的安全性。管控保障机制的不成熟是基于管控保障维度精准管控动力不足的主要原因。

（五）心理认同机制不全面

社会心理认同主要体现在理性认同和情感认同两个方面。社会心理认同是推动食用农产品质量安全精准管控的重要因素。在合理追求正当利益的过程中，管控主体在利益层面达成共识形成利益联盟，社会心理认同感是促进管控主体追求共同利益的有效因素。在食用农产品质量安全精准管控中，社会心理认同机制从社会心理认同的两个方面来看，应该包含理性认同机制和情感认同机制，当前理性认同机制和情感认同机制的缺失，导致了基于心理认同维度的精准管控动力不足。

从食用农产品质量安全精准管控的理性认同机制的角度来看，理性认同机制是指以食用农产品质量安全精准管控目标和内容的潜在价值和魅力来吸引主体和社会达成理性共识，并作用于食用农产品质量安全精准管控。而当前理性认同机制并不完善，社会公众对于食用农产品质量安全精准管控的目标和内容并不是十分了解，无法感受到其中的潜在价值和魅力，导致了基于心理认同维度的精准管控动力不足问题的出现。

从食用农产品质量安全精准管控的情感认同机制的角度来看，情感认同机制是指管控主体和社会公众在逐渐熟悉和参与食用农产品质量安全精准管控的过程中，渐渐形成愉快、轻松、相互信任等情感因素的心理认同机制。但在当前食用农产品质量安全精准管控过程中，管控主体和社会公众在面对复杂的食用农产品质量安全环境时，管控压力大，缺乏相互信任，没有形成一个引导管控主体在治理过程中形成情感共鸣的机制，这也是导致基于心理认同维度精准管控动力不足的主要原因。

第二节　食用农产品质量安全精准管控动力机制的构架

一、食用农产品质量安全精准管控动力机制构建的总体思路

根据辩证唯物主义思想和马克思主义基本原理，从动力源分类标准的视角看，动力源可以从三个维度来研究，即动力源方向、动力源类型、动力源主体。因此，构建食用农产品质量安全精准管控动力机制应该从动力源方向、动力源类型、动力源主体三个维度展开（见图 5 - 1）。

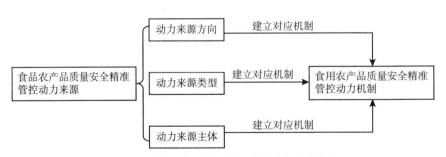

图 5 - 1　基于动力源不同标准的动力机制构建

内因是事物的发展根据，外因是事物的发展条件，从动力源方向标准入手，构建出符合食用农产品质量安全精准管控运作过程和治理现状的内在动力机制和外在动力机制；动力源可分为物质动力源、精神动力源和事业规划动力源，从动力源类型标准入手，构建出符合食用农产品质量安全精准管控运作过程和治理现状的物质动力机制、精神动力机制和事业规划动力机制；食用农产品质量安全精准管控的动力来源作用于三种不同类型的主体和主体所构成的环境，即政府主体、市场主体和社会主体，从动力源主体入手，构建出符合食用农产品质量安全精准管控运作过程和治理现状的政府动力机制、市场动力机制和社会动力机制。通过构建不同维度、不同层次、不同类型的全方面精准的动力机制，以达到解决问题的目的。

二、食用农产品质量安全精准管控动力机制构建的基本原则

（一）精准与协同的原则

食用农产品质量安全精准管控最大的特点就在"精准管控"的理念，精准管控则要求治理的观念精准、目标精准、制度精准、手段精准等，并要求能够充分利用信息数据技术来作为"精准"的支撑。食用农产品质量安全精准管控主体的多元化是管控的主要特点之一，不同的管控主体在食用农产品质量安全精准管控中有着不同的优势、发挥着不同的作用，主体协同旨在激发横向一体化、纵向联动化、覆盖全面化的精准管控格局。那么在构建食用农产品质量安全精准管控的动力机制时必须以精准与协同为原则，从动力源的角度出发，坚持多元主体协同参与食用农产品质量安全精准管控，从动力源不同视角构建出完善的食用农产品质量安全精准管控动力机制。

（二）市场机制的原则

食用农产品质量安全精准管控动力机制的构建需遵循市场机制的原则，

食用农产品是根植于市场经济的重要生活必需品，那么围绕食用农产品展开的一切行为都需以市场机制为原则，遵循市场经济的规律。一方面通过市场体制，可以为食用农产品质量安全精准管控整合和配置更多资源，激发管控主体的积极性；另一方面，在食用农产品质量安全精准管控过程中，行政推动是重要的内在动力来源，政府采取的规制措施需建立在市场体制的背景下，否则过度强制性的规制措施可能会导致"政府失灵"现象的出现。因此，在构建食用农产品质量安全精准的动力机制时，要以市场机制为重要原则。

（三）民生为本的原则

从本质上来说，食用农产品质量安全相关问题就是民生问题，"以人为本"一直是我国的传统思想，坚持"民生为本"的原则来构建食用农产品质量安全精准管控动力机制是为民服务的重要体现。这要求在构建食用农产品质量安全精准管控的动力机制时，充分考虑集体和公共利益，避免管控主体在治理过程中盲目逐利而损害人民利益。随着生活水平的不断提升，人们对食用农产品的要求不仅仅是质量保障，更多地关注食用农产品的营养价值，因此在食用农产品质量安全精准管控过程中也应顺应人民需求，不能忽视农产品的营养价值问题。在构建食用农产品质量安全精准管控的动力机制时应坚持民生为本的原则，始终以人民集体利益为先，以此来创造良好的食用农产品质量安全环境。

（四）系统科学的原则

食用农产品质量安全精准管控动力机制的构建必须建立在社会科学动力学的基础上，遵循系统性与科学性的原则，才能确保不同的动力源能高效作用于食用农产品质量安全精准管控。一方面，食用农产品质量安全精准管控动力机制的构建要符合马克思辩证唯物主义思想，以动力来源为研究基础，从动力源类型、主体和方向三个角度构建系统、全面、科学的动力机制，做到类型、主体和方面的精准覆盖；另一方面，利益需求是食用农产品质量安全精准管控最重要的动力来源，因此在构建动力机制时，必须充分考虑主体间权、责、利的统一，通过利益相关机制的设计来平衡主体间的权、责、利关系。通过全面覆盖和精准捕捉重点的方式，来促进食用农产品质量安全精准管控动力机制系统科学的运转。

（五）实践操作的原则

食用农产品质量安全精准管控动力机制构建的目的是更好地促进和推动食用农产品质量安全精准管控，改善食用农产品质量安全环境，切实保障人民群众的生命健康。动力机制的构建必须落脚于治理目标，从实践和现实出发，力求技术可能、经济合理、法律允许、操作可行。一方面，在机制的具体实践上要贴近实际，机制的设计与构建要充分针对当前食用农产品质量安全精准管控实施过程中存在的问题，还要紧密围绕当前食用农产品质量安全环境；另一方面，对于食用农产品质量安全精准管控的评估，要充分站在公共利益的角度，用科学的方法来设计评估体系，为不断完善动力机制奠定坚实的基础。

三、食用农产品质量安全精准管控的动力主体

动力主体是指具有影响、控制、支配他人或资源能力的组织，并在组织内部或外部环境中有相关利益需求，在权力执行过程中能有利益收获。在食用农产品质量安全精准管控中动力主体是实现质量安全精准管控的基础，在国家治理体系和治理能力现代化的推进过程中，主体多元化的治理方式使得食用农产品质量安全精准管控的实现有了保障，多个动力主体才能实现精准管控。动力主体多样性是食用农产品质量安全精准管控的主要特点之一，根据本研究的研究结构和治理现状，可将这些动力主体按参与行为的不同分为三类：政府主体、市场主体以及社会主体。

政府主体、市场主体及社会主体在食用农产品质量安全精准管控中有着不同的组织架构、运作方式、治理优势和功能定位，这三类动力主体各司其职、各取所需、协同联动促进了食用农产品质量安全精准管控的实现。

（一）政府主体

食用农产品质量安全精准管控是社会治理活动的一个具体方面，在治理范式和理论的不断创新和进步过程中，政府主体的角色和地位也在随之改变。纵观历史我们可以发现，我国一直试图采用封闭的自上而下的单一模式来解决食用农产品质量安全问题，在计划经济时代的很长一段时间，政府是食用农产品质量安全管控的唯一权利主体，市场主体在当时完全被规制化，无法起到相应作用，而社会主体被称为"第三方"。随着治理范式和理念的发展，面对食用农产品质量安全管控任务的艰巨性，政府主体在"一元治理"时代的"划桨者"的地位逐渐转变为"精准管控"时代的"掌舵者"，在政府主体角色的转变过程中，市场主体、社会主体的地位和参与度得到有效改善，食用农产品质量安全精准管控的成效也逐步显现。

政府作为动力主体之一在食用农产品质量安全精准管控的所有动力主体中的地位和权威是无法替代的，其肩负的责任有：一是引导各方动力主体建立精准管控背景下关于食用农产品质量安全管控动力主体的信息数据库，创建关于食用农产品质量安全的政府治理行为案例库，结合信息数据库和历史最佳政策做出科学合理的政策匹配；二是为消费者和其他动力主体提供基础性服务，提供相应的数据查询服务，提升主体间的相互信任，有效解决"信息不对称"现象；三是在动力主体多元的情况下，明确管控过程中的责任，使管控主体间职能不缺位、不越位，达到食用农产品质量安全精准管控的最终目的；四是政府作为监管部门依法引导其他主体积极参与管控，保障参与主体的应有权益；五是依法加强食用农产品质量安全的行政执法，依法惩戒违法行为，引导消费者积极主动参与违法行为和不合格产品的举报；六是结合已创建的信息数据库和食用农产品市场动态，使食用农产品价格保持在合理的区间，并出台相关价格规制政策，保障各方主体的最大利益，避免市场主体非理性逐利和"市场失灵"，值得注意的是，过度的强制性价格规制可能导致负效应，但结合信息数据库和历史案例库做出的规制政策匹配，可以降低负效应发生的风险，这也是精准管控的最大特点。

（二）市场主体

根据食用农产品从生产到销售的全链条可以将市场主体分为：负责生产的农户、家庭农场、农民合作组织等；负责运输的物流服务企业；负责销售的产品经销商；负责农业保障的农资经销商。

在食用农产品生产过程中，生产者的农户、家庭农场、农民合作组织作为全链条的源头，是其质量安全把控的第一道门槛。作为农业生产者，利益是其追求的目标，影响农作物产量和质量的各种要素是生产者最关注的问题，政府主体有引导其合规生产和保障其权益的必要，同时生产者也需要履行相应的管控责任，其主要责任有：一是在农药使用过程中，杜绝使用禁限用农药，允许使用的农药在使用过程中不应超量，渔业和畜牧业生产过程中杜绝使用不合格的饲料和喂养物，坚持绿色、环保、可持续的生产原则；二是不盲目追求利益，不使用违反作物生长规律的各类药品、化学物质严重缩短其生长周期，与第一点类似；三是因大部分食用农产品在未加工前的销售价格比较低廉，容易造成生产者使用过激手段来提高产量或造成质量不合格，因此生产者要树立正确的生产观念，把"绿色生产，质量第一"的原则贯彻在生产过程中；四是积极配合政府监管部门的引导，在农产品质量安全精准管控信息数据库建设和其他治理需求上发挥生产者的最大作用。

作为食用农产品进入流通过程（Abad et al.，2009）的重要环节，负责运输的物流服务企业、负责销售的产品经销商、负责农业保障的农资经销商在食用农产品质量安全精准管控过程中同样扮演着重要的管控主体角色。物流、销售、农资保障是农业作为第一产业不可缺少的部分，这些环节隐藏着较多食用农产品质量安全风险，因此这部分权利主体同样肩负着重大的治理责任。首先，流通部门要在政府监管部门的引导下需要积极参与食用农产品"生产—销售"全链条，发挥功能优势，降低各个环节的损耗，将自身利益和生产者利益发挥至最大效率；其次，流通部门在各自相关环节要高度自律，始终坚持严格检测农产品质量，坚决杜绝不合格食用农产品的流通；最后，积极发挥主体优势，配合政府主体构建食用农产品质量安全精准管控信息数据库，主动接受监管和监督。

（三）社会主体

根据食用农产品质量安全精准管控过程中参与的不同社会力量，可将社会主体分为：行业协会、涉农研发机构、媒体组织等，其中行业协会包括食用农产品协会、消费者协会等。

食用农产品协会是食用农产品质量安全管控相关行业协会中重要的协会之一，以公共利益为基础，接受政府监督的非营利社会组织或团体，对人们日需食用农产品的摄入起监护和督促作用，并对食用农产品生产、加工、流通、经营等环节进行指导。其主要职责有：一是研究食用农产品生产、加工、流通和经营等环节的相关技术，为市场主体提供技术保障，促进食用农产品生产等环节的技术革新，从技术层面降低食用农产品质量安全问题的风险；二是维护和保证食用农产品生产、销售、加工等团体和个人的切实利益，保护其合法权益，提高会员参与食用农产品质量安全精准管控的积极性；三是在政府主体的引导下，充分发挥技术人才的作用，提出统一的食用农产品生产、检测、流通和经营的相关标准，确保消费者能购买符合标准的食用农产品，从标准层面降低食用农产品质量安全问题的风险；四是引导会员转变生产经营理念，以提高质量和品质为切入点培育和打造优质食用农产品品牌，推动我国本土食用农产品"走出去"，打通国内食用农产品市场与国际市场的有机衔接，促进我国经济的发展；五是建立健全食用农产品质量安全信息与网络体系，为食用农产品质量安全精准管控主体和消费者提供信息发布服务，提供优质的食用农产品来源，推出食用农产品生产等环节的相关技术。

消费者协会指的是由国务院批准建立的中国消费者协会、消费者协会和其他消费者组织，是依法成立的对商品和服务进行社会监督的保护消费者合法权益的社会组织。当前，各级消费者协会已成立逾 3000 余个，覆盖面广、层次深，在各个领域的消费者权益维护中起到了很大作用。虽然消费者协会是覆盖领域全面性的社会组织，不是单一针对食用农产品领域的组织，但食用农产品方面的消费者权益维护也是其重要的职责范围，在食用农产品质量安全精准管控中，消费者协会主要有以下职责：一是为消费者提供食用农产品质量安全相关信息，供消费者在购买食用农产品时作为参照，切实维护消费者利益，避免消费者承担食用农产品质量安全风险；二是普及食用农产品质量安全相关基础常识，让消费者面对复杂的食用农产品市场时有足够的辨别能力和选择余地，减少消费者的购买损失；三是提供基础性的维权服务和协助，消费者在发生购买行为时难以避免上当受骗，遇到这些问题时，消费者协会能及时提供维权服务和支持。

随着科学技术的进步、市场经济的发展和人类生活需求的转变，现有的农业生产模式已经无法适应经济发展的需求，基础性的手工模式、人工饲养等生产行为已经无法完全适应现有的需求，开始更多地依赖科学技术。在此背景下，涉农研发机构充当了不可替代的角色，在食用农产品质量安全精准管控中也能发挥重要作用，其主要职责有：一是研究和发明符合农产品生产标准的农药、化肥等，生产者在成产过程中经常受到非法利益的诱惑，采取不合法行为使用不合规农药化肥，而涉农研发机构的研发为使生产者避免盲目使用农药化肥创造了更多条件和选择。二是为生产者提供更多技术支持。传统的生产技术已经不适应经济的快速发展，有些传统的技术对生态环境同样会造成严重危害，涉农研发机构需要不断研究更符合可持续发展与经济效益增长的生产技术。三是从科学技术层次做好知识普及，这是涉农研发机构的重要的职责之一，普及食用农产品质量安全相关常识，促进人们对于食用农产品质量安全精准管控的监督作用。

在信息技术快速发展和互联网技术飞速进步的背景下，相比很多新媒体、融媒体和自媒体而言，传统媒体的信息传播效应存在一定差距，但各类媒体机构在食用农产品质量安全精准管控中发挥着同样重要的作用，作为食用农产品质量安全精准管控的参与主体，其发挥着不可忽视的作用，在这个过程中也担负着重要的职责：一是作为公众阅览平台和新闻获取平台，其有重要的监督和接受举报作用。消费者或其他管控主体在食用农产品质量安全精准管控中发现的各类问题可以以实名或匿名的形式进行举报，媒体机构通过接受举报和信息披露的功能对各类主体施压，实现监督功能。二是充分发挥调查职能。媒体机构可以根据各类举报信息加以深度挖掘，对相应的食用农产品生产、流通、经营等各类企业进行深度调查，协助政府主体排除安全隐患，以此来避免在食用农产品供应链中的各类风险。

四、食用农产品质量安全精准管控的动力来源

食用农产品质量安全精准管控的所有权利主体之所以参与管控过程源于国家公共利益的维护和对个人利益的追求，二者共存，但各个主体的利益诉求存在多样化、复杂化的特点，在精准管控过程中，主体间权、责、利以及风险分配不容易对等，这受制于当前机制体制和制度安排。根据辩证唯物主义思想和马克思主义基本原理，内因是事物的发展根据，外因是事物的发展条件，食用农产品质量安全精准管控的动力来源可分为内在动力——利益需求、行政推动，以及外在动力——管控压力。

（一）利益需求

食用农产品质量安全精准管控需要动力来推动各主体积极参与管控，动力主要来源于主体对于利益的需求，换言之，食用农产品质量安全精准管控的源动力就是利益需求。研究利益需求，能让权利主体对于人民的需求更加了解，同样也能让政府决策更加具有精准性。

不同权利主体的利益需求是不相同的，但相同的是，权利主体的行为受利益需求的驱动，对利益需求的研究有助于政府监管部门对于市场主体和社会主体的引导。对于政府主体来说，其需求的主要是政治利益和公共利益，这些利益更主要偏向于集体利益。对于市场主体来讲，追求的主要是个体经济利益，其参与精准管控的过程也是市场主体追求政治利益的表现。趋利往往是主体行为的动力，各主体对于利益的追求一方面能促进精准管控的相关机制的建立，另一方面又能释放主体参与精准管控的活力。对于市场主体来说，其更多地偏向追求经济利益，但长期被经济利益驱动和不合理市场竞争同样会导致问题的出现，例如市场失灵、质价不相符等，这也是当前食用农产品市场出现的突出问题之一。对于社会主体来说，鉴于社会主体的性质和参与精准管控的角色定位，其追求的主要是公共利益，这个过程对政府主体和市场主体起到非常重要的制约和监督作用，与其他主体不同的是，社会主体的利益驱动具有正向性，追求利益越积极越能促进精准管控。总的来说，合理的利益追求是做好食用农产品精准管控的源动力。

（二）行政推动

行政推动一直在国家政治经济文化生活在发挥着重要作用，本研究认为，行政推动是指政府采取合理手段推动国家事业发展和实现的行为。行政推动在具体实践中存在多样性，一是政策性推动，制定相关政策来促进和规制某种现象或问题，因此政策性推动在很大程度上与政府规制等同。二是结构性推动，协调政府部门或不同地区间横向或纵向关系。三是职能性推动，明确政府与其他主体的关系，准确定位政府职能。四是管理性推动，用管理手段和方式推动问题解决。上述四种类型的行政推动都是食用农产品质量安全精准管控的动力来源。

在政策性推动方面，政府对于食用农产品价格的政策性规制就是重要体现，面对食用农产品价格的波动，政府性习惯性采取行政手段控制价格的波动，以此来平衡食用农产品质量与价格的关系，保持质价关系的良性发展，防范市场主体恶性生产、恶性竞争的风险，推动食用农产品质量安全的精准管控。但政府主体在采取规制性手段的同时也面临着制度伤害的风险，如布坎南（Buchanan，1972）所言："我们时代面临的不是经济方面的挑战，而是制度和政治方面的挑战。"所以政府在对价格采取干预时需要注意有效性和正当性，这需要政府能合理利用食用农产品质量安全精准管控中构建的信息数据库和政策案例库，依靠实际治理数据、市场数据和历史最佳政策来匹配最具正当性和有效性的规制手段，只有这样才能使得行政推动成为食用农产品质量安全精准管控的有效正向动力。在职能性推动方面，政府监管部门通过建立相应的权责机制，来明确政府主体、市场主体、社会主体的权责划分，细化政府主体内部不同监管部门的权责，来推动食用农产品质量安全精准管控；在结构性推动方面，政府主体通过建立从上到下的纵向联动机制和从左至右的横向协同机制来保障各级政府主体参与的积极性、能动性，推动食用农产品质量安全精准管控。在管理性推动方面，政府监管部门依法建立相关的奖惩体系、诚信体系，通过对精准管控的具体实践，如网格化治理机制，和其他不同的管理手段来推动食用农产品质量安全精准管控。可以说，行政推动是食用农产品质量安全精准管控的不竭动力。

（三）管控压力

食用农产品质量安全管控现状给所有管控主体带来了巨大的无形压力，使得食用农产品质量安全现状也成为食用农产品质量安全精准管控的动力。一部分生产者对农药、兽药和禁限药的非法使用越来越多，通过缩短食用农产品生长周期来提高产量的不合理现象越来越严重，一部分经营者在销售方面的夸大宣传等造成信息不对称，使得农产品质量安全环境恶化，给管控主体带来巨大压力。在管控过程中，权责机制不明晰、利益分配不合理、法律政策缺位等问题的出现，使得食用农产品质量安全管控效果并不十分明显，精准管控的治理理念出现之后，并没有建立成熟的、配套的机制体制，信息数据库和政策案例库的建设还在初期阶段，相对较成熟的实践还只有食用农产品网格化治理，但这一治理实践对于"精准管控"理念的把握还在初级阶段，对于信息数据技术的利用不够充分，使得食用农产品质量安全管控的成效没有让人民充分满意，管控主体在管控过程中存在较大压力，这也成为食用农产品质量安全精准管控的动力之一。

随着信息数据技术的发展，大数据技术、云计算技术等为实现"精准"创造了有利条件，为食用农产品质量安全信息数据库和政策案例库的创建提供了有力的技术保障，创新了政府治理模式，将政府治理与信息数据技术有机结合，达到管控效果最优化，信息技术发展进步的现状为精准管控提供了有效动力。

综上所述，食用农产品质量安全精准管控现状和信息数据技术发展的现状给管控主体带来的压力也是食用农产品精准管控的重要动力。

五、食用农产品质量安全精准管控的动力运作

食用农产品质量安全精准管控的源动力是利益需求，在利益需求作为源动力推动食用农产品精准管控的过程中，良好的运作机制是做好精准管控的前提。

综合行动者网络理论的内容和精准管控的概念，可以知道食用农产品质量安全精准管控的行动者就是所有权利主体，这就包含政府主体、市场主体及社会主体，本研究将行动者定义为主体这一个集合，目的是为了方便研究，虽然主体内部的部分个体存在治理能力突出的情况，但实现权力的过程大多依靠整个主体系统。核心行动者是指在食用农产品质量安全管控利益联盟中实力最强大的权利主体，毫无疑问，政府主体在这个过程中充当着核心行动者的角色，并且在这个过程中发挥着不可替代和主导作用。在食用农产品质量安全精准管控过程中，核心行动者要有能力面对一切可能出现的问题，要能准确把握其他主体和人民群众的利益需求，这样才能使其他主体参与管控的动力"活起来"，做到真正的核心行动者。同样，这也需要一套长

效、稳定的机制来稳定这个治理系统，行动者网络理论为此提供了良好的理论支持和经验借鉴。

行动者网络理论中最重要的内容就是转译，食用农产品质量安全精准管控的所有异质行动者需要被转译，最终形成在食用农产品质量安全上治理目标一致、利益共识的利益联盟，这个利益联盟就是以良好的食用农产品质量安全环境为根本利益追求的联盟。在联盟中，异质行动者在性质上有较大差异，在利益需求上存在不同，但从根本上来看转译就是异质行动者沟通、竞争和发展的一种机制和异质行动者行为运作的一个过程，以行动者网络理论为理论支撑的食用农产品质量安全精准管控动力运作过程遵循四个步骤，即问题呈现、利益赋予、动员和异议，这也是食用农产品质量安全精准管控所有异质行动者转译的过程，最终的结果就是形成良性的网络联结，即利益联盟。在转译过程中，核心行动者有必要设置依靠法律法规、治理现状和利益需求设置一个强制通行点，强制通行的点的设置还得遵循精准管控、协同监管的理念，设置的目的是使除核心行动者以外的其他异质行动者能围绕食用农产品质量安全精准管控中的主要矛盾和根本利益追求而开展行动，并以此而形成网络。在食用农产品质量安全精准管控的行动者网络中，促进食用农产品质量安全精准管控高效运行，所有异质行动者在运行过程中同时能收获各自的利益需求，这决定着转译过程能否正常进行（见图 5 - 2）。

（一）食用农产品质量安全精准管控过程中的问题呈现

在食用农产品质量安全精准管控实践中发现如下问题：第一，政府主体即核心行动者监管能力不足且流于形式。核心行动者在问题呈现的步骤中，不仅要回应其他主体出现的问题，还要能及时回应自身出现的问题。政府主体在食用农产品精准管控过程中，涉及的具体部门较多，如农业农村部、卫生与计划生育委员会、食药监局等多个部分，在职权划分、权责分配上存在

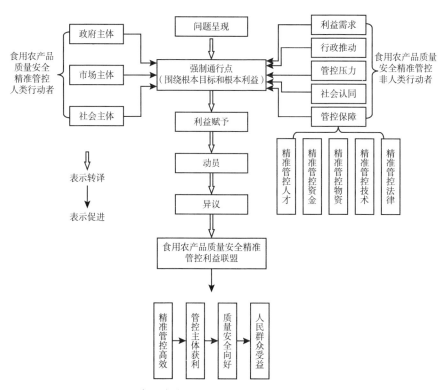

图 5 - 2　食用农产品质量安全精准管控动力运作过程

较大问题；对于精准管控中"精准"二字的把握不够，信息数据库和政策案例库的建设不到位，信息技术的使用不全面，在精准管控的实践中仅仅停留在信息技术使用较少的"网格化治理"上，对问题的发现和回应速度还有待提升。第二，市场主体盲目追求利益，导致市场失灵。由于现阶段市场主体违法成本非常低，所以生产、运输、销售等环节存在较大的质量安全风险，盲目追求和提高食用农产品产量，这些市场主体的非法行为使得食用农产品价格经常出现波动，市场存在失灵现象。第三，社会主体缺乏相应权威和地位。受"一元治理"时代的传统思想影响，社会主体在食用农产品质量安全精准管控过程中的地位不高，主要是因为公众更倾向于指望政府，另一个重要因素是社会主体对于食用农产品质量安全专业度不高。第四，食用农产品生产、发展模式落后。食用农产品的生产一直以分散的模式进行，在生产技术的提高、检测技术的配套上有较大困难；另外，随着食用农产品生产企业的发展，小农户和企业的竞争上存在很大的差别，这也是食用农产品质量安全的重大隐患之一。这些仅仅是食用农产品质量安全精准管控中较为突出的问题，问题产生的原因并不是单一的，而是复杂环境下的产物，并且这些问题存在常态化的特点。利用信息数据技术找出关键问题，所有行动者予以面对和回应，是食用农产品质量安全精准管控之意。

政府主体在食用农产品质量安全精准管控过程中应把其他动力主体当作合作伙伴或利益联盟成员，建立"协同、互补、共享"的合作关系，建立常态化的沟通机制。政府在利益联盟中应当起到领导、引导、配合、支持、推动的作用，在人、财、物、技术、政策等方面提供支持。政府与各权利主体间要建立沟通机制，同样权利主体与人民群众同样要建立沟通机制，做到了解民意、了解民生需求，把满足人民日益增长的对美好生活的向往当作根本利益。

多元化的权力格局会将现有的利益格局重新分配，并重新配置行动者所作用的领域、运行方式和作用关系，在市场主体和社会主体进行权力格局调整、利益结构优化的过程中，政府也必须重新认识自身的权责划分和运行方式。

（二）食用农产品质量安全精准管控过程中的利益赋予

2013 年，国务院发布《国务院机构改革和职能转变方案》，拉开了新一轮政府职能转变的大幕，在方案和会议中多次提及"简政放权"，强调要处理好政府与市场、社会的关系。这一举措是时代发展的产物，是社会进步、文化繁荣、经济发展的必然结果，这也意味着政府已经注意到权力结构调整、利益重新分配在国家治理中的重要性，这也是在市场主体、社会主体对"放权""赋权""增能"的利益诉求日益增长的背景下诞生的。在新权利格局诞生的背景下，食用农产品质量安全精准管控的动力机制也在演进之中，政府要积极面对问题，重视现实需求，动态调整政府职能，积极引导利益分配，才能达到食用农产品质量安全精准管控的目标。

"赋权"是食用农产质量安全精准管控核心行动者为了稳定其他行动者而采取的一种措施，从本质上来看，"赋权"就是利益赋予的过程，在精准管控中赋予异质行动者权力和利益来使其参与精准管控，赋予其时间、空间和资源来使其有能力参与精准管控，在这个过程中需要做好两个方面：一是建立食用农产质量安全精准管控协同关系，食用农产品质量安全精准管控所有权利主体参与管控主要是为了获取利益，这种利益存在多维性的特点，这也是政治权利运作的内在动力。建立利益联盟和协同关系能推进主体诚信体系建立，能有效消除信息不对称，同时协同关系的建立有助于促进各权利主体良性追求利益。二是赋予行动者在行动中所需的权力、空间和资源。这一过程既为权利主体自主参与管控创造了条件，又是权利主体合法享有社会资源的体现。实现食用农产品精准管控的出路就是要在最大化利用信息数据技术的同时，建立稳定可靠的协同治理模式，由"封闭式单一主体管控"向"开放式多元主体协同治理"发展，这里的"开放式"指的就是为了达到"精准管控"而使用信息数据技术，做到及时准确发现问题、及时合理回应问题、及时得当处理问题。

（三）食用农产品质量安全精准管控过程中的动员

动员在汉语意义中表示发动人们参加某项活动。食用农产品质量安全精准管控过程中的"动员"指鼓励所有权利主体和社会公众参与管控。食用农产品质量安全精准管控运作过程中，可以充分依托社会主体中的消费者协会、食用农产品协会等来吸纳专业知识人才，使其积极参与治理，动员更多社会公众个人承担更多责任，保障公民参与政治活动的民主权利。

"动员"最需要的是了解被动员群体的利益需求和价值需要，核心行动者不仅要投入最大可能的激情来做好动员，更需要运用更多的方法以及建立相应机制来做好动员。动员各类主体要充分认识主体在食用农产品质量安全管控过程中的功能和组织架构，充分了解食用农产品质量安全精准管控主体在管控中的利益需求，遵循管控主体"权、责、利"统一的原则，实事求是地做好动员。

（四）食用农产品质量安全精准管控过程中的异议

"异议"本指不同意见，在食用农产品质量安全精准管控的运作过程中，异议是指行动者对问题产生的原因、实质、问题的解决办法以及利益联盟内部的分歧，是治理过程中无法避免的障碍。但在具体运作过程中，异议也会对精准管控带来正向作用，一方面异议是对核心行动者行为的一种质疑，会使核心行动者在行动时发现问题，另一方面异议会促使问题的本质浮出水面，对最终的决策有促进作用。

行动者网络理论作为一种政治磋商技术、平等协商是基本手段，主张以当下的活动为研究的出发点，从具体的、历史的、实践的维度理解科学知识。既然是协商手段，那就会存在相应的程序，对于食用农产品质量安全精准管控的异议来说，主要有以下三个程序：异议代表的产生、差异性的处理、利益的协调。遵循上述三个过程的异议，最终会促进食用农产品质量安全精准管控的运作更加科学有效。

面对分歧时，需要在利益联盟中产生能够代表食用农产品质量安全精准管控根本利益和利益联盟共同利益的异议处理代表。异议处理代表需要精准识别异议、精准提出异议，这不仅仅要求异议处理代表能充分使用信息数据技术、融入"精准管控"理念，还需要有足够优秀的政治素养和工作能力；其不仅需要对自己的工作非常熟悉，还需对其他行动者的工作十分了解；其不仅需要有面对强大压力的心理素质，还需有精准解决问题、协商矛盾的能力。异议处理代表需要积极与其他行动者加强互动和沟通，沟通、互动越紧密，问题的处理就会越高效、快速，利益联盟实现的利益与价值就越大，更能推动食用农产品质量安全精准管控。第二个程序是差异性的处理，差异性的处理实质上就是了解异质行动者差异性利益需求的过程，在过去多年的"一元治理"时代，政府单一的监管模式和严格的层级关系导致异质行动者之间缺乏相互信任，过度依靠一方力量，或者过度质疑一方能力，差异性的处理需要建立行动者间的诚信体系，有利于更好地把握异质行动者的差异性利益需求。异议的最后一个环节是利益协调，利益协调是建立在精准与协同基础上的治理行为，利益联盟的形成既促进了管控主体的利益获取利益，又促进了食用农产品质量安全精准管控，代表着人民群众的根本利益。基于精准协同的角度，充分利用信息数据技术，使其更精准捕捉矛盾与问题，更好地协调各方利益。

六、食用农产品质量安全精准管控的动力保障

（一）精准管控动力的人才保障

食用农产品质量安全精准管控主要涉及两方面人才：一是具有创新治理观念的管理人才，二是具有现代化信息数据技术和农产品相关技术的技术人才。管理人才是食用农产品质量安全精准管控权利主体的最大组成部分，其管控观念和方法对治理效果起着关键作用；具有现代化技术的人才是提升治理效果的重要保障，在推进国家治理体系现代化的过程中，现代化专业技术人才通过技术投入能保障治理的专业性和决策的科学性。食用农产品质量安全精准管控过程中，需要食用农产品相关的技术人才来制定行业标准、规范生产操作、创新食用农产品保鲜方法等，人才的使用贯穿整个食用农产品生产全链条过程，人才的保障可以消除全链条过程中的诸多风险；精准管控是基于信息数据技术的一种理念，信息数据技术相关人才是实现"精准"的重要因素。人才保障主要是以下内容：一是人才管理机制保障。通过建立健全食用农产品质量安全精准管控人才管理机制，让人才想进来、能进来。二是人才法律法规保障政策。通过政府主体出台相关的法律法规和政策，引导人才有序流动，如西部计划、大学生村官、特岗教师等政策。三是晋升渠道保障。通过人才晋升渠道，留住食用农产品质量安全精准管控相关人才，为他们提供更多的机会和平台。

（二）精准管控动力的资金、物资保障

从资金、物资的角度来看，资金和物资是食用农产品质量安全精准管控开展的重要前提，倘若没有了资金和物资支持，食用农产品质量安全精准管控将失去最重要的一个动力，各个权利主体参与管控的积极性将大大减弱。对于食用农产品质量安全精准管控的投入，是维持其正常稳定运行的重要因素，而物资是在食用农产品生产全链条治理过程中必须使用到的，如专业化的食用农产品农药残留量检测设备、食用农产品生产相关的污染治理设备等专业物资，这也是减少食用农产品生产全链条过程中质量安全风险的重要保障。对资金、物资的保障主要有以下内容：一是建立合理的资金投入和筹措机制，通过多渠道的资金投入和筹措，稳定食用农产品质量安全精准管控的运行状态。二是加强对资金的监管。在食用农产品精准管控运行过程中，专项资金被挪用、浪费的现象时有发生，有效的监管措施才能确保资金的规范化使用。三是构建物资调控机制。食用农产品质量安全精准管控相关物资的调控应该从区域和领域两个方面进行，对于治理问题重灾区域和质量安全问题频发区域应该重点调控，对于食用农产品生产全链条风险最大的环节也应重点调控，从源头上避免问题的发生，从过程中消除风险的存在。

（三）精准管控动力的信息技术保障

从信息数据技术的角度来看，信息数据技术是食用农产品质量安全做到"精准管控"的前提，能在食用农产品生产、流通和销售的过程中提供大量有效信息和数据，也是建立食用农产品质量安全精准管控信息数据库和政策案例库的重要保障。信息数据技术是推动食用农产品质量安全实现"精准管控"最重要的技术，一方面，信息技术可以将食用农产品生产、流通和销售环节的大量数据纵向连接，也可以将某一个环节的多个方面的数据横向连接，如在食用农产品生产过程中，大气、土壤、农药、温度等多方面因素会对食用农产品质量安全造成威胁，把生产环节的多个影响因素相关数据连

接，能综合评估食用农产品质量，改变传统方式的单一性；另一方面，信息数据技术的利用拓宽了食用农产品质量安全管控的全面性，传统模式下的监管将重点放在了大宗农产品上，例如粮油等，对蔬菜、水果、畜牧业产品等监管缺乏力度，并且在质量检测和数据收集上主要依靠抽样的方式，利用信息数据技术可以使得数据全面精确化、监管领域全覆盖。对于信息技术的保障，主要有以下几方面的内容：一是提高农业标准化程度。为信息数据技术的利用设置标准化参照是不可缺少的步骤，农业标准和行业标准可以为信息技术提供参照，并且在信息数据技术使用的过程中结合权利主体与人民群众的利益需求动态调整参照标准，推动食用农产品质量安全精准管控效果向好发展。二是提升信息数据技术水平。信息数据技术的提升一方面要在信息数据挖掘分析技术入手，保障信息数据分析和处理的科学性，另一方面还要从食用农产品信息技术管理水平入手，保障信息数据的合法使用，确保信息数据的安全性，避免不合法泄露事件的发生。三是建立实时信息数据库和政策案例库。通过对信息数据的收集和使用，为食用农产品溯源机制的更好实现提供可能，为食用农产品质量安全风险评估提供保障，为科学有效的治理决策和政策提供有效依据。

（四）精准管控动力的法律法规保障

从法律法规的角度来看，法律法规的缺位一直是食用农产品质量安全管控的重要问题，法律法规的创立周期长，而技术的发展速度快且问题的诞生具有不可预测性，导致法律法规与治理现状不相匹配，治理效果得不到保障。根据现实情况来看，我国并未建立起配套的、完善的针对食用农产品质量安全的法律体系，针对食用农产品质量安全的法律还仅限于《食品安全法》《农产品质量安全法》等基础性法律，对于食用农产品生产、质量标准、检测、认证及市场准入等方面的法律体系建设迫在眉睫。

随着"精准管控"对于信息数据技术的使用，信息数据的安全性也需要得到更多的保障。法律法规的保障主要有以下内容：一是建立食用农产品相关法律体系，完善食用农产品质量安全相关法律，在食用农产品生产、质量标准、检测、认证、市场准入等环节，以及食用农产品质量安全精准管控主体的管控行为都要有相关的法律法规，并将相关法律完善为法律体系，以确保食用农产品质量安全精准管控的各个环节、各类主体以及农产品"生产—销售"全链条都有法律法规的保障；二是要针对信息数据出台相关保护性法律法规，保障信息数据不被泄露且管控主体享有共享权。"精准管控"理念下的食用农产品质量安全管控对食用农产品信息数据的挖掘、收集和处理有很大需求，对此要建立针对性的法律法规来确保信息数据安全，防范风险。

第三节　食用农产品质量安全精准管控动力机制的具体内容

一、基于食用农产品质量安全精准管控动力源方向的动力机制构建

食用农产品质量安全精准管控的内在动力机制构建以内在动力来源为基础，即以利益需求和行政推动为研究基础，整合主体的利益诉求，协调主体间的利益矛盾，以满足利益为激励条件，促进主体的利益诉求表达，使得主体利益公平化，建立公平的主体利益整合与协调机制；行政推动是以政府主体为主导的动力来源，政府通过制定相关政策来促进和规制食用农产品质量安全精准管控过程中出现的不合理现象，通过政府主体的引导，明确和划分主体间的权责，建立政府引导的多元主体精准的协同监管机制。

食用农产品质量安全精准管控的内在动力机制构建以外在动力来源为基础，即以管控保障、管控压力和社会认同为研究基础，从人才、资金、物资、技术和法律全方面探求食用农产品质量安全精准管控需要的保障，建立全方面多角度的管控保障机制；通过对食用农产品质量安全精准管控的治理

现状和食用农产品质量安全现状带来的压力的认知和分析，探寻管控压力对于食用农产品质量安全精准管控的正反馈作用过程，建立高效的管控压力正反馈作用机制；通过把握权利主体在参与管控过程中的心理认同需求，促进人民群众积极关注和认同食用农产品质量安全精准管控，建立全社会参与的社会心理认同机制（见图 5 - 3）。

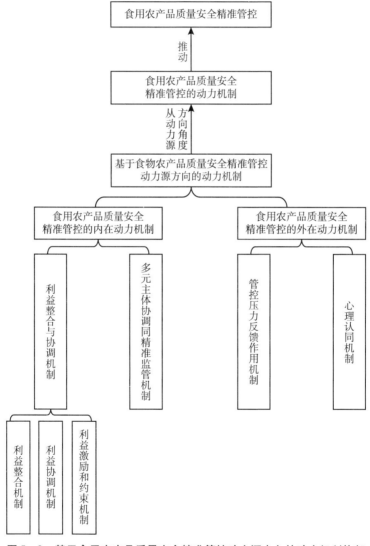

图 5 - 3　基于食用农产品质量安全精准管控动力源方向的动力机制构架

（一）食用农产品质量安全精准管控的内在动力机制构建

1. 利益整合与协调机制

利益需求是食用农产品质量安全精准管控的源动力，马克思说："人们奋斗所争取的一切，都同他们的利益有关。"[①] 因此，利益相关因素是食用农产品质量安全精准管控动力机制构建首先要考虑的动力因素。对于食用农产质量安全精准管控内在动力机制而言，所有权利主体对于利益的追求都是其动力来源。不同的主体追求的利益各有不同，甚至某些主体间追求的利益还存在矛盾，如生产者在追求经济利益的过程中会破坏食用农产品生长规律，盲目缩短农产品生长周期，而政府主体则要求保障食用农产品的安全和人民的身体健康，很明显在两者追求利益的过程中就出现了利益矛盾，这时就需要相关的利益协调机制来协调利益矛盾，来保障食用农产品质量安全精准管控的正常运作。本研究认为，公平的主体利益整合与协调机制包括：利益整合机制、利益协调机制、利益激励与约束机制。

一是利益整合机制。实际上利益整合是使各主体之间达成利益共识，促进主体间良性网络化关系的建立。要实现利益共识，最重要的是实现价值观念和道德观念共识，所有主体的逐利行为都应围绕共识的价值目标进行，遵守相应的道德规范。利益整合机制的主要内容是：目标整合、价值整合和道德导向。目标整合主要是使各个主体所追求的根本利益达成共识，整合所有主体的利益需求。在利益被整合之后，在追求利益的过程中各个主体应有选择性地追求共同利益和个人利益，杜绝做出违背整体利益的行为。当个人利益和公共利益、整体利益吻合时，会促进公共利益、整体利益的实现；当个人利益和公共利益、整体利益不吻合时，个人利益要随之调整。价值整合是指对主体逐利行为的价值取向予以整合，并适当予以引导，这要求树立符合社会主义核心价值观的价值观念，并将其落实在逐利全程。道德导向主要是

---

① 马克思，恩格斯. 马克思恩格斯全集（第 1 卷）[M]. 北京：人民出版社，1956.

对违法不合规、没有围绕整体利益开展的逐利行为展开批判指责，引导所有主体的逐利行为合法化、规范化，用道德上的批判来约束主体逐利行为，避免做出违反法律和不符合道德规范的行为。道德和法律之间是存在空隙的，这时要以是否符合整体利益为标准，进行道德引导、开展道德评判。

二是利益协调机制。利益是把双刃剑，一方面利益是推动食用农产品质量安全精准管控的源动力，另一方面利益的盲目争夺是导致问题出现的根本原因。因此，在食用农产品质量安全精准管控动力机制构建时要匹配利益协调机制来平衡主体利益矛盾，利益协调的结果应当是矛盾主体相互信任、互利共赢。食用农产品质量安全精准管控的利益协调机制存在一对重要利益矛盾，那就是小规模生产与大市场、大流通的矛盾，要解决这一矛盾，必须从市场规律入手，着眼于利益协调机制的制度安排。食用农产品质量安全精准管控的利益协调机制可以从以下方面入手：首先是主体协调机制。当食用农产质量安全精准管控权利主体发生利益冲突时，通过沟通协商，把矛盾转化为共识，解决矛盾冲突。其次是第三方协调机制。当食用农产质量安全精准管控权利主体发生利益冲突时，冲突无法通过主体协调机制解决，那么就需要另一主体以合适方式介入，根据相关法律法规和政策规定，以第三方为主导完成利益冲突调解，促使矛盾双方自愿协商，完成利益纠纷协调。最后是法律协调机制。法律协调机制是面对利益冲突时最有力的保障，通过主体协调机制和第三方协调机制无法化解利益冲突时，需要矛盾一方根据相关法律提起诉讼，通过合法的途径有效解决问题。

三是利益激励和约束机制。激励机制和约束机制的主要目的是维持主体逐利在合理区间，既能激发主体最大活力去追求最大化利益，又能控制主体不盲目逐利，促进利益平衡，推进食用农产品质量安全精准管控。利益激励机制主要是调动食用农产品质量安全精准管控权利主体的积极性，对于政府主体而言，利益激励主要是食用农产品质量安全得到改善，政府的监管压力减小，积极参与管控的个人能获得政治利益；对于市场主体而言，利益激励主要是能最大化满足市场主体的经济利益，能有效避免市场主体盲目逐利而导致市场失灵；对于社会主体而言，利益激励主要是对社会主体的认同和对专业技术人员的重视，提升社会主体在社会中的地位，保障社会主体中专业技术人员的经济利益、晋升空间和社会地位，这能有效激发社会主体参与食用农产品质量安全精准管控的积极性。

在没有任何约束条件下，往往会出现盲目逐利的现象，使用不正当手段破坏公共利益，这是当前食用农产品质量安全精准管控过程中的重要问题。因此，逐利行为是有必要在合法、合情、合道德的约束下进行。道德和价值观念对主体的约束是柔性的，并不完全具有约束性，因此还需要用一种刚性的方式来对主体逐利行为展开约束，即从制度层面和法律层面展开约束，设立相应的制度和法律体系，实现刚柔结合、激励与约束并用。

2. 多元主体协同精准监管机制

行政推动是食用农产品质量安全精准管控的重要内在动力来源，而行政推动的有效实现必须建立在政府引导的多元主体协同监管机制之上，明确主体间及主体内部权责，在信息数据技术的基础下，实现食用农产品质量安全管控观念精准、目标精准、内容精准、手段精准、制度精准以及范围精准。一是提高政府主体监管能力，推进政府治理理念创新。面对复杂的食用农产品市场形势和食用农产品质量安全管控环境，政府主体要明确自身职责，积极引导各参与主体。切实推进治理体系和治理能力现代化，利用现代化的信息数据技术，着力创建食用农产品质量安全精准管控信息数据库和政策案例库，精准把握问题的原因、本质和规律，精准匹配应对政策，创新治理理念，用新理念、新思想看待新问题。二是建立市场主体诚信体系，明确市场主体责任。精准把握市场主体的利益需求，利用利益整合与协调机制，避免市场主体盲目逐利，提高市场主体参与食用农产品质量安全精准管控的积极性。建立以食用农产品质量安全为核心的诚信体系，将诚信贯穿到主体内部各个环节，建立食用农产品生产、加工、运输、销售等方面的全面精准的诚信评价制度。三是提升社会主体的地位。媒体、行业协会、涉农研发机构是食用农产品质量安全精准管控不可缺少的参与主体，对管控有着重要的监督和保障作用。明确社会主体的职责，赋予社会主体权利和责任，最大化发挥不同社会主体的特殊作用。四是拓宽和创新消费者的监督渠道。一方面要全面推进消费者参与渠道的多元化发展，拓宽渠道、创新渠道，注重对新媒体技术的运用；另一方面要保障消费者的话语权，培养消费者的法律意识和维权意识，使治理行为变成社会性质的自主性行为。五是要充分利用现代化的信息数据技术。大数据技术、云计算技术等现代化信息数据技术飞速发展，在多个领域已经展开实践，充分使用信息数据技术能确保食用农产品质量安全管控观念精准、目标精准、内容精准、手段精准、制度精准以及范围精准。要注重人才培养，要善于发掘人才、善于用才，对于相关人才的培养要跟得上技术运用的需求和技术发展的趋势。

（二）食用农产品质量安全精准管控的外在动力机制构建

1. 管控压力正反馈作用机制

正反馈是指受控部分发出来的反馈信息，其方向与反馈信息一样，可以促进和加强控制部分的活动（吕鹏飞，2016）。管控压力是食用农产品质量安全精准管控的重要动力来源。食用农产品质量安全精准管控压力来源于治理，又正向作用于治理，建立高效的压力正反馈作用机制，这会使得管控主体的压力捕捉更精准，一是要通过信息数据库了解潜在的风险和压力，实时采集的食用农产品质量安全信息数据里隐藏着很多风险，这些风险无形中给治理带来了巨大的压力，通过充分使用信息数据技术进行挖掘和分析，了解当前食用农产品质量安全管控的现状，形成管控压力，正向作用于食用农产品质量安全精准管控。二是要建立积极的压力应对机制，这要求管控主体和系统有足够的抗压能力和转压能力，积极反馈消除风险的政策，匹配相应的治理行为，使压力和治理行为形成反馈作用机制。

2. 心理认同机制

建立全社会参与的心理认同机制也是推动食用农产品质量安全精准管控的重要手段，一是要引导社会关注食用农产品质量安全精准管控，食用农产品质量安全是关乎每一个人切身健康的重要民生问题，管控的责任不仅仅在权利主体，同样也需要社会公众的参与，通过宣传教育、政策宣讲和政务信息公开，让社会公众知晓真实情况、理解管控主体的相关举措。二是培养社会公众的高度社会责任感，帮助社会公众树立正确的价值观念。建立全社会参与的心理认同机制需要每一个人的参与，也关乎社会公众每一个人的身体健康，这是营造良好食用农产质量安全环境的重要动力因素。

二、基于食用农产品质量安全精准管控动力源类型的动力机制构建

食用农产品质量安全精准管控动力来源从类型角度看，可以理解为三个层面，分别是物质层面、精神层面和事业规划层面。在物质层次，物质主要包括金钱、物资等，食用农产品质量安全精准管控离不开基本的物质投入和激励，满足主体的物质需求是推动食用农产品质量安全精准管控的物质基础，构建物质投入机制和物质激励机制是从物质层面构建食用农产品质量安全精准管控动力机制的重要内容。在精神层次，动力可以理解为理想、信念和情感等精神因素对食用农产品质量安全精准管控的推动力，管控主体在精神激励下才更有动力参与管控，在精神引导下，管控主体和社会公众能够提升对食用农产品质量安全治理的热情和自信，因此从精神层面构建精神激励机制和精神引导机制有重要的意义，是食用农产品质量安全精准管控动力机制不可或缺的部分。在事业规划层面，从宏观角度看，食用农产品质量安全精准管控是国家事业，从微观角度看，食用农产品质量安全精准管控是所有治理主体和社会公众的工作事业，而事业规划是指在酌情考虑治理现状、管控主体能力和事业发展目标的基础上，以事业发展目标、追求最大利益为最终目的而做出的科学、有效的安排和计划，这也是基于动力源类型视角的重要内容。事业规划包括短期事业规划和长期事业规划，因此在事业规划层面构建短期事业规划机制和长期事业规划机制对推动食用农产

品质量安全精准管控有着重要作用（见图5–4）。

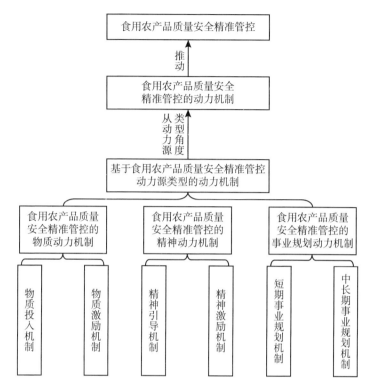

图5–4 基于食用农产品质量安全精准管控动力源类型的动力机制构建

（一）食用农产品质量安全精准管控的物质动力机制构建

1. 物质投入机制

食用农产品质量安全精准管控对于物质的需求主要来源于资金和物资。资金和物资主要用于食用农产品精准管控的相关保障和管控主体的激励。物质的来源不能仅仅依靠政府主体的财政投入，更需要拓宽资金来源渠道，应引导相关涉农企业加大对食用农产品质量安全精准管控的物质投入。当前的食用农产品质量安全精准管控的物质投入远远满足不了精准管控的需求，这也是导致食用农产品质量安全精准管控困境的重要原因之一，加大物质投入力度能激励管控主体的行为，能丰富食用农产品质量安全精准管控的相关物资、设备，如当前针对质量安全检测设备的配备远远不够，设备的先进程度也达不到现实要求，而加大物资投入在一定程度上能缓解这一现象，确保食用农产品质量安全精准管控在物质层面不受阻。

2. 物质激励机制

对于管控主体的物质激励机制是推动食用农产品精准管控稳定发展、取得成效的重要因素，当前的食用农产品质量安全精准管控背景下，物质激励是活跃治理环境和提升管控主体积极性的强有力措施。建立科学、合理的物质激励机制就需要以按劳分配、精细分类为原则，以科学、合理的方式将工资、奖金等物质激励给各参与主体，应该根据食用农产品质量安全精准管控的内在定位和性质建立具有特色的物质激励机制。

对于食用农产品质量安全精准管控政府主体来说，薪酬制度是最重要的物质激励措施，应当坚持竞争、公平和激励的原则，根据政府主体在精准管控中的核心行动者地位和农村农业干部的特点来设立具有自我特色的食用农产品质量安全精准管控政府主体薪酬制度。食用农产品质量安全精准管控的政府工作人员的薪酬一般由基本工资、岗位津贴、绩效考核奖金及其他福利组成，基本工资是统一发放的，在设计薪酬制度时可以不作调整，着重从岗位津贴、绩效考核奖金和其他福利入手设计。在考设计岗位津贴时，应当充分重视食用农产品质量安全精准管控的重要性，不考虑职务高低，根据政府工作人员在食用农产品质量安全管控领域工作的年限，建立在此领域按服务年限梯度增加的模式，比如对于在此领域工作的政府工作人员，每两年上调一次岗位津贴，合理逐步增加，以此提高政府工作人员的积极性。在绩效考核奖金方面，应当建立具有自我特色的绩效考核制度，在制度上重视食用农产品质量安全精准管控，在评估时要突出特色，着重从源头治理能力、风险预估能力、应急处理能力等方面入手评估，针对考核评分的差别设计有层次、有梯度的绩效考核奖金标准。对于其他福利，应从食用农产品质量安全精准管控工作性质着手，设立丰富多样、有针对性的福利制度，比如针对食用农产品质量安全基层检测人员，其经常外出超市、商城、农贸市场开展检测工作，应当充分考虑用车补助、高温补助、加班补助等针对性的补助，其他政府工作人员有的补贴食用农产品相关工作人员一定要有，还要参照当地工资水平针对岗位特殊性设立其他补助和福利。

对市场主体和社会主体的物质激励来说，需要充分考虑主体多元化的特点，根据主体性质和利益需求不同的特点，来设计具有针对性的物质激励机制。市场主体主要包括家庭农场、农业专业合作社、生产企业等生产主体，还包括经营企业、经销商、运输企业、农兽药相关企业等经营类主体，其主要追求的是经济效益，因此设计物质激励机制时应当充分围绕此展开。在对市场主体进行物质激励时，首先应当建立合理的考核评分制度，针对考核打分评定等级，根据等级来进行梯度激励，必须高度重视企业诚信问题，出现诚信问题的企业可以一票否决。一是财政政策性激励，政府部分采取相应的财政性激励措施，通过增加补贴、放宽贷款条件、增大贷款金额、提供风投等措施对企业进行激励；二是税收性激励，当前国家在大力实行"减费降税"政策，国家和地方应当高度重视食用农产品相关企业的"减费降税"，不要盲目降减，要根据考核评分和诚信评分对涉农企业实施"减费降税"政策，通过减免税、缓税等政策等税收性激励措施来激励企业参与食用农产品质量安全精准管控。而社会主体主要包括社会组织、媒体和涉农研发机构等，他们在食用农产品质量安全精准管控过程中主要是追求的公共利益，大多为非营利性团体，主要起监督和辅助作用，针对这一特点，在进行物质激励时，要以补贴投入激励为主、以设备支持激励为辅，非营利性社会团体的稳定运行离不开资金投入，政府要加大对其的补贴，激励其积极参与管控；在这个过程中，媒体和涉农研发机构对于资金和设备的需求都很大，对于媒体要进行适当补贴，激励其发挥自身优势，对于涉农研发机构，需要加大资金补贴和设备投入，激励其进行技术创新，从技术层次提升生产水平和治理水平，从而达到推动食用农产品质量安全精准管控的效果。

（二）食用农产品质量安全精准管控的精神动力机制构建

1. 精神引导机制

精神主要指的是价值观念、情感要素和精神状态，食用农产品质量安全精准管控主体精神层次的相关因素是影响治理成效的重要因素，而当前食用农产品质量安全精准管控主体存在严重的"精神贫困"或"精神缺失"的现象，严重制约着食用农产品质量安全精准管控的推进，对于管控主体在精神层次的引导显得尤为重要。

建立针对管控主体的食用农产品质量安全精准管控的精神引导机制应当从价值观念、情感要素和精神状态三个方面入手。在价值观念层面，一是要引导食用农产品质量安全精准管控主体树立正确的价值观念，当前管控主体存在盲目逐利的很大一个原因就是价值观念不端正，因此要引导管控主体深入学习社会主体核心价值观，了解个人利益与集体利益的关系，用正确的价值观念引导主体参与食用农产品质量安全精准管控。二是引导管控主体树立"精准管控"的治理理念，"精准管控"的治理理念是食用农产品质量安全精准管控得以推动的关键性理念，管控主体应该深入对其概念、本质、相关技术深入学习和领悟，并融入到治理全过程。在情感要素层面，要引导所有主体和社会公众高度重视食用农产品质量安全精准管控，引导其从了解食用农产品质量安全精准管控，到理解这项工作，再到对这项工作产生感情，使所有管控主体可以带着情怀和情感参与食用农产品质量安全精准管控。在精神状态层面，良好的精神状态和轻松的工作环境是开展好工作的重要前提，要引导管控主体保持积极的心态，对食用农产品质量安全精准管控坚定信心，适度平衡工作压力和工作强度，使所有管控主体用最佳的精神状态投入到食用农产品质量安全精准管控的事业中。

2. 精神激励机制

物质在一定程度上会决定意识，但当一个人或集体的物质得到一定程度满足之后，再继续保持对其的物质激励或许会失去作用或成效减弱。物质激励对食用农产品质量安全精准管控的所有主体来说是必要的需求，但所有主体还会存在丰富的情感因素和自我追求，因此不仅仅要合理加强物质激励，还要有一定的精神激励，当物质激励无法得到充分满足的时候，精神激励在一定程度上会起着"协调与平衡"的作用。

在设计精神激励机制时，要坚持"以人为本"的原则，站在所有管控主体的心理层面，以物质激励为背景，多角度、全方位进行设计。一是要加强所有管控主体的归属感，提高管控主体的积极性。归属感是所有管控主体在参与管控时所重视的精神因素，应当加强和巩固归属感的激励，提升管控主体的归属感，加强主体内部的文化建设和团队建设，增强管控主体之间和内部的凝聚力建设，可以采取情感激励、安全感激励、地位激励、声誉激励等激励措施。二是要强化管控主体的发展激励，提高管控主体的工作效率。发展需求是管控主体在精神层面的需求，每一个参与者和参与集体都会考虑到发展问题，要多层次、针对性拓宽晋升和发展渠道，对于政府工作人员要有专门化的晋升渠道，对于市场企业要有专门化的发展引导和品牌宣传，对于社会主体要区别与政府主体设计针对性的晋升发展渠道，尤其是针对专业技术人员。对于发展激励，具体可以采取晋升激励、学习激励、认可激励、榜样激励等激励措施。三是要重视管控主体的自我激励，提升管控主体的自信心。自我激励主要是让管控主体有一定能自我精神调节能力，面对高强度的工作压力和复杂的食用农产品质量安全环境，管控主体往往容易出现负面情绪，这时要引导其进行自我激励和调整，提升自信心，赋予管控主体更大的工作空间和工作权力，促进其自我价值的实现。对于自我激励，可以采取赋权激励、引导激励、鼓励激励等具体激励措施。

（三）食用农产品质量安全精准管控的事业规划动力机制构建

1. 短期事业规划机制

在复杂多变的市场经济背景下，食用农产品质量安全环境也变得越来越复杂。食用农产品质量安全精准管控想要得到落实和推进，就必须制定食用农产品质量安全精准管控发展规划，这就包括短期事业规划和中长期事业规划。短期规划是指5年以下的规划，又称为行动计划，主要考虑的是马上要着手做的事情，这对于推动食用农产品质量安全精准管控逐步发展和取得成效有着重要意义。当前背景下，建立食用农产品质量安全精准管控短期规划机制是十分有必要的，食用农产品质量安全精准管控是一项长远的事业，必须年复一年地依靠短期规划机制来进行引领和具体实施。第一，在制定短期食用农产品质量安全精准管控发展规划时，应当制定短期总体规划和短期分项规划，具体应当包含规划的指导思想、总体目标、主要任务和具体实施方案等几个方面，各个环节应紧密围绕食用农产品质量安全精准管控，将"精准管控"的理念融入到规划全过程。第二，在制定食用农产品质量安全精准管控短期发展规划时，需要着重考虑治理之所需，围绕人才培养、技术支撑、资金投入、物资调控、主体建设、法律完善、合作交流等多个方面展开。第三，应当充分认识和了解食用农产品质量安全精准管控的现状，注重短期规划的特色性、现实性、衔接性、精准性和细致性，确保规划能够精准、细致、科学的落实。

2. 中长期事业规划机制

食用农产品质量安全精准管控短期和中长期发展规划是密不可分的有机整体，中长期规划具有很强的纲领性，而短期规划则是在中长期规划的纲领性、方向性指导下编制而成的，中长期规划一般是指5年或5年以上的规划。食用农产品质量安全精准管控中长期发展规划是国家和地区对于食用农产品质量安全精准管控这项事业中长期发展的谋划、部署和安排，是丰富国家治理体系和提升国家治理能力的重要体现，对推动食用农产品质量安全精准管控发展有着重要意义。

食用农产品质量安全精准管控是关乎民生的重要举措，而发展规划的机制化是推动食用农产品质量安全精准管控的有效方案，由于中长期规划存在纲领性的特点，机制的形成能为食用农产品质量安全精准管控注入持续不断的动力。对于食用农产品质量安全精准管控中长期发展规划，第一，要明确中长期规划的编制和机制建设目的，其目的就是通过加强食用农产品质量安全精准管控的宏观引领、综合统筹协调功能，发挥中长期规划的纲领性作用，来推动食用农产品质量精准管控和提升精准管控成效。第二，要清楚食用农产品质量安全精准管控中长期规划的内容，主要是：总结上一个周期规划实施的成效、明确指导思想和基本原则、指出中长期发展目标、明确主要任务和要求。第三，要注重中长期规划的实施，实施过程中要能分清虚实、轻重，尽可能规避一些风险性和方向不确定性因素，强化规划实施过程中的阶段性评估，还要对规划开展创新性研究，确保中长期规划机制能长效正向作用于食用农产品质量安全精准管控。

三、基于食用农产品质量安全精准管控动力源主体的动力机制构建

食用农产品质量安全精准管控的主体包含政府主体、市场主体和社会主体，从动力源的角度来看，所有主体构成了一个有机治理系统，而食用农产品质量安全精准管控的动力就来源于这个有机系统，因此从政府、市场和社会三个主体角度来构建食用农产品质量安全精准管控的动力机制有着重要作用。

对于政府主体来说，政府主体是食用农产品质量安全精准管控过程中的核心行动者，在精准管控过程中发挥着权威、主导的作用，同时政府还要为食用农产品质量安全精准管控提供人、财、物、技术和法律的保障，这是在整合动力来源的基础上，从主体角度政府为食用农产品质量安全精准管控提供的动力，因此构建食用农产品质量安全精准管控的政府精准监管主导机制和管控全面保障机制就显得尤为重要。对于市场主体来说，其存在于食用农产品从生产到销售的整个链条，市场诚信的缺失很大程度上导致了"信息不对称"现象，进而导致了"市场失灵"现象的出现，在精准管控过程中，由于协同的理念还不够深入，相关企业对在参与过程中的责任并不太了解，这就需要建立市场诚信机制和企业责任机制来解决问题，在整合动力源的背景下从市场主体的角度为食用农产品质量安全精准管控注入动力。而社会主体

主要包括行业相关协会、媒体和涉农研发机构，其主要作为第三方来参与食用农产品质量安全精准管控，主要发挥着监督和技术创新的职责，在整合动力源的基础上从社会主体角度来为食用农产品质量安全精准管控注入动力就显得十分必要，这就要求构建阳光监督机制和技术创新机制（见图5-5）。

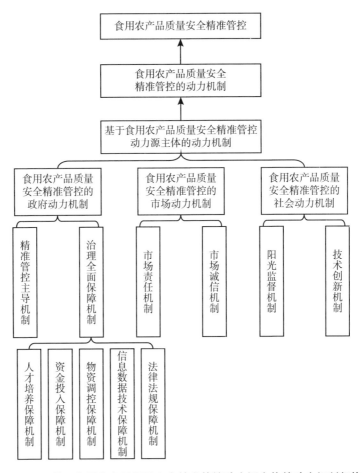

图5-5　基于食用农产品质量安全精准管控动力源主体的动力机制架构

（一）食用农产品质量安全精准管控的政府动力机制构建

1. 精准监管主导机制

政府主体作为食用农产品质量安全精准管控的核心行动者，根据政府主体性质，其权威、地位和功能在食用农产品质量安全精准管控过程中是有着独特优势的，在精准管控过程中占据主导位置。首先，政府主体要引导其他主体深入理解"精准管控"的治理理念，"精准"才会融入到治理全过程，从而确保能做到食用农产品质量安全精准管控的目标精准、内容精准、方法精准、过程精准等全方位的精准化，这要求政府能根据"精准管控"的治理理念利用先进的信息数据技术创建食用农产品质量安全精准管控信息数据库和政策案例库，确保治理精准化的同时还能做到科学化、合理化。其次，还需要政府协同其他主体，根据主体性质的不同，来明确不同主体在食用农产品质量安全精准管控中的职责，在当前食用农产品质量安全精准管控中还存在严重的主体职责不明晰的问题，这需要政府根据利益联盟的利益关系和主体功能来对其进行划分，在精准的同时做到多元主体的协同。最后，政府主体在食用农产品质量安全精准管控过程中作为主导主体，需要切实提升自身的监管能力，政府主体需要学会使用先进的信息数据技术来保障食用农产品质量安全管控的精准化，在监管、保障等过程中精准发力，加强源头治理和全程管控，提升政府主体在食用农产品质量安全精准管控中的公信力，以此来调动其他主体的积极性和心理认同。另外，政府主体在主导食用农产品精准管控的过程中要注重开展服务性工作，利用信息数据技术建立的信息数据库有着时效性和全面性的特点，在一定法律的规范下可以适度为其他主体和社会公众提供相应的查询服务，有助于其他主体开展工作，有利于社会公众对食用农产品质量安全精准管控的监督和购买放心的食用农产品。

2. 管控全面保障机制

新环境背景下，对于食用农产品质量安全精准管控的保障要致力于体制创新、技术创新和方法创新，从人力、资金、物资、技术和法律五个层面构建全方面多角度的长效保障机制。

一是人才培养保障机制。首先要转变思想观念，提高食用农产品质量安全精准管控参与人员对于"精准管控"的认识，创新思路和方法。其次要提高食用农产品质量安全精准管控参与人员的物质和精神待遇，为其参与管控提供生活保障，通过相应的物质激励，提高其参与管控的积极性和主动性。再次要完善食用农产品质量安全精准管控参与人员的选拔、考核以及晋升机制，要做到选得出人才、用得对人才、留得住人才，还要让人才满意当前工作环境和状态。最后要加强食用农产品质量安全精准管控参与人员的思想政治教育，对其进行必要的技能和技术培训。加强食用农产品质量安全精准管控参与人员的价值观念，强化公共利益至上的利益观，加强对信息数据技术使用的培训。

二是资金投入保障机制。政府主体要加大对食用农产品质量安全精准管控的资金投入，构建以政府为主、市场主体和社会主体共同参与的多元化资金投入机制，为食用农产品质量安全精准管控提供有力的财政保障。首先根据市场经济发展，同步加大政府财政对食用农产品质量安全精准管控的投入，从国家层面到地方层面按比例分摊治理经费，积极争取国家财政转移性支付，争取各种国家专项补助资金，设立专项资金，逐步扩大财政覆盖范围和投入力度。其次完善资金筹集机制。政府主体要积极探索资金筹集渠道，充分调动市场主体和社会主体的积极性，动员食用农产品相关企业设立质量安全管控专项资金，积极引导社会主体对于食用农产品质量安全精准管控的投入。最后加强资金监管，保障使用效益。专项资金被挪用、挤用的现象屡见不鲜，浪费的情况也时有发生，建立完善的财务制度和审计制度是确保资金不被挪用、挤用、浪费的有效途径。政府要主导资金的合理分配，对资金的分配要根据需求做出科学决策。

三是物资调控保障机制。加大对食用农产品质量安全精准管控的物资投入，政府主体要建立对物资投放区域、领域有区分的调控保障机制，整合资源，提升管控水平。在物资投放区域上，把食用农产品质量安全精准管控的经费纳入本级预算，加大上级物资投放力度，加强本级物资采购力度，把重点放在食用农产品质量安全环境较差的地区，物资的管理和统筹需要依靠专门化的调控机制，提高物资利用率，做到时间和空间上的资源有效整合和配置。在物资投放领域上，要覆盖食用农产品生产、运输、加工、销售、检测等各个环节，全覆盖的同时把重点放在风险较大的环节和能有效控制质量安全事故发生的环节，如生产、检测等，做到物资精准调控。

四是信息数据技术保障机制。精准管控相对传统治理的最大特点就是对于信息数据技术的充分使用，因此政府主体对于信息数据技术的保障是实现治理精准化的重要前提。首先要建立信息数据库和政策案例库，信息数据的来源应覆盖食用农产品生产到销售的各个环节，信息数据的采集是信息数据库建设的重要工作，信息数据的采集要做到实时更新、全面覆盖，如在农产品流通过程中，通过大数据 GPS 技术对流通路线进行客观评估，减少农产品在流通过程中的腐烂、变质等问题的出现，提高农产品的新鲜程度。各类主体授权实时上传的数据也是信息数据库的重要数据来源，例如通过用户授权实时上传，提取农产品生产工艺、销售方式、销售量等相关数据，这些都能为农产品质量风险等级评估提供有效依据，对于食用农产品溯源机制的建立也有很大帮助。此外，数据的实时上传和更新涉及到处理结果的实时性和可靠性，因此需要建立合理的信息数据采集机制，建立合理的数据信息采集规范和标准。对信息数据的实时处理和分析也是信息数据库的重要任务，随着云计算技术的发展，对其的运用也越来越多。从丰富多样的数据源中准确快速获取有价值的信息是信息数据技术的关键，云计算的发展为强化信息数据库的功能提供了技术保障。在信息数据处理完成后，要对处理结果进行迅速反应，匹配相应治理行为和政策，这就需要建立政策案例库，根据过往所有的相关案例和政策，结合现有分析处理结果，匹配当前最合理的政策，这就是政策案例库建设的意义。其次要不断发展信息数据技术。随着管控环境的复杂化和利益结构的复杂化，对于信息数据技术的要求也会随之变高，不仅要顺应治理环境的变化，还得适应技术的不断革新。最后要加强技术人才的培养。有好的技术没有会运用的人也是徒劳，要重视对人才的培养，建立常态化学习机制，转变思想，接受新知，适应不断变化的管控环境和管控需求。

五是法律法规保障机制。政府主体要大力推进食用农产品质量安全精准管控法制化建设，为体制建设和机制运行提供法律保障。首先，以现有的《食品安全法》《农产品质量安全法》等法律为基础，根据新形势、新环境、新条件的要求，对现有法律进行修改、完善，着力构建符合食用农产品治理安全精准管控要求、符合当前利益分配机制、解决当前实际问题的法律体系。其次，在当前食用农产品质量安全精准管控过程中还发现有很多未涉及的法律盲区，亟待出台一套综合的关于食用农产品质量安全的法律。最后，在法律法规上要明确管控主体的权责、保障利益，助推形成权责利分配合理的食用农产品质量安全精准管控机制。

（二）食用农产品质量安全精准管控的市场动力机制构建

1. 市场诚信机制

我国当前的食用农产品质量安全管控环境下，市场主体经常出现"诚信缺失"的问题，生产者、经营者等市场主体经常性盲目逐利，"信息不对称"是常态，"市场失灵"非常严重，这不仅需要利益协调机制来进行协调，更需要市场诚信机制的引导。市场主体要在经营过程中始终贯彻社会主义核心价值观，树立高度的诚信意识，对食用农产品质量安全问题负责。要建立食用农产品质量安全市场主体诚信考核与评价机制，设立相应的考核指标，如事故发生率、问题产品召回情况、农兽药使用情况、运输时长、保鲜程度等多方面，依据打分来评定市场主体诚信等级，并将诚信等级向社会公布，用诚信等级对市场主体施压。从市场主体内部考虑，市场主体要引导员工树立诚信意识，并融入到食用农产品生产、运输、加工和经营的各个方面；市场主体可以把诚信纳入内部员工的日常考核，并和绩效奖金挂钩。同时还要积极引导社会公众对于市场主体充分信任，社会公众对食用农产品质量安全精准管控的工作了解和信任，才会对食用农产品信任，最终对整个食用农产品市场信任。此外，市场诚信机制的良好运行也需要相应的法律支撑，用法律来惩罚或约束失信行为。

2. 市场责任机制

多元主体协同背景下的食用农产品质量安全精准管控过程中，经常发生权责划分不明晰的问题，市场主体往往无法明确自身在食用农产品质量安全精准管控中的责任，这导致从市场主体层面注入到食用农产品质量安全精准管控的动力严重不足。市场主体主要包括家庭农场、农业专业化合作组织、生产企业等生产者、物流运输企业等流通部门、农兽药经销商和农兽药生产企业、食用农产品经销商、超市、商场等企业，在构建市场责任机制是应该充分考虑其主要追求经济利益的特点，着力从市场主体的治理责任、社会责任和道德责任三个层面构建。在治理责任方面，市场主体应严格要求自己，从生产过程、流通过程到销售过程要严格管控，不盲目追求利益而使用违禁农兽药品或研发、生产违禁农兽药品，积极配合政府主体的引导，切实履行食用农产品质量安全精准管控的责任。在社会责任方面，基于市场主体的特点，市场主体和消费者之间存在买卖行为，市场主体需要为其提供相应的服务，这就决定着市场主体有着相应的社会责任，原则就是要做到对消费者负责，为其提供安全的食用农产品，虚心接受消费者提出的意见和建议，与消费者建立良好的诚信关系。在道德责任方面，加强市场主体自身的思想道德教育和理想信念教育，做社会主义核心价值观的践行者和弘扬者，不断提升道德品质修养，在行为上坚守道德底线，为在道德责任层面为食用农产品质量安全精准管控提供动力。

（三）食用农产品质量安全精准管控的社会动力机制构建

1. 阳光监督机制

食用农产品质量安全精准管控的社会主体主要包括行业协会、媒体机构和涉农研发机构等，在食用农产品质量安全精准管控中发挥着重要的监督作用。权责明晰的食用农产品质量安全多元主体精准管控模式原则上会很少出现缺位、越位和错位的情况，但当前主体权责还不够明晰，这导致主体职权缺位、越位和错位的情况时有发生，阳光监督机制这时就可以与之互补，平衡这一现象，社会主体在这一过程中可以充分发挥作用，通过监督权力实现情况来提出异议，促进多元主体模式在权责明晰的情况下实现。食用农产品质量安全精准管控主体在治理过程中因为"被赋权"而拥有较大的权力自由性，权力一旦被滥用就会出现一系列问题，这就需要一定的监督约束，一方面是防止权力滥用，另一方面是对管控主体施压，确保管控主体本身的健康化。权责明晰是阳光监督机制的一个重要内容，而另一个重要内容则是针对暴力行政执法问题的，防止暴力的行政执法是阳光监督机制的重要内容，媒体机构在这一方面就有着重要的功能优势，当前媒体技术的空前发展为阳光监督的实现创造了有利的条件，通过媒体对恶性执法的曝光，来对食用农产品质量安全精准管控的各类主体造成舆论上的压力，而在监督过程中，必须有相应的法律法规根据，不能虚假曝光而造成市场主体的经济和名誉损失，进而造成食用农产品质量安全精准管控困境。

2. 技术创新机制

推进并做好食用农产品质量安全精准管控不仅涉及信息数据技术的创新，对于食用农产品质量安全来说，创新食用农产品及附加产品的生产、运输等相关技术也十分重要，这也是减轻源头管控压力的重要保障。而涉及这方面技术创新的主要是社会主体，技术创新机制主要包括两个方面，一是行业标准的创新，二是生产、运输等技术的创新，这主要取决于相关行业协会和涉农研发机构在食用农产品质量安全精准管控过程中的功能。行业标准的制定是一个牵涉各方利益的复杂性工作，对农兽药的使用量、农产品的成长周期、保质期、农兽药的成分、营养成分等会有量化规定，这是食用农产品质量安全市场准入的重要标准，在制定行业标准时不能盲目照顾主体利益，要以食用农产品安全为首要原则，要综合考虑质量因素和营养因素，并要创新与国际接轨合作的路径，向食用农产品质量安全精准管控发达国家学习，借鉴相关经验。而对于食用农产品生产、运输、保鲜等技术的创新主要依靠涉农研发机构，技术的创新主要靠专业人才的驱动，一方面涉农研发机构要在政府主体的引导下创新人才培养和引进机制，另一方面是要加大资金投入和设备投入，这是技术创新的重要前提。资金投入对于留住人才有着重要意义，涉农研发机构需要创新技术，加快成果转化，通过科研成果获得政府纵向投入和企业横向投入，这对于先进设备的引进也十分重要。

第六章　食用农产品质量安全精准管控的评估指标体系构建

第一节　食用农产品质量安全精准管控评估指标体系构建的重要性

一、精准考核：提高食用农产品质量安全精准管控效能

食用农产品质量安全精准管控评估体系，是对食用农产品全产业链各单元管控食用农产品质量安全能力与水平的评估，是对食用农产品全产业链各单元在食用农产品生产过程中为保障食用农产品质量安全而做出的一系列举措、行动、努力程度的衡量，是提高食用农产品质量安全水平的评估工具。科学高效、合理可行的食用农产品质量安全精准管控评估体系能够反映出食用农产品全产业链各单元管控食用农产品质量安全的实际情况，实时监测食用农产品质量安全精准管控效率，准确掌握和及时解决管控过程中出现的问题和矛盾，在把握食用农产品质量安全精准管控的具体情况下，对生产主体、经销主体、消费主体、监管主体等利益相关主体的管控行为进行精准考核，提高食用农产品质量安全精准管控效能，提升保障食用农产品质量安全水平。

二、精准问责：落实食用农产品质量安全精准管控主体的职责

食用农产品质量安全精准管控评估体系，能够清楚地界定各管控主体的

责任边界，明确好、落实好食用农产品全产业链各单元的基本职责，做到精准问责、严肃追责，提高食用农产品质量安全精准管控水平。食用农产品质量安全精准管控涉及到产前、产中、产后每一环节的相关主体，各主体都有自己独特的职责。生产主体在整个食用农产品质量安全精准管控中处于源头位置，要发挥其基础性、补充性的作用，努力对食用农产品质量安全的源头问题进行管控，为食用农产品质量安全精准管控贡献力量。经销主体上承生产主体，下接消费主体，其在农业产业链中的作用是无可替代的。经销主体要严格规范自身的经营行为，树立良好的社会责任感，坚决杜绝违法乱纪行为的发生，努力推动食用农产品质量安全精准管控的向前发展。消费主体不仅行使食用农产品质量安全信息知情权、监督权，而且要充分地表达自己的意见，为提高食用农产品质量安全精准管控能力和水平建言献策。政府部门要对食用农产品质量安全进行宏观调控，弥补市场失灵，要严格履行政府职能，密切关注食用农产品质量安全。政府部门要做好监管、检测、严格执法、设置市场准入标准等工作，从整体上、宏观上管控食用农产品质量安全保障工作。食用农产品质量安全精准管控评估体系，有针对性地对食用农产品质量安全管控主体的管控行为进行评估，确保权责明确。

三、精准管控：保障食用农产品质量长治久安

食用农产品质量安全精准管控，对保障食用农产品质量安全、落实农业高质量发展要求、推动健康中国战略实施具有重大而深远的意义。食用农产品质量安全精准管控正是运用这些智能化、数据化的手段，实现对食用农产品质量安全的精准识别、实时追踪、严格管控。如大数据技术可以记录农产品从生产、加工到流通等环节的质量安全数据，能够明确划分相关主体责任，一旦农产品出现质量安全问题，监管部门能够立即对涉事主体追究责任，进行惩处（肖湘雄，2015），从而精准、有效地保障食用农产品质量安全。食用农产品质量安全精准管控评估体系，是对食用农产品全产业链各单

元管控食用农产品质量安全能力的评估，其评估结果直观地反映食用农产品全产业链各单元管控食用农产品质量安全的情况，能够明确地看到食用农产品全产业链各单元在管控食用农产品质量安全上存在的不足，对症下药，有针对性、计划性地加以改进，不断提高食用农产品质量安全精准管控能力与水平，从而保障食用农产品质量安全长治久安。

第二节　食用农产品质量安全精准管控评估指标体系构建分析

一、食用农产品质量安全精准管控评估指标体系构建的价值取向

(一) 根本价值取向

保护公共利益，维护消费者权益，是食用农产品全产业链各单元实施质量安全管控的出发点，是构建食用农产品质量安全精准管控评估指标的根本价值取向。其引导着食用农产品质量安全精准管控绩效评估工作的开展，构成了食用农产品质量安全精准管控评估体系和评估行为的内在要求和深层结构，是食用农产品质量安全精准管控评估体系的灵魂，推动着食用农产品质量安全精准管控评估的前进与发展。首先，将消费者需求导向作为食用农产品质量安全精准管控评估的立足点，衡量广大消费者的利益需求，按照消费者的根本需求设计指标和权重，体现公共利益至上的理念。其次，要以公众满意度作为评估的基本衡量标准，努力改进食用农产品质量安全精准管控方式方法，提供公众满意的服务。最后，消费者参与是食用农产品质量安全精准管控评估的重要组成部分。消费者有了更高层次的追求，参与意识也不断提高，因而，在食用农产品质量安全精准管控评估体系构建中，要扩大消费者参与评估的广度和深度，提高消费者在评估中的权重，积极反馈信息，科学运用评估结果，公开接受消费者监督，确保食用农产品质量安全精准管控

评估体系的公正性、规范性、合理性。

（二）目标价值取向

保障食用农产品质量安全，推动农业高质量发展，不仅是食用农产品全产业链各单元对质量安全管控的直接目的，也是食用农产品质量安全精准管控评估体系构建的目标价值取向，从大方向上指引着评估目标的一致性。确立保障食用农产品质量安全，推动农业高质量发展这一目标，可以防止指标体系在设计时指标间的关系混乱，甚至对立或者冲突，也可以防止指标体系分散、整合度低。在进行食用农产品质量安全精准管控评估指标构建时，考虑到这一目标价值取向，从整体上把控，从而构建一个整体化的、精干的、高效的食用农产品质量安全精准管控评估指标体系。

（三）基本价值取向

全面、协调、可持续发展是食用农产品全产业链各单元实施质量安全管控的基本准则，是食用农产品质量安全精准管控评估体系构建的基本价值取向，从整体上规范着食用农产品质量安全精准管控工作的开展。评估指标体系只是工具，而工具生命力的体现在于其适用性，所以，在构建食用农产品质量安全精准管控评估指标体系的准备阶段，要把握食用农产品质量安全的特点、现状和管控主体的特征，对食用农产品质量安全精准管控评估指标体系的内容进行系统的、全面的设计，实现食用农产品质量安全精准管控的全面、协调、可持续发展。

二、食用农产品质量安全精准管控评估指标体系构建的原则

评估指标是评估体系构建的核心所在，食用农产品质量安全精准管控评估工作进展顺利与高效程度，其关键在于指标体系构建的科学与否，所以，在进行指标体系构建之前，需要明确评估指标构建的原则，以确保构建一个

科学合理、高效可行的食用农产品质量安全精准管控评估指标体系。目前英美等国家普遍遵循"SMART 原则"，具体包括：一是明确的、具体的（specific）；二是可衡量的（measurable）；三是可达到的（attainable）；四是相关性（relevant）；五是有时限性的（time-bound）。食用农产品质量安全精准管控评估指标不仅具有一般指标的普遍性外，还有其自身的特殊性。所以，食用农产品质量安全精准管控评估指标的构建不仅要遵循指标构建一般的原则，而且要遵循一定的特殊原则。

（一）一般原则

1. 科学性原则

科学性原则要求能够形成一套完整的、系统的、有效的评估方案与方法，不断加强绩效评估体系的标准化、制度化和规范化，提高食用农产品质量安全精准管控评估的科学性，不断改进食用农产品质量安全管控方法，提升食用农产品质量安全保障水平。科学性原则要贯穿食用农产品质量安全评估指标体系构建的全过程，体现在指标体系构建的方方面面，指标的选取、信度、效度检验和指标权重赋值等都要以科学为依据，采用定量与定性相结合的方法对食用农产品质量安全精准管控效能做出科学的、合理的评价，提高评估结果的真实性、实用性和适用性，提高食用农产品质量安全管控水平，引导农业高质量发展，切实保障食用农产品质量安全。

2. 可操作性原则

可操作性原则要求在最终目标的指导下，重视食用农产品质量安全管控的实际情况，考虑评估指标的可获得性、可测性与可操作性。食用农产品质量安全精准管控评估指标的构建要考虑以下问题：首先，立足食用农产品质量安全管控现状，避免过高或过低地估计食用农产品全产业链各单元的管控能力和水平。其次，评估指标的可测性，其中定量指标可以通过数学方法计算或从统计数据中获得，定性指标则通过专家的描述给予定级，以不同的等级来量化。最后，考虑食用农产品质量安全精准管控评估指标的实际可行性，构建食用农产品质量安全精准管控评估指标体系是为了有效指导与解决实际问题的，所以能否真正地、可行地、准确地将其运用到实际问题中来是很关键的一点，因此，可操作性原则是整个食用农产品质量安全精准管控评估过程能够顺利进行的关键原则。

3. 可接受性原则

可接受性原则要求评估指标体系协调多方意见，努力寻求利益平衡点，让每一主体都能接受，从而顺利实现评估目标。食用农产品质量安全精准管控评估指标构建时要综合考虑食用农产品全产业链各单元和消费者的需求，听取各管控主体和群众的意见和建议，协商一致，共同确定评估标准，进而保证食用农产品质量安全精准管控评估指标体系的可接受性，优化指标构建过程，提升评估指标体系的价值。同时，在指标选取的方法上，要采用常用的、公认的、较为成熟的方法，或者是经过检验并具有较高的可信度的通用方法，提高指标的认可度与接受度。

（二）特殊原则

1. 动态性与差异性相结合原则

我国地域辽阔，不同的地区在自然条件和社会条件等方面呈现出一定差异性。因此，食用农产品质量安全精准管控评估指标构建需要考虑不同地区发展水平的差异性对食用农产品质量安全精准管控工作的影响，对不同地区食用农产品质量安全精准管控工作的评估，要因地制宜，体现区域或产业特色，在指标的设计上要有所侧重，不仅要设置通用指标，还要设置一些特殊指标，尽可能地减小因地区发展差异给食用农产品质量安全精准管控评估带来的误差，通过权重的设置来体现不同地区的各项指标的重要程度。

食用农产品质量安全精准管控评估指标构建应遵循动态性的原则，不同时期食用农产品质量安全精准管控的情况不一，具有发展性、上升性，随着科学技术不断进步、经济水平的不断发展，食用农产品质量安全精准管控也处于不断变化之中，具有一定的动态性。所以，食用农产品质量安全精准管控评估体系不是一成不变的，要根据我国食用农产品质量安全精准管控的实际情况进行不断的调整，使之与质量安全管控水平相适应，反映我国食用农产品质量安全精准管控的发展情况与真实水平。

2. 整体性与系统性相结合原则

整体性原则要求评估指标能够全方位地、多层次地反映食用农产品质量安全精准管控的质量和数量要求。食用农产品质量安全精准管控评估指标构建应该按照科学发展观和公共利益至上的要求，体现农业发展的均衡性与可持续性，通过评估指标的设置和考评，把食用农产品全产业链各单元的管控工作重点引导到实现农业的高质量发展，促进经济效益、社会效益、环境效益和生态效益的统一上。因此，在食用农产品质量安全精准管控评估指标构建过程中，要遵循整体统一的思路，直观地、科学地和全面地反映食用农产品全产业链各单元管控工作的真实情况和水平。

系统性原则要求评估指标体系的各项指标之间既彼此独立，又相互联系，在逻辑上构成一个整体。食用农产品质量安全精准管控评估的各项指标要从不同的方面反映各管控主体之间的联系，在不同层次上反映保障食用农产品质量安全这一目标要求。在指标构建时，要考虑指标之间的逻辑性、递进性与层次性，指标体系尽可能地涵盖食用农产品全产业链对食用农产品质量安全精准管控的方方面面。食用农产品质量安全精准管控评估指标的系统性，避免了杂乱的、相互矛盾的指标给管控主体带来的无所适从，而食用农产品质量安全管控过程的复杂性也决定了指标的构建要遵循系统性原则。

3. 公民导向原则

公民导向原则要求食用农产品质量安全精准管控评估指标的构建要从当地的实际情况出发，看看食用农产品全产业链各单元对食用农产品质量安全的精准管控是否实实在在的保障了人民群众"舌尖上的安全"，是否让人民群众吃得放心、过得舒心，是否真正地提高了食用农产品质量安全水平，并引导农业向高质量、高水平和高标准方向发展。所以，食用农产品质量安全精准管控评估指标的构建要立足于食用农产品质量安全管控现状，从人民群众的考虑和需要出发，考虑评估指标的设计是否符合目标追求、群众需要以及满意的程度。为广大消费者提供安全、高质、味美的食用农产品是衡量食用农产品质量安全精准管控效能的重要标准，同时也是构建食用农产品质量安全精准管控评估指标体系应遵循的根本原则。

三、食用农产品质量安全精准管控评估指标体系构建的流程

食用农产品质量安全精准管控评估指标体系的构建是一个将评估目标具体化的过程，为了实现这一过程，本研究将从前期准备—指标初步建立—指标筛选—信效度分析—指标确立五步构建食用农产品质量安全精准管控评估指标体系（见图 6 - 1）。

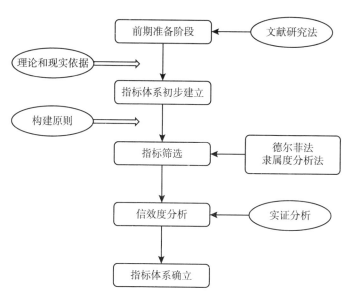

图 6 - 1　食用农产品质量安全精准管控评估指标体系构建的流程

（1）前期准备阶段。全面把握食用农产品质量安全的有关政策，分析食用农产品质量安全的特点，了解大数据、区块链、云计算在等信息技术在农产品

质量安全管理上的应用，学习农产品质量安全评价指标和食品安全评价指标，掌握构建指标的基本方法和基本原理，为指标体系的构建做好充分的准备。

（2）指标体系初步建立。基于系统分析法，以全面质量安全理论为指导，以现实为导向，在把握食用农产品的现状和精准管控特点的基础上，确定食用农产品质量安全精准管控评估指标体系的准则层指标，通过分析文献资料中相关评估指标，尽可能多地选取和罗列反映各维度的指标。

（3）指标筛选。初步构建的食用农产品质量安全精准管控评估指标数量较多，指标体系整体上比较烦琐，为保证指标体系的专业性，向农产品领域内的专家进行咨询，请专家对初步构建的食用农产品质量安全精准管控评估指标体系给出指导建议，然后结合专家的意见对评估指标进行修正。再对修正后的评估指标进行指标隶属度分析，请专家对食用农产品质量安全评估指标打分，然后通过计算指标隶属度，删除隶属度低的指标。

（4）信效度分析。在食用农产品质量安全精准管控评估指标体系构建完成后，还需要对指标体系进行检查和修正，以确保它作为一个评估工具的精确性。评估工具是否具有可靠性和适用性，需要进行信度和效度分析。所以对食用农产品质量安全精准管控评估指标体系进行了信度和效度检验。

（5）指标体系确立。采用德尔菲法和指标隶属度分析法，对食用农产品质量安全精准管控评估指标进行了筛选，保证了指标体系的专业性。通过信效度分析，保证了指标体系的可靠性和适用性。最终确立了食用农产品质量安全精准管控评估指标体系，并对指标内涵进行了说明。

第三节 食用农产品质量安全精准管控评估指标体系的设计与筛选

一、食用农产品质量安全精准管控评估指标体系的初步构建

本研究在构建食用农产品质量安全精准管控评估指标体系时，将指标分

为四个层次，即目标层、准则层、次准则层和方案层。在保障食用农产品质量安全的总目标的指导下，首先确定准则层指标，其次确定次准则层指标，最后确定方案层指标，使得次准则层指标具有可操作性。本研究采用系统分析法，从食用农产品质量安全管控现状出发，遵循指标构建原则，设计了管控理念、管控能力、管控水平、管控系统和管控效能 5 个准则层指标、14 个次准则层指标和 58 个方案层指标，初步构建了食用农产品质量安全精准管控评估指标体系 X_1（见表 6 - 1）。

表 6 - 1　　　　食用农产品质量安全精准管控评估指标体系 X_1

目标层	准则层	次准则层	方案层
食用农产品质量安全精准管控评估指标体系	管控理念	宣传教育	农产品安全生产知识的宣传教育（场）
			农产品安全生产技术培训（场）
			农产品质量安全知识培训（场）
			农业标准化知识培训（场）
			农产品质量安全宣传资料的发放（册）
			媒体对农产品质量安全事件的报道（次）
	管控体系	制度落实	"三品一标"获证产品数（个）
			农产品包装标识使用率（％）
		体系建设	农产品质量安全标准化示范基地建成数（个）
			农产品质量安全快速检测体系建成率（％）
			农产品质量安全追溯体系建成率（％）
	管控能力	资源能力	食用农产品质量安全相关政策发布数量（个）
			食用农产品质量安全检测设备拥有量（台）
			食用农产品质量安全资金投入占政府总支出的比重（％）
			农产品质量安全专业人员数占总人数之比（％）
			食用农产品质量安全技术支持是否到位
			食用农产品质量安全信息发布是否全面、及时、准确

续表

目标层	准则层	次准则层	方案层
食用农产品质量安全精准管控评估指标体系	管控能力	监测能力	食用农产品抽检次数（次）
			农资监督抽检次数（次）
			抽检范围覆盖率（%）
			监测人员的专业性
			监测频率（%）
		协调能力	各监管部门的协作联动频率（次/月）
			与社会组织（科研、农合社、媒体）的合作次数（次）
			与刑事司法机构的联席会议次数（次）
		行政执法能力	食用农产品质量安全事故处理效率（%）
			应急事件的处理效率（%）
			食用农产品质量安全专项整治效率（%）
			农资打假专项活动次数（次）
			农产品质量安全案件投诉举报处理效率（%）
			食用农产品质量安全案件查处数（个）
			处置"两残一非"违法行为数量（个）
			行政执法力度
		信息化建设能力	食用农产品质量安全信息化建设完成度
			食用农产品质量安全信息发布效率（%）
			食用农产品质量安全信息共享程度
			食用农产品质量安全电子追溯系统建设覆盖率（%）
	管控水平	产地环境安全	农田土壤质量达标率（%）
			农业灌溉水质达标率（%）
			大气质量达标率（%）
		生产环节管控水平	农业投入品单位面积的投放数量（克）
			农药化肥饲料添加剂的使用率（%）
			建立农产品生产记录的农户数（户）
			农产品无害化处理覆盖面（%）
			农资经营行为的规范化

目标层	准则层	次准则层	方案层
食用农产品质量安全精准管控评估指标体系	管控水平	流通环节管控水平	农产品仓储保鲜冷链设施建成率（％）
			对"三剂"的检查频率（％）
			物流与冷链配套的协调程度
		销售环节管控水平	农贸市场快速检测合格率（％）
			腐坏、变质农产品处理率（％）
			销售单位农产品质量安全事故处理能力
			农产品信息完整度与真实度
	管控效能	满意度	消费者满意度
			利益相关者满意度
		目标完成程度	食用农产品检测合格率（％）
			食用农产品质量安全事故发生率（％）
			食源性疾病发生率（％）
			食用农产品质量安全知识普及率（％）

　　食用农产品质量安全精准管控评估指标体系 X_1，是依据食用农产品质量安全精准管控的现状、内涵、特点以及影响因素，在全面质量管理理论的指导下，参阅农产品（食品）相关评估指标体系构建研究后，对食用农产品质量安全精准管控评估指标体系进行设计的，具有很强的主观性。因此，需要对食用农产品质量安全精准管控评估指标体系进行筛选。一般而言，指标遴选的基本流程主要有指标隶属度分析、相关分析、鉴别力分析和信度和效度检验（范柏乃、朱华，2005）等步骤，本研究因为技术上存在困难，对初步构建的食用农产品质量安全精准管控评估指标体系进行隶属度分析、信效度检验和权重设计，以期增强食用农产品质量安全精准管控评估指标体系的专业性、科学性和合理性，最终确定食用农产品质量安全精准管控评估指标体系。

二、食用农产品质量安全精准管控评估指标的筛选

（一）食用农产品质量安全精准管控评估指标的初步筛选

采用专家调查法对食用农产品质量安全精准管控评估指标进行初步筛选。将食用农产品质量安全精准管控评估指标体系 X_1 制成调查问卷，以电子邮件的方式，向湖南省的13位专家（高校与研究机构涉农领域的专家学者、政府机关工作人员）发送调查问卷，希望各位专家利用自身的专业知识和丰富的工作经验，对初步构建的食用农产品质量安全精准管控评估指标体系给出自己宝贵的意见。回收有效问卷11份。

通过对11份有效问卷的整理和分析，得到了需要修改和删除的指标，针对这些指标，专家们在回复的邮件中阐述了理由，本研究将专家意见与建议进行综合整理如下：

关于农产品安全生产知识的宣传教育、农产品安全生产技术培训和农业标准化知识培训指标建议删除。农产品质量安全知识培训已经涵盖了这三个指标内容，如果设置会导致指标重复交叉和指标过细。

关于处置"两残一非"违法行为数量指标建议删除。农产品质量安全案件查处数已经涵盖了这一点，如果设置会导致指标交叉重复。

关于农资打假专项活动次数指标建议删除。食用农产品质量安全专项整治包括了农资打假专项活动，建议保留食用农产品质量安全专项整治效率。

关于行政执法力度指标建议删除。行政执法力度是一个比较笼统的指标，农产品质量安全事故处理效率和农产品质量安全专项整治效率能够在一定程度上反映行政执法力度，所以在保留农产品质量安全事故处理效率和农产质量安全专项整治效率的前提下，建议删除。

关于农药化肥饲料添加剂的使用率指标建议删除。农业投入品包括了肥料、农药、兽药、饲料及饲料添加剂等农用生产资料产品，建议保留农业投入品单位面积的投放数量。

关于食源性疾病发生率指标建议删除。食用农产品质量安全事故囊括了食源性疾病发生，从指标的全面性看，建议保留食用农产品质量安全事故发生率。

因此，通过专家对指标体系修改意见的整理，8 个指标得以删除，剩余的指标构成了食用农产品质量安全精准管控评估指标体系 X_2（见表 6 - 2）。

表 6 - 2　　　　　　食用农产品质量安全精准管控评估指标体系 X_2

目标层	准则层	次准则层	方案层
食用农产品质量安全精准管控评估指标体系	管控理念	宣传教育	农产品质量安全知识培训（场）
			农产品质量安全宣传资料的发放（册）
			媒体对农产品质量安全事件的报道（次）
	管控体系	制度落实	"三品一标"获证产品数（个）
			农产品包装标识使用率（%）
		体系建设	农产品质量安全标准化示范基地建成数（个）
			农产品质量安全快速检测体系建成率（%）
			农产品质量安全追溯体系建成率（%）
	管控能力	资源能力	食用农产品质量安全相关政策发布数量（个）
			食用农产品质量安全检测设备拥有量（台）
			食用农产品质量安全资金投入占政府总支出的比重（%）
			农产品质量安全专业人员数占总人数之比（%）
			食用农产品质量安全技术支持是否到位
			食用农产品质量安全信息发布是否全面、及时、准确
		监测能力	食用农产品抽检次数（次）
			农资监督抽检次数（次）
			抽检范围覆盖率（%）
			监测人员的专业性
			监测频率（%）
		协调能力	各监管部门的协作联动频率（次/月）
			与社会组织（科研、农合社、媒体）的合作次数（次）
			与刑事司法机构的联席会议次数（次）

续表

目标层	准则层	次准则层	方案层
食用农产品质量安全精准管控评估指标体系	管控能力	行政执法能力	食用农产品质量安全事故处理效率（%）
			应急事件的处理效率（%）
			食用农产品质量安全专项整治效率（%）
			农产品质量安全案件投诉举报处理效率（%）
			食用农产品质量安全案件查处数（个）
		信息化建设能力	食用农产品质量安全信息化建设完成度
			食用农产品质量安全信息发布效率（%）
			食用农产品质量安全信息共享程度
			食用农产品质量安全电子追溯系统建设覆盖率（%）
	管控水平	产地环境安全	农田土壤质量达标率（%）
			农业灌溉水质达标率（%）
			大气质量达标率（%）
		生产环节管控水平	农业投入品单位面积的投放数量（克）
			建立农产品生产记录的农户数（户）
			农产品无害化处理覆盖面（%）
			农资经营行为的规范化
		流通环节管控水平	农产品仓储保鲜冷链设施建成率（%）
			对"三剂"的检查频率（%）
			物流与冷链配套的协调程度
		销售环节管控水平	农贸市场快速检测合格率（%）
			腐坏、变质农产品处理率（%）
			销售单位农产品质量安全事故处理能力
			农产品信息完整度与真实度
	管控效能	满意度	消费者满意度
			利益相关者满意度
		目标完成程度	食用农产品检测合格率（%）
			食用农产品质量安全事故发生率（%）
			食用农产品质量安全知识普及率（%）

（二）基于隶属度分析的指标筛选

1. 隶属度分析法

隶属度分是模糊数学的一大分支。模糊数学理论强调，尽管社会是可知的，但是依然有着大量难以清楚描述的模糊现象。我们并不能将这类模糊现象进行外延，去探讨它是否归属于某个集合，只能说可能属于这个集合。这种归属于某个集合的程度就是隶属度。如果对食用农产品质量安全精准管控评估指标体系进行分析，将其视为模糊集合，体系中的各大评估指标看作是众多元素，对体系的各大评估指标进行隶属度分析。假如对第 i 指标 X_i 来说，有 M_i 位专家认为指标 X_i 是食用农产品质量安全精准管控评估的理想指标，参加调查的专家总人数为 n 人，那么指标 X_i 隶属度为：$R_i = M_i/n$。所以，R_i 的值越大，说明指标 X_i 的隶属度越高，那么其在评估指标体系中就越重要，要保留该项评估指标；反之，则将该项评估指标删除。

2. 指标筛选

隶属度分析主要以专家作为调查对象，通过问卷进行深入的调查。关于调查对象，朱春奎强调，调查的结果是否精准可靠，与参与调查的人员数量有着密切的关系。参与人员在一定范围内，参与人员数量与调查精确度呈正相关；一旦超过了某个范围，调查结果精准度并不会随着人员数量的增长而增长。因此，专家咨询人数应该在一定范围内，不宜过多（朱春奎，2007）。本研究选择给第一轮专家咨询提供有效问卷的 11 名专家发放问卷，采用电子邮件的方式，将食用农产品质量安全精准管控评估指标体系 X_2 编织成调查问卷发放给专家，请专家为指标进行重要性打分，然后通过 Excel 软件对数据进行分析。本次发放问卷 11 份，回收问卷 11 份。经过对数据的处理和分析，预计保留 40 个指标，所以我们将隶属度小于 0.6 的 10 项指标删除（见表 6 - 3）。

本研究最终构建的食用农产品质量安全精准管控评估指标体系中，既包含定量指标，又包含定性指标，对于不同性质的指标，我们要采取不同的指标数据获取方式。

表 6 – 3   隶属度分析删除的指标

指标	隶属度
食用农产品质量安全技术支持是否到位	0.45
食用农产品质量安全信息发布是否全面、及时、准确	0.36
监测人员的专业性	0.54
监测频率	0.36
食用农产品质量安全事故处理效率	0.54
食用农产品质量安全信息共享程度	0.45
农资经营行为的规范化	0.45
物流与冷链配套的协调程度	0.45
销售单位农产品质量安全事故处理能力	0.45
农产品信息完整度与真实度	0.36

一是关于定性指标的定量化处理：

本研究构建的食用农产品质量安全精准管控评估指标体系中有不少的定性指标，为了尽可能地减少主观判断产生的误差值，我们必须将定性指标进行定量化处理。

本研究采用模糊综合评判法来获取定性指标的评估数据。模糊综合评判法最早由我国著名模糊数学研究专家汪培庄提出并推广使用。模糊综合评判法是一种基于模糊数学的综合评价方法，在解决模糊的、不确定的、外延不清楚的、难以量化的问题上具有优势。

二是指标数值的具体获取方法：

本研究中定量指标的数值可以通过权威的统计数据获取，如统计年鉴、统计局网站以及相关的农产品网站。对于某些定性指标，如满意度指标，一般通过设计调查问卷，进行调查工作获取相应的调查数据后，借助统计软件对数据进行处理，将定性表述转化为定量的形式。

三、信度与效度分析

(一) 信度分析

信度 (reliability) 是指采用相同研究技术重复测量同一个对象时得到相同研究结果的可能性[①]。即信度检验是指测量工具能够可靠地、准确地反映所测内容或事物的可靠性程度，衡量测量结果的可靠性和一致性的基本方法则是信度检验。本研究采用内部一致性信度对食用农产品质量安全精准管控评估指标体系进行信度检验，内部一致信度检验的信度系数是克隆巴赫系数 (Crobach's alpha)，其计算公式为：

$$\alpha = \frac{k}{k-1}\left(1 - \frac{\sum s_i^2}{s^2}\right)$$

其中，α 表示信度系数，k 表示指标项目数量，s_i^2 指第 i 个指标的方差，s^2 表示所有指标总分值方差。

α 系数越高，则测量工具的可信度越高，α 系数的取值区间为 0 ~ 1。一般认为 α 系数大于 0.7 即可，即认为测量工具具有较高的信度。本研究采用 Spss 统计软件对问卷数据进行信度分析，结果如表 6 - 4 所示，"食用农产品质量安全精准管控评估指标体系"总问卷的 α 系数为 0.965，表明信度较高，本指标体系通过了信度检验，各分量表的 α 系数也都大于 0.7，说明各分量表也具有较高的信度，各指标项目可以保留。

(二) 效度分析

效度 (validity) 即准确性、有效性，是指测量工具或测量手段能够准确地测出所需测量内容的程度。进行效度检验的目的是反映该指标体系在多大程度上衡量了所要评估的内容。当测量工具在一定程度上准确地衡量了测

---

① 艾尔·巴比. 社会研究方法：第 10 版 [M]. 邱泽奇译，北京：华夏出版社，2005.

表 6 - 4   可靠性统计量

指标维度	Crobach's alpha	基于标准化项的 Crobach's alpha	项数
食用农产品质量安全精准管控评估指标体系	0.967	0.964	59
管控理念维度	0.712	0.719	5
管控体系维度	0.791	0.814	8
管控能力维度	0.934	0.927	23
管控水平维度	0.923	0.921	15
管控效能维度	0.820	0.800	8

量内容时，我们就说这个测量是有效度的，反之则是无效度的。本研究采用内容效度（content validity ratio）对该评估指标体系进行检验，用 CVR 表示，计算公式为：

$$CVR = \frac{n_i - \frac{n}{2}}{\frac{n}{2}}, \ (1 \leqslant CVR < 0)$$

其中，n_i 表示评定专家认为该指标体系很好地反映了评估内容的评价人数，n 为评定专家总人数。

当 $CVR = 1$ 时，表示所有的评判专家一致认为指标项目内容合适；当 $CVR = 0$ 时，表示评判专家中有一半专家认为该指标项目内容不合适；当评判专家中有超过一半的专家认为指标体系不合理时，$-1 \leqslant CVR < 0$，但一般要求 CVR 为正，大于 0.5，所以 $1 \leqslant CVR < 0$ 是合理的。

本研究选择在此前提供专家咨询打分的 11 位专家，来确定该评估指标体系与评估指标内容之间的关联程度。本次咨询共发送出 11 份咨询表，从回收的问卷结果来看，有 10 位评判专家认为该评估指标体系很好地反映了食用农产品质量安全精准管控情况的内容，根据 CVR 的计算公式，可得出食用农产品质量安全精准管控评估指标体系的内容效度比为 0.82（取两位小数），这说明本研究构建的食用农产品质量安全精准管控评估指标体系具有较高的效度。

四、食用农产品质量安全精准管控评估指标体系的确定

（一）食用农产品质量安全精准管控评估指标体系的具体内容

本研究通过文献分析和理论分析，初步构建食用农产品质量安全精准管控评估指标体系，运用德尔菲法、指标隶属度分析法对食用农产品质量安全精准管控评估指标进行了筛选，最终构建了一个包含 5 个准则层、14个次准则层和 40 个方案层的食用农产品质量安全精准管控评估指标体系（见表 6-5）。

表 6-5　　　　　食用农产品质量安全精准管控评估指标体系 *X*

目标层	准则层	次准则层	方案层
食用农产品质量安全精准管控评估指标体系	管控理念	宣传教育	农产品质量安全知识培训（场）
			农产品质量安全宣传资料的发放（册）
			媒体对农产品质量安全事件的报道（次）
	管控体系	制度落实	"三品一标"获证产品数（个）
			农产品包装标识使用率（%）
		体系建设	农产品质量安全标准化示范基地建成数（个）
			农产品质量安全快速检测体系建成率（%）
			农产品质量安全追溯体系建成率（%）
	管控能力	资源能力	食用农产品质量安全相关政策发布数量（个）
			食用农产品质量安全检测设备拥有量（台）
			食用农产品质量安全资金投入占政府总支出的比重（%）
			农产品质量安全专业人员数占总人数之比（%）

目标层	准则层	次准则层	方案层
食用农产品质量安全精准管控评估指标体系	管控能力	监测能力	食用农产品抽检次数（次）
			农资监督抽检次数（次）
			抽检范围覆盖率（%）
		协调能力	各监管部门的协作联动频率（次/月）
			与社会组织（科研、农合社、媒体）的合作次数（次）
			与刑事司法机构的联席会议次数（次）
		行政执法能力	应急事件的处理效率（%）
			食用农产品质量安全专项整治效率（%）
			农产品质量安全案件投诉举报处理效率（%）
			食用农产品质量安全案件查处数（个）
		信息化建设能力	食用农产品质量安全信息化建设完成度
			食用农产品质量安全信息发布效率（%）
			食用农产品质量安全电子追溯系统建设覆盖率（%）
	管控水平	产地环境安全	农田土壤质量达标率（%）
			农业灌溉水质达标率（%）
			大气质量达标率（%）
		生产环节管控水平	农业投入品单位面积的投放数量（克）
			建立农产品生产记录的农户数（户）
			农产品无害化处理覆盖面（%）
		流通环节管控水平	农产品仓储保鲜冷链设施建成率（%）
			对"三剂"的检查频率（%）
		销售环节管控水平	农贸市场快速检测合格率（%）
			腐坏、变质农产品处理率（%）
	管控效能	满意度	消费者满意度
			利益相关者满意度
		目标完成程度	食用农产品检测合格率（%）
			食用农产品质量安全事故发生率（%）
			食用农产品质量安全知识普及率（%）

（二）食用农产品质量安全精准管控评估指标的具体描述

1. 管控理念层面

管控理念是管控行动的先导。理念一经确立，会对人的行为产生较为长久的影响，食用农产品质量安全精准管控理念一旦真正的建立起来，可以引领实践、指导行为、解决实践问题，所以设计了管控理念这一维度。在该维度下选取了宣传教育一个二级指标。

宣传教育：为提高农产品质量安全知识的普及率，引导全民树立食用农产品质量安全意识，多渠道、多方式、大力度地开展关于农产品质量安全生产、技术、经营、法律法规等方面的培训。一般政府加强农产品质量安全宣传教育工作有两个方式：一是线上宣传，运用信息网络和新闻媒体开展宣传教育工作；二是线下教育，通过发放宣传资料，举办农产品质量安全知识讲座，开展农产品相关技术培训。在该层面共选取了农产品质量安全知识培训（场）、农产品质量安全宣传资料的发放（册）和媒体对农产品质量安全事件的报道（次）三个三级指标。

2. 管控体系层面

建设和完善食用农产品质量安全管控体系对提高食用农产品质量安全管理水平，保护食用农产品质量安全有着深远而又重要的意义。农产品质量安全"五大"体系包括：建立和完善农业生产质量标准体系、建立农业标准化生产示范体系、建立农产品质量认证和检测体系、建立农业投入品监管体系和建立农产品质量安全监管体系。考虑到整个评估指标体系的构建，该层面选取了制度落实和体系建设两个二级指标。

制度落实："落实"就是要突出"快"，加快节奏，增强效率。要明确食用农产品质量安全精准管控责任，落实保障食用农产品质量安全的制度措施。在该层面选取了"三品一标"获证产品数（个）和农产品包装标识使用率（%）两个三级指标。

体系建设：指对食用农产品质量安全体系建设的考察，因而选取了农产品质量安全标准化示范基地建成数（个）、农产品质量安全快速检测体系建成率（%）和农产品质量安全追溯体系建成率（%）三个三级指标。

3. 管控能力层面

本研究的管控能力主要是指政府通过多种手段和方式，对食用农产品质量安全的影响因素进行管控，使整个食用农产品质量安全精准管控系统能够高效有序、安全合理的运行，顺利实现系统的战略目标。故选取了资源能力、监测能力、协调能力、行政执法能力和信息化建设能力五个二级指标。

资源能力：我国地域辽阔，发展具有不均衡性，不同地区在食用农产品质量安全精准管控资源方面存在差异，所以在评估时要考虑到不同地区在资源上的差异化，该指标权重也要有所侧重。该层面选取了食用农产品质量安全相关政策发布数量（个）、食用农产品质量安全检测设备拥有量（台）、食用农产品质量安全资金投入占政府总支出的比重（%）和农产品质量安全专业人员数占总人数之比（%）四个三级指标。

监测能力：政府的监测能力在食用农产品质量安全精准管控工作中占据主要地位，提升政府的监测能力对保障食用农产品安全有着重要的意义。该层面选取了食用农产品抽检次数（次）、农资监督抽检次数（次）和抽检范围覆盖率（%）三个三级指标。

协调能力：政府通过沟通、合作和协商的方式动员和协调其他部门、机构和社会力量来共同管控食用农产品质量安全问题。在该层面选取了各监管部门的协作联动频率（次/月）、与社会组织（科研、农合社、媒体）的合作次数（次）以及与刑事司法机构的联席会议次数（次）三个三级指标。

行政执法能力：规范执法行为，全面提升行政执法能力，营造公平公正、执法必严、违法必究、竞争有序的法治环境，以法律为准绳，坚决打击食用农产品质量安全违法行为，保障食用农产品质量安全。该层面选取了应急事件的处理效率（%）、食用农产品质量安全专项整治效率（%）、农产品质量安全案件投诉举报处理效率（%）和食用农产品质量安全案件查处数（个）四个三级指标。

信息化建设能力：党的十九届四中全会明确提出，"建立健全运用互联网、大数据、人工智能等技术手段进行行政管理的制度规则"。信息化、智能化是实现食用农产品质量安全精准管控的技术支撑，大数据、云计算、区块链、人工智能等信息技术的应用，是实行食用农产品质量安全精准管控的必要条件。在该层面选取了食用农产品质量安全信息化建设完成度、食用农产品质量安全信息发布效率（％）和食用农产品质量安全电子追溯系统建设覆盖率（％）三个三级指标。

4. 管控水平层面

食用农产品质量安全体系是一个复杂的系统，食用农产品全产业链各单元都是整个系统的重要组成部分。系统中的各个要素相互影响、层层相扣，共同作用于食用农产品质量安全。产地环境安全、生产环节管控、流通环节管控、消费环节管控等影响着食用农产品质量安全精准管控水平。

产地环境安全：产地环境安全对农产品质量安全有着直接的、重大的影响。农产品产地的土壤安全、大气安全、灌溉用水安全是保障农产品质量安全的前提。所以在产地环境安全这一层面选取了农田土壤质量达标率（％）、农业灌溉水质达标率（％）和大气质量达标率（％）三个三级指标。

生产环节管控水平：生产环节是农产品质量安全管控的源头，是农产品质量安全管控中的重要环节。在这一层面选取了农业投入品单位面积的投放数量（克）、建立农产品生产记录的农户数（户）和农产品无害化处理覆盖面（％）三个三级指标。

流通环节管控水平：流通环节中的食用农产品较为集中，加强这一环节的管控水平对保障食用农产品质量安全十分的重要。因此选取了农产品仓储保鲜冷链设施建成率（％）和对"三剂"的检查频率（％）两个三级指标。"三剂"指保鲜剂、防腐剂、添加剂。

消费环节管控水平：消费环节是进入消费者手中的最后一道防线，要加强防控，牢牢守住这一防线。在这一层面选取了农贸市场快速检测合格率（％）和腐坏、变质农产品处理率（％）两个三级指标。

5. 管控效能层面

"效能"意指"事物所蕴藏的有利作用"①。效能是完成某一特定任务目标和达到预期理想效果的程度，它既是一种能力也是取得的效益。管控效能是整个食用农产品质量安全精准管控系统的活动能力与最终效益有机结合的尺度。管控效能维度聚焦的问题是食用农产品质量安全精准管控最终是否实现了保障食用农产品质量安全这一目标，是否实现了公共利益最大化这一价值追求。因此选取了满意度和目标完成程度两个二级指标。

满意度：食用农产品质量安全精准管控的根本价值取向是公共利益最大化，所谓的"公众"不仅仅是指广大的消费群众，还包括食用农产品全产业链各单元等利益相关者。在满意度层面选取了消费者满意度和利益相关者满意度两个三级指标。

目标完成程度：目标完成程度是用来衡量测评对象实现测评目标的情况，是对食用农产品质量安全精准管控评估结果进行评价的指标。在该层面选取了食用农产品检测合格率（％）、食用农产品质量安全事故发生率（％）和食用农产品质量安全知识普及率（％）三个三级指标。

第四节　食用农产品质量安全精准
管控评估指标的权重设计

指标的权重就是被评估对象的各项指标在整个指标体系中相对重要的程度和所占比例的数值大小的表示。本研究采用学科中运用较为普遍的层次分析法（AHP）来对各项指标赋值。层次分析法是将主观判断进行客观阐释的一种行之有效的方法，它很好地将专家的专业知识、社会经验、逻辑思维等和科学的数学计算方法结合起来，在一定程度上保证了权数的科

---

① 中国社会科学院语言研究所词典编辑室. 现代汉语词典［M］. 北京：商务印书馆，2002.

学性和合理性。

一、基于 AHP 的指标赋权

（一）层次分析法的原理

在 20 世纪 70 年代初，美国运筹学家萨蒂（T. L. Saaty，2008）经过深入研究首次提出了一种综合评价的方法——层次分析法（analytic hierarchy process，AHP）。层次分析法以网络系统理论为基础，与多目标综合评价方法相互融合，从而优化决策过程，解决决策问题。此外，层次分析法还实现了定量与定性分析的对接，在专家主观学科经验的基础之上，引入科学的定量分析，对每一个指标赋予科学的权重，对问题进行深入、科学的分析。在研究过程中，层次分析法能够有效地将问题简单化，以支配关系为依据将其细分为众多要素，构建出有条不紊地递进层次结构，以比较的方式来呈现各要素之间的相对重要性，再结合人的主观判断确定各要素的相对重要性序列（韩立岩，汪培庄，1989）。

本研究选择层次分析法的原因有两点：首先，食用农产品质量安全精准管控的影响因素有很多，涉及的主体也是多元的，各方面存在一定的关联性，但是有的指标很难进行量化处理，需要把主观判断和思维转化成数字，方便操作和计算，该过程需要经过加权，这一要求是德尔菲法无法满足的。其次，对食用农产品质量安全精准管控进行评估，不单单是一个简单的标准或者是某位专家的主观判断就可以完成的，故采用层次分析法确定食用农产品质量安全精准管控评估指标的权重更具科学性（见图 6-2）。

（二）层次分析法的基本步骤

（1）构建层次结构模型。在深入了解问题的基础上，分析体系中各指标之间的关系，将每个指标按照不同的属性分成若干层次，同一层级指标之间是相互独立的关系，上下层级指标之间是包含与被包含的关系。

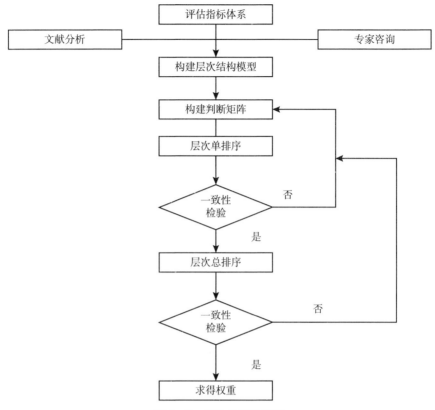

图 6 – 2　层次分析法原理

本研究构建的食用农产品质量安全精准管控评估指标体系的层次结构模型如图 6 – 3 所示。

（2）构造判断矩阵。从准则层开始，对同一层次的各项指标关于上一层次中的某一准则的重要性进行两两比较。本研究邀请上一轮提供帮助的 11 位专家对指标体系进行赋权，采用桑蒂（Santy）的 1 ~ 9 标度法，要求从构造准则层的判断矩阵开始，计算每一层次判断矩阵的最大特征值和相对应的特征向量，并通过一致性检验，直到计算出方案层所有指标的权重。最终的指标间的比例关系取专家评分的均值。

下面给出准则层和次准则层的判断矩阵（见表 6 – 6 ~ 表 6 – 11）。

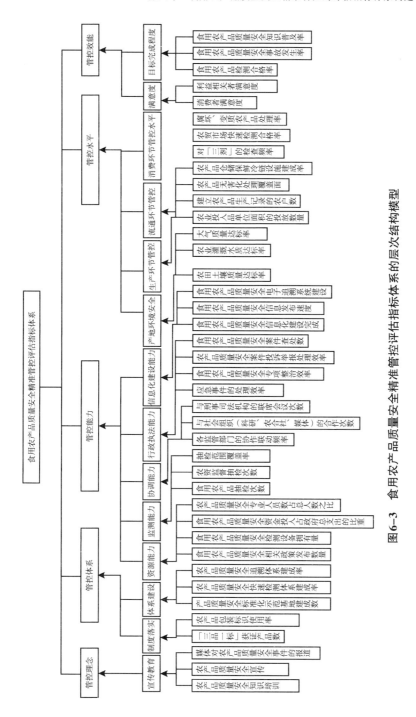

图6-3　食用农产品质量安全精准管控评估指标体系的层次结构模型

表6-6   准则层指标的判断矩阵

指标	管控理念	管控体系	管控能力	管控水平	管控效能
管控理念	1				
管控体系	—	1			
管控能力	—	—	1		
管控水平	—	—	—	1	
管控效能	—	—	—	—	1

表6-7   管控理念层面二级指标的判断矩阵

指标	宣传教育
宣传教育	1

表6-8   管控体系层面二级指标的判断矩阵

指标	制度落实	体系建设
制度落实	1	
体系建设	—	1

表6-9   管控能力层面二级指标的判断矩阵

指标	资源能力	监测能力	协调能力	行政执法能力	信息化建设能力
资源能力	1				
监测能力	—	1			
协调能力	—	—	1		
行政执法能力	—	—	—	1	
信息化建设能力	—	—	—		1

表 6 - 10 管控水平层面二级指标的判断矩阵

指标	产地环境安全	生产环节管控水平	流通环节管控水平	销售环节管控水平
产地环境安全	1			
生产环节管控水平	—	1		
流通环节管控水平	—	—	1	
销售环节管控水平	—	—	—	1

表 6 - 11 管控效能层面二级指标的判断矩阵

指标	满意度	目标完成程度
满意度	1	
目标完成程度	—	1

（3）层次单排序和一致性检验。计算每个判断矩阵的最大特征根值 λ_{max} 和特征向量，并计算一致性指标 CI 和一致性比率 CR，做一致性检验。

①最大特征根值 $\lambda_{max} = \frac{1}{n} \sum_{i=1}^{n} [\sum_{j=1}^{n} A_{wI}]$。

②一致性指标 $CI = \frac{\lambda_{max} - n}{n - 1}$。

③一致性比率 $CR = \frac{CI}{RI}$，$CR < 0.1$ 时，通过一致性检验，否则返回到判断矩阵进行调整。其中，RI 表示平均随机一致性指标。

（4）层次总排序和一致性检验。总排序是指每一判断矩阵各因素对目标层的相对权重，是基于单排序得到的权重逐层合成的，同样，层次总排序也要进行一致性检验。

二、指标权重的确定

本研究向前面提供帮助的 11 位专家发送电子问卷，11 位专家对所有的判断矩阵一一赋值，经过数据处理，得到各指标权重（见表 6 - 12）。

表 6-12 集结后的一级指标判断矩阵

指标	管控理念	管控体系	管控能力	管控水平	管控效能	权重
管控理念	1.000	0.821	0.263	0.263	0.336	0.076
管控体系	1.218	1.000	0.345	0.516	0.450	0.106
管控能力	3.802	2.899	1.000	3.546	2.818	0.432
管控水平	1.866	1.935	0.282	1.000	0.312	0.134
管控效能	2.976	2.222	0.355	3.206	1.000	0.252

注：最大特征值 $\lambda = 5.288$，一致性指标 $CI = 0.072$，一致性比率 $CR = 0.064 < 0.1$，对总目标的权重：1.000。

以下是二级指标权重（见表 6-13~表 6-17）。

表 6-13 集结后的管控理念层面判断矩阵

指标	宣传教育	权重
宣传教育	1.000	1.000

注：对总目标的权重：0.076。

表 6-14 集结后的管控体系层面判断矩阵

指标	制度落实	体系建设	权重
制度落实	1.000	1.682	0.612
体系建设	0.609	1.000	0.388

注：最大特征值 $\lambda = 2.000$，一致性指标 CI = 0.000，一致性比率 CR = 0.000 < 0.1，对总目标的权重：0.106。

表 6-15 集结后的管控能力层面判断矩阵

指标	资源能力	监测能力	协调能力	行政执法能力	信息化建设能力	权重
资源能力	1.000	0.297	0.483	0.436	0.302	0.074
监测能力	3.367	1.000	4.182	3.346	3.182	0.446
协调能力	2.070	0.239	1.000	0.833	0.443	0.117
行政执法能力	2.294	0.297	1.200	1.000	0.443	0.133
信息化建设能力	3.311	0.314	2.257	2.309	1.000	0.230

注：最大特征值 $\lambda = 5.173$，一致性指标 CI = 0.043，一致性比率 CR = 0.038 < 0.1，对总目标的权重：0.432。

表 6 - 16　　　　　　　　　　集结后的管控水平层面判断矩阵

指标	产地环境安全	生产环节管控水平	流通环节管控水平	销售环节管控水平	权重
产地环境安全	1.000	0.349	0.768	0.483	0.134
生产环节管控水平	2.865	1.000	2.545	2.091	0.439
流通环节管控水平	1.302	0.393	1.000	0.415	0.151
销售环节管控水平	2.07	0.478	2.401	1.000	0.276

注：最大特征值 $\lambda = 4.051$，一致性指标 $CI = 0.017$，一致性比率 $CR = 0.019 < 0.1$，对总目标的权重：0.134。

表 6 - 17　　　　　　　　　　集结后的管控效能层面判断矩阵

指标	满意度	目标完成程度	权重
满意度	1.000	1.730	0.634
目标完成程度	0.578	1.000	0.366

注：最大特征值 $\lambda = 2.000$，一致性指标 $CI = 0.000$，一致性比率 $CR = 0.000 < 0.1$，对总目标的权重：0.252。

以下是三级指标权重（见表 6 - 18 ~ 表 6 - 31）。

表 6 - 18　　　　　　　　　　集结后的宣传教育层面判断矩阵

指标	农产品质量安全知识培训	农产品质量安全宣传资料的发放	媒体对农产品质量安全事件的报道	权重
农产品质量安全知识培训	1.000	2.382	2.121	0.528
农产品质量安全宣传资料的发放	0.420	1.000	0.760	0.210
媒体对农产品质量安全事件的报道	0.471	1.316	1.000	0.262

注：最大特征值 $\lambda = 3.003$，一致性指标 $CI = 0.002$，一致性比率 $CR = 0.004 < 0.1$，对总目标的权重：0.252。

表 6 – 19   集结后的制度落实层面判断矩阵

指标	"三品一标"获证产品数	农产品包装标识使用率	权重
"三品一标"获证产品数	1.000	0.785	0.440
农产品包装标识使用率	1.274	1.000	0.560

注：最大特征值 $\lambda = 2.000$，一致性指标 $CI = 0.000$，一致性比率 $CR = 0.000 < 0.1$，对总目标的权重：0.070。

表 6 – 20   集结后的体系建设层面判断矩阵

指标	农产品质量安全标准化示范基地建成数	农产品质量安全快速检测体系建成率	农产品质量安全追溯体系建成率	权重
农产品质量安全标准化示范基地建成数	1.000	0.585	0.300	0.170
农产品质量安全快速检测体系建成率	1.709	1.000	0.736	0.328
农产品质量安全追溯体系建成率	3.333	1.359	1.000	0.502

注：最大特征值 $\lambda = 3.014$，一致性指标 $CI = 0.007$，一致性比率 $CR = 0.013 < 0.1$，对总目标的权重：0.040。

表 6 – 21   集结后的资源能力层面判断矩阵

指标	农产品质量安全相关政策发布数量	食用农产品质量安全检测设备拥有量	农产品质量安全资金投入占政府总支出的比重	农产品质量安全专业人员数占总人数之比	权重
农产品质量安全相关政策发布数量	1.000	0.817	0.737	0.898	0.209
食用农产品质量安全检测设备拥有量	1.224	1.000	1.950	1.794	0.351
农产品质量安全资金投入占政府总支出的比重	1.357	0.513	1.000	0.915	0.218

续表

指标	农产品质量安全相关政策发布数量	食用农产品质量安全检测设备拥有量	农产品质量安全资金投入占政府总支出的比重	农产品质量安全专业人员数占总人数之比	权重
农产品质量安全专业人员数占总人数之比	1.114	0.557	1.093	1.000	0.222

注：最大特征值 $\lambda = 4.058$，一致性指标 $CI = 0.019$，一致性比率 $CR = 0.021 < 0.1$，对总目标的权重：0.014。

表 6 – 22　　　　　　集结后的监测能力层面判断矩阵

指标	食用农产品抽检次数	农资监督抽检次数	抽检范围覆盖率	权重
食用农产品抽检次数	1.000	2.764	1.915	0.534
农资监督抽检次数	0.362	1.000	0.933	0.213
抽检范围覆盖率	0.522	1.072	1.000	0.253

注：最大特征值 $\lambda = 3.010$，一致性指标 $CI = 0.005$，一致性比率 $CR = 0.010 < 0.1$，对总目标的权重：0.200。

表 6 – 23　　　　　　集结后的协调能力层面判断矩阵

指标	各监管部门的协作联动频率	与社会组织（科研、农合社、媒体）的合作次数	与刑事司法机构的联席会议次数	权重
各监管部门的协作联动频率	1.000	2.267	1.952	0.509
与社会组织（科研、农合社、媒体）的合作次数	0.441	1.000	1.776	0.286
与刑事司法机构的联席会议次数	0.512	0.563	1.000	0.205

注：最大特征值 $\lambda = 3.058$，一致性指标 $CI = 0.029$，一致性比率 $CR = 0.056 < 0.1$，对总目标的权重：0.051。

表 6 – 24　　　　　　集结后的行政执法能力层面判断矩阵

指标	应急事件的处理效率	食用农产品质量安全专项整治效率	农产品质量安全案件投诉举报处理效率	食用农产品质量安全案件查处数	权重
应急事件的处理效率	1.000	0.614	1.604	1.697	0.264
食用农产品质量安全专项整治效率	1.629	1.000	2.076	2.606	0.401
农产品质量安全案件投诉举报处理效率	0.623	0.482	1.000	1.348	0.186
食用农产品质量安全案件查处数	0.589	0.384	0.742	1.000	0.149

注：最大特征值 $\lambda = 4.008$，一致性指标 $CI = 0.003$，一致性比率 $CR = 0.003 < 0.1$，对总目标的权重：0.060。

表 6 – 25　　　　　　集结后的信息化建设能力层面判断矩阵

指标	食用农产品质量安全信息化建设完成度	食用农产品质量安全信息发布效率	食用农产品质量安全电子追溯系统建设覆盖率	权重
食用农产品质量安全信息化建设完成度	1.000	3.485	1.524	0.527
食用农产品质量安全信息发布效率	0.287	1.000	0.681	0.175
食用农产品质量安全电子追溯系统建设覆盖率	0.656	1.468	1.000	0.298

注：最大特征值 $\lambda = 3.022$，一致性指标 $CI = 0.011$，一致性比率 $CR = 0.021 < 0.1$，对总目标的权重：0.100。

表 6 – 26　　　　　　集结后的产地环境安全层面判断矩阵

指标	农田土壤质量达标率	农业灌溉水质达标率	大气质量达标率	权重
农田土壤质量达标率	0.527	0.527	0.527	0.468

续表

指标	农田土壤质量达标率	农业灌溉水质达标率	大气质量达标率	权重
农业灌溉水质达标率	0.175	0.175	0.175	0.350
大气质量达标率	0.298	0.298	0.298	0.182

注：最大特征值 $\lambda = 3.041$，一致性指标 $CI = 0.021$，一致性比率 $CR = 0.040 < 0.1$，对总目标的权重：0.018。

表 6 - 27　　　　集结后的生产环节管控水平层面判断矩阵

指标	农业投入品单位面积的投放数量	建立农产品生产记录的农户数	农产品无害化处理覆盖面	权重
农业投入品单位面积的投放数量	1.000	2.624	2.591	0.566
建立农产品生产记录的农户数	0.381	1.000	1.040	0.219
农产品无害化处理覆盖面	0.386	0.962	1.000	0.215

注：最大特征值 $\lambda = 3.001$，一致性指标 $CI = 0.001$，一致性比率 $CR = 0.002 < 0.1$，对总目标的权重：0.060。

表 6 - 28　　　　集结后的流通环节管控水平层面判断矩阵

指标	农产品仓储保鲜冷链设施建成率	对"三剂"的检查频率	权重
农产品仓储保鲜冷链设施建成率	1.000	0.685	0.407
对"三剂"的检查频率	1.460	1.000	0.593

注：最大特征值 $\lambda = 2.000$，一致性指标 $CI = 0.000$，一致性比率 $CR = 0.000 < 0.1$，对总目标的权重：0.021。

表 6 - 29　　　　集结后的销售环节管控水平层面判断矩阵

指标	农贸市场快速检测合格率	腐坏、变质农产品处理率	权重
农贸市场快速检测合格率	1.000	1.704	0.634
腐坏、变质农产品处理率	0.587	1.000	0.366

注：最大特征值 $\lambda = 2.001$，一致性指标 $CI = 0.000$，一致性比率 $CR = 0.000 < 0.1$，对总目标的权重：0.037。

表6－30   集结后的满意度层面判断矩阵

指标	消费者满意度	利益相关者满意度	权重
消费者满意度	1.000	3.273	0.766
利益相关者满意度	0.306	1.000	0.234

注：最大特征值 $\lambda = 2.001$，一致性指标 $CI = 0.000$，一致性比率 $CR = 0.000 < 0.1$，对总目标的权重：0.160。

表6－31   集结后的目标完成程度层面判断矩阵

指标	食用农产品检测合格率	食用农产品质量安全事故发生率	食用农产品质量安全知识普及率	权重
食用农产品检测合格率	1.000	2.449	3.134	0.563
食用农产品质量安全事故发生率	0.408	1.000	2.803	0.299
食用农产品质量安全知识普及率	0.319	0.357	1.000	0.138

注：最大特征值 $\lambda = 3.069$，一致性指标 $CI = 0.034$，一致性比率 $CR = 0.065 < 0.1$，对总目标的权重：0.093。

根据上述各级指标的权重，最后得出食用农产品质量安全精准管控评估指标体系权重表（见表6－32）。

表6－32   食用农产品质量安全精准管控评估指标体系权重

目标层	准则层	次准则层	方案层	方案层相对目标层权重
食用农产品质量安全精准管控评估指标体系	管控理念 0.076	宣传教育 1.000	农产品质量安全知识培训（场）0.528	0.040
			农产品质量安全宣传资料的发放（册）0.210	0.016
			媒体对农产品质量安全事件的报道（次）0.262	0.020
	管控体系 0.106	制度落实 0.638	"三品一标"获证产品数（个）0.440	0.030
			农产品包装标识使用率（%）0.560	0.038
		体系建设 0.362	农产品质量安全标准化示范基地建成数（个）0.170	0.007

244

续表

目标层	准则层	次准则层	方案层	方案层相对目标层权重
食用农产品质量安全精准管控评估指标体系	管控体系 0.106	体系建设 0.362	农产品质量安全快速检测体系建成率（%）0.328	0.013
			农产品质量安全追溯体系建成率（%）0.502	0.020
	管控能力 0.432	资源能力 0.074	农产品质量安全相关政策发布数量（个）0.209	0.007
			食用农产品质量安全检测设备拥有量（台）0.351	0.012
			农产品质量安全资金投入占政府总支出的比重 0.218	0.007
			农产品质量安全专业人员数占总人数之比（%）0.222	0.007
		监测能力 0.446	食用农产品抽检次数（次）0.534	0.103
			农资监督抽检次数（次）0.213	0.041
			抽检范围覆盖率（%）0.253	0.050
		协调能力 0.117	各监管部门的协作联动频率（次/月）0.509	0.026
			与社会组织（科研、农合社、媒体）的合作次数（次）0.286	0.015
			与刑事司法机构的联席会议次数（次）0.205	0.010
		行政执法能力 0.133	应急事件的处理效率（%）0.264	0.015
			食用农产品质量安全专项整治效率（%）0.401	0.023
			农产品质量安全案件投诉举报处理效率（%）0.186	0.011
			食用农产品质量安全案件查处数（个）0.149	0.009
		信息化建设能力 0.230	食用农产品质量安全信息化建设完成度 0.527	0.052
			食用农产品质量安全信息发布效率（%）0.175	0.018
			食用农产品质量安全电子追溯系统建设覆盖率 0.298	0.030

目标层	准则层	次准则层	方案层	方案层相对目标层权重
食用农产品质量安全精准管控评估指标体系	管控水平 0.134	产地环境安全 0.134	农田土壤质量达标率（%）0.468	0.003
			农业灌溉水质达标率（%）0.350	0.006
			大气质量达标率（%）0.182	0.003
		生产环节管控水平 0.439	农业投入品单位面积的投放数量（克）0.566	0.033
			建立农产品生产记录的农户数（户）0.219	0.013
			农产品无害化处理覆盖面（%）0.215	0.013
		流通环节管控水平 0.151	农产品仓储保鲜冷链设施建成率（%）0.407	0.008
			对"三剂"的检查频率（%）0.593	0.011
		销售环节管控水平 0.276	农贸市场快速检测合格率（%）0.634	0.024
			腐坏、变质农产品处理率（%）0.366	0.014
	管控效能 0.252	满意度 0.634	消费者满意度 0.766	0.122
			利益相关者满意度 0.234	0.037
		目标完成程度 0.366	食用农产品检测合格率（%）0.563	0.052
			食用农产品质量安全事故发生率（%）0.299	0.028
			食用农产品质量安全知识普及率（%）0.138	0.013

三、指标权重分析

本研究从管控理念、管控体系、管控能力、管控水平、管控效能五个维度出发，对食用农产品质量安全精准管控效果进行多方位、多角度的评估，运用层次分析法对指标进行权重分配，并通过了一致性检验。五个准则层指标的权重分配如图 6-4 所示。

其中，管控能力指标的权重最大，权重值为 0.432，这就意味着在食用农产品质量安全精准管控评估过程时，管控能力对最终评估结果的影响最大。所以说,政府的管控能力是保障食用农产品质量安全的根本前提和重要保证,政府对食用农产品质量安全的管控至关重要。而在管控能力层级下,监测能力和信息化建设能力居于前两位,权重值分别为 0.446、0.230,意味着要做好食用农产品质量安全精准管控工作,政府监管和信息化建设必不可少。

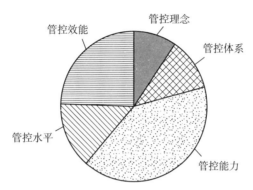

图6-4 准则层指标的权重分配

管控效能以 0.252 的权重在食用农产品质量安全精准管控评估指标体系中居于第二位。管控效能是对食用农产品质量安全精准管控结果的评估,可以直观地看到食用农产品质量安全精准管控取得的成绩,可以激励食用农产品全产业链各单元提高食用农产品质量安全精准管控的能力和水平,保障食用农产品质量安全长治久安。

管控水平的权重是五个指标中的第三位,权重值为 0.134,一方面是因为食用农产品全产业链各单元都是管控食用农产品质量安全的主体,是重要组成部分,是食用农产品质量安全精准管控工作的重要力量;另一方面是根据食用农产品质量安全精准管控现状得出的,在产地环境、生产、流通和销售等环节存在着一些食用农产品质量安全问题,故将管控水平作为食用农产品质量安全精准管控评估的一个方面,不仅对食用农产品全产业链各单元的管控水平有所了解,而且有助于激励各环节的管控主体提高对食用农产品质量安全精准管控水平。

管控体系和管控观念在食用农产品质量安全精准管控评估指标中居于第四、第五位，权重值分别为 0.106、0.076，其中管控体系是对制度落实和体系建设的描述，我国目前在食用农产品质量安全的制度和体系建设方面正在加强。管控理念的先进与否，关系到食用农产品质量安全精准管控工作的推进是否顺利，在一定程度上是食用农产品质量安全精准管控工作的助推器，我国食用农产品质量安全精准管控理念已经觉醒，但还未受到足够的重视。

四、评估方法选择

在确定好食用农产品质量安全精准管控评估指标的权重之后，如何运用该评估指标体系对食用农产品质量安全精准管控进行评估，选择什么样的方法进行评估是需要明确的。

秉承可操作性原则，本研究试图构建一套科学的、可操作的食用农产品质量安全精准管控评估指标体系，鉴于有部分难以量化的指标，这些指标在一定程度上具有一定的模糊性，很难用精确的、具体的数值来表示，所以本研究采用模糊综合评判法来对食用农产品质量安全精准管控进行评估。

模糊综合评判法最早由我国著名模糊数学研究专家汪培庄提出并推广使用。模糊综合评判法是一种基于模糊数学的综合评价方法，能够较好地解决模糊的、不确定的、外延不清楚的、难以量化的问题。在研究过程中，构建的食用农产品质量安全精准管控绩效评估指标体系共有三级指标，一级指标是准则层，二级指标是次准则层，三级指标是方案层。由模糊数学可得方案层对次准则层的第一级评判，次准则层对准测层的第二级评判和准则层对目标层的第三级评判，从而可得一个三级四层的"模糊综合评价"模型，具体步骤为：

（1）确定评价对象的集合 A：$A = (a_1, a_2, a_3, \cdots, a_n)$。

（2）根据指标权重结果建立权重分配集 W：$W = (w_1, w_2, w_3, \cdots, w_n)$。

（3）建立指标评价等级集 V：$V = (v_1, v_2, v_3, \cdots, v_m)$，其中 V 为递阶的评价等级标准，m 表示评价元素的个数，v_1 和 v_m 决定评价结果的选择范围。评价元素可以是定量的，也可以是定性的。

（4）根据专家对 A 中各指标的评价，构建判断矩阵 R：

$$R = \begin{bmatrix} r_{11} & r_{12} & \cdots & r_{1m} \\ r_{21} & r_{22} & \cdots & r_{2m} \\ \cdots & \cdots & \cdots & \cdots \\ r_{n1} & r_{n2} & \cdots & r_{nm} \end{bmatrix}$$

（5）获得模糊综合评价矩阵 S：

$$S = W \cdot R = \{w_1, w_2, w_3, \cdots, w_n\} \cdot \begin{bmatrix} r_{11} & r_{12} & \cdots & r_{1m} \\ r_{21} & r_{22} & \cdots & r_{2m} \\ \cdots & \cdots & \cdots & \cdots \\ r_{n1} & r_{n2} & \cdots & r_{nm} \end{bmatrix}$$

其中，"·"表示模糊合成算子，通过数值运算得到综合评价结果。计算每个评价对象的综合分值，对其进行数值排序。

五、总体评析

本研究以构建食用农产品质量安全精准管控评估指标体系为研究内容，以提高食用农产品质量安全精准管控能力和水平为出发点，以保障食用农产品质量安全为目标，从管控理念、管控体系、管控能力、管控水平和管控效能五个维度构建了食用农产品质量安全精准管控评估体系，力图通过评估，为食用农产品质量安全精准管控效果的提升做出贡献。该指标体系作为一个工具性探索研究，得出了一些结论，但也存在着很多的不足，在此进行简要的总结。

本研究对食用农产品质量安全精准管控评估指标体系的设计，主要是在全面把握食用农产品质量安全的有关政策的基础上，分析食用农产品质量安全的特点和实现"精准管控"的技术支撑，了解大数据、区块链、云计算在等信息技术在农产品质量安全管理上的应用，掌握构建指标的基本方法和基本原理，明确评估指标设计的价值取向和构建原则，以及对农产品质量安全评价指标体系和食品安全评价指标体系中相关指标的认识和借鉴，运用德尔菲法、指标隶属度分析法对食用农产品质量安全精准管控评估指标体系进行了筛选，采用层次分析法进行指标权重分配，以现实依据为导向，最终构建了一个包含 5 个准则层、14 个次准则层和 40 个方案层的食用农产品质量安全精准管控评估指标体系，力图为食用农产品质量安全精准管控的理论研究提供参考，为食用农产品质量安全精准管控的实践研究提供测评工具。

（1）本研究试图构建一个科学、合理、可操作性强的食用农产品质量安全精准管控评估指标体系，该指标体系为保障食用农产品质量安全提供了方向，为提高食用农产品质量安全精准管控的能力和水平提供了指导。评估指标体系是开展评估工作的核心和关键，本研究认为构建食用农产品质量安全精准管控评估指标体系，要牢牢把握食用农产品质量安全管控的特征和现状，准确了解食用农产品质量安全精准管控的内涵。因此，本研究在构建食用农产品质量安全精准管控评估指标体系时，基于全面质量管理理论，构建了一个系统的、全面的评估指标体系，即管控理念维度—管控体系维度—管控能力维度—管控水平维度—管控效能维度。管控理念维度是食用农产品质量安全精准管控的思想指导，要树立正确的食用农产品质量安全管控理念。管控体系维度是食用农产品质量安全精准管控的实际举措，要落实好食用农产品质量安全相关制度，建设好食用农产品质量安全相关体系。管控能力维度是食用农产品质量安全精准管控的关键一环，政府要认真履行职责，严格执法，对食用农产品质量安全进行管控。管控水平维度是食用农产品质量安全精准管控的重要保障，食用农产品全产业链各单元主体要遵法守法，积极参与对食用农产品质量安全的管控，努力提高食用农产品质量安全精准管控水平。管控效能维度是食用农产品质量安全精准管控的结果，食用农产品质量安全精准管控效能的提升以追求公共利益最大化为主，以保障食用农产品质量安全为目标。因此，由五个维度展开的评估，对食用农产品质量安全精准管控效能的提升具有很大的指导意义。

（2）本研究构建的指标体系有两大特点。第一，从本研究设计的评估维度层面来看，五个维度从全面的、系统的角度整合了食用农产品质量安全精准管控的过程视角和能力视角，这种整合是将食用农产品质量安全视为由产地环境安全、生产环节管控、流通环节管控、销售环节管控和政府管制构成的一个整体，同时也符合多元主体共治的要求。第二，从公民导向原则出发，设计了消费者满意度和利益相关者满意度，满意度高说明公众和利益相关者认可食用农产品质量安全精准管控工作，食用农产品质量安全精准管控工作做得好、做得到位，能够保障食用农产品质量安全，人民生活幸福。满意度指标的设计也体现了构建食用农产品质量安全精准管控评估指标的根本价值取向，保护公共利益，维护消费者权益。除了满意度等定性指标外，该指标体系还包含了许多定量指标，如从食用农产品抽检次数、农资监督抽检次数、抽检范围覆盖率等评估政府的监测能力；从农业投入品单位面积的投放数量、建立农产品生产记录的农户数、农产品无害化处理覆盖面等评估生产环节管控水平；从食用农产品检测合格率、食用农产品质量安全事故发生率、食用农产品质量安全知识普及率等评估食用农产品质量安全精准管控的效果。评估时，这些具体的、数值化的指标能够减少主观评价带来的差异性，确保评估的公平性和科学性。

（3）本研究构建的食用农产品质量安全精准管控评估指标体系，其各项指标符合指标构建的原则。具体体现在：一是指标具有科学性。该指标体系不是笔者凭空想象出来的，是在理论与现实的基础上，通过大量分析文献资料，学习和借鉴相关指标体系构建的基本过程和构建方法，掌握了指标体系构建的相关知识，并结合专家的意见修改和完善，最终建立的食用农产品质量安全精准管控评估指标。本研究采用德尔菲法和指标隶属度分析法进行指标的筛选，并借助 SPSS 和 Excel 计算工具对数据进行处理，进行了信效度分析，运用层次分析法对指标进行权重分配，这在一定程度上保证了评估指标体系的科学性。从准则层的权重分配结果来看，管控理念维度的权重为0.076，管控体系维度的权重为 0.106，管控能力维度的权重为 0.432，管控水平维度的权重为 0.134，管控效能维度的权重为 0.252。这反映了食用农产品质量安全精准管控需要政府的宏观管控，政府对食用农产品全产业链各单元的市场主体行为进行管控和约束，从而保障食用农产品质量安全。二是指标具有可操作性和可接受性。食用农产品质量安全精准管控评估指标体系中有定量指标和定性指标，定量指标可以从统计年鉴、统计网站和政府专题报告中获得，考虑到定性指标的实际评估上的困难，本研究也给出了定性指标进行量化处理的方法，如调查问卷法和模糊综合评价法。所以指标数据的获得，从操作层面来看是可以接受的，同时，该评估指标体系中设计了满意度指标，其中包括消费者满意度和利益相关者满意度，不仅考虑了公众的利益，也考虑了相关主体的利益，使得食用农产品质量安全精准管控评估更加全面，也更加能够让人接受。三是指标体系具有整体性和系统性。食用农产品质量安全精准管控评估指标体系把食用农产品质量安全看作是一个不可分割的整体，每一环节都影响着食用农产品质量安全精准管控的效能，食用农产品质量安全精准管控效能的高低与每一环节主体的管控行为息息相关。指标体系中各项指标既彼此独立，又相互联系，在逻辑结构上构成一个整体，指标层次分明、联系紧密，在不同层次上反映了保障食用农产品质量安全这一目标，体现了食用农产品质量安全精准管控评估的内容。

（4）食用农产品质量安全精准管控评估指标体系的构建具有重要的实践意义。根据全面质量管理理论，紧密结合我国食用农产品质量安全治理现状与特点，创造性地运用大数据、云计算等信息技术在食用农产品质量安全精准管控方面的作用，在专家意见的指导下，建立了我国食用农产品质量安全精准管控评估指标体系。本研究所构建的食用农产品质量安全精准管控评估指标体系，包含了 5 个一级指标，14 个二级指标和 40 个三级指标，指标覆盖面广、数量适中，体现了公共利益至上的价值追求。该指标体系从两个方面进行指标设计，来保证对食用农产品质量安全精准管控的评估。一方面，从食用农产品质量安全管控的环节入手，以政府管控为主导，将食用农产品全产业链各单元共同纳入到食用农产品质量安全精准管控体系中，确保食用农产品全产业链各单元各司其职、精确高效、协同有序地进行食用农产品质量安全精准管控。另一方面，借助于信息技术的发展，如大数据、云计算在推动食用农产品质量安全治理方面的作用，通过对信息化能力建设的评估，将推动食用农产品质量安全精准管控更上一个台阶。在指标的筛选阶段，采用了德尔菲法和指标隶属度分析法进行指标的筛选，并对评估指标体系的调查问卷进行了信度和效度分析，结果表明，构建的食用农产品质量安全精准管控评估指标体系具有较高的信度和效度。而且指标数值的获取具有可操作性和可接受性，因此，食用农产品质量安全精准管控评估指标体系在实际考察评估时具有切实可行性，为食用农产品质量安全精准管控评估提供了工具，有着重要的实践意义。

第七章　食用农产品质量安全精准管控效能的提升对策

第一节　加强食用农产品质量安全精准管控观念宣传

一、提升精准管控中的组织凝聚力和向心力

一是加强文化建设，激发全社会从"精"到"准"的凝聚力和向心力，着力体现人本精神。在监管主体管控文化建设中，要在人本精神方面进行进一步的提升，在精准管控当中做到以人为本。食用农产品质量安全的精准管控本身就是关系到社会的公众问题，所以，在监管文化建设中加入体现以人为本的内容，更能在根本上提升监管部门的管控效率，从而提高全社会在食用农产品质量安全方面的凝聚力和向心力。二是加强职业道德教育。在对监管人员的培训当中，不能忽略或者忘记对其职业道德的教育，提高监管主体在食用农产品质量安全精准管控的主动性，让监管主体从以往的被动型管控方式转为主动型管控方式。监管主体处处以道德来约束自己的行为，提升同理心，从而加快管控手段从"精"到"准"的进程。三是注意监管人员的业务素质培养。优秀而正确的管控文化离不开精湛的专业技能，提升了专业技能之后，自然会使社会的凝聚力和向心力大幅度提升。

二、增强监管主体与各方利益主体的理解度

一是增强监管主体的精准管控意识。监管主体部门的监管人员应当定期深入主产区与主销区，对生产主体和消费主体进行深入了解，以便了解生产主体和消费主体的需要和期望，便于监管主体对于生产主体生产要求的理解以及监管主体对于消费主体期望的理解，增强监管主体对于各不同主体的同理心，以达到强化监管主体精准管控意识，提高精准管控效率的目的。二是对监管主体进行职业培训。采用科学有效的培训模式对于监管主体进行定期培训，通过培训来对监管主体的精准管控意识进行强化，削减精准管控乏力的情况，减少精准管控工作的失误，提高工作效率，增强监管主体治理的主动性，以在源头为精准管控提供保障。另外，深入管控一线也让监管人员了解"精"和"准"的具体体现之处，在深入过程中找到精准的切入点。

第二节　规范食用农产品质量安全精准
管控法律法规制度建设

一、建立主产区和主销区的"精准管控"联席会议制度

建立主产区和主销区政府"精准管控"联席会议制度、部门联席会议制度、联合执法制度，充分发挥"双保险"管控效用。建立全社会共同治理的联席会议制度，使联席会议制度在食用农产品质量安全的精准管控中充分发挥作用，有利于增强监管主体对于"精"和"准"的判断。一方面，监管主体需要建立起全社会的共治格局，一改以往政府作为单一治理主体的孤立无援，合理地将主产区政府和主销区政府以及其他组织的社会管控机制引入其中，提升每一个主体的管控力度和主体间的平衡，促进除管控部门和

消费者以外的第三方组织慢慢地进入到食用农产品的相关规则决策和精准管控的运行里来，体现出第三方组织所具有的科学性和灵活性，再通过对互联网、微博自媒体等的运用，达到新型媒体参与到质量评估和安全结果公示的目的。与此同时，社会组织、新闻媒体和社会公众等第三方力量还可以对规制部门的执法行为进行有效的监督。另一方面，寻找出一种基于实验主义的管控新模式。放权给社会其他基层的食品安全评价机构，基于基础管控机构在遵守引导性的组织目标和执行标准的前提下，再依照每一层级的现状付诸实践。上级对这些机构实施机动性的监督并进行同行的评价，再依照现实的运行结果和管控、评价等向最开始制定的目标及标准实施对应性的改变，然后继续循环这个模式，完全体现其基层规制机构的灵活性，进一步开始因地制宜的管控方式，整个过程中逐渐减少管控部门的层次水平，提升协调的机动性，减少管控成本。

二、实行食用农产品质量安全信息的精准披露制度

食品安全信息披露制度是食品安全管理体系的重要组成部分，它可以促进食品安全监管的公开性和公平性，也可以增加消费者对信息发布者的信任。截至目前，我国还没有完整、公开和透明的食品安全信息披露制度，消费者获取相关信息的权威渠道严重缺乏，只有在事件发生后才能被动地了解一些分散的信息而不能通过监控链接来培养责任感和风险意识。如果政府能够及时有效地公开发布食品安全信息，理性消费者可以在很大程度上规避风险，减少食品安全事故。政府可以通过立法增加新法律或修改现有法律法规，明确界定食品安全信息的主题、内容、规范、标准和相应的处罚。政府需要定期向公众披露的食品安全信息包括几个方面：假冒伪劣食品信息、信用度低的企业名单、市场食品安全状况、识别不安全食品的提示以及隐藏的风险。此外，需要保密的食品安全信息应该加以规范，避免损害相关人员的利益。在消费市场中，有些经营者在知晓了这些食品安全的不对称信息，再

凭借着对虚假信息的宣传、伪造承诺等一系列的方式直接或间接地干扰消费者的购买。政府、社会、经营者在市场中必须主动建立安全信息交流和沟通渠道，让食品安全信息公开，这会使消费主体能够更安全地进行购买，从而准确地购买质量安全合格的产品。与此同时，建立和完善举报奖励制度，用来提升消费主体监督的参与感。目前消费者依然欠缺食用农产品质量常识。追溯管理控制体系的建设是和主体自行控制、政府直接控制密不可分的，同样也和消费者的认可分不开。监管主体需要通过有效的信息传输，跟踪产品的高品质和良好的价格，实现真正的结果。在生产活动的内部产生安全生产动力，并最终打破危害食用农产品治理安全的行为，实现可追溯的连续运行。因此，政府应加大农产品的后续宣传，定期公布追溯管理信息，并形成生产操作、控制器和消费者之间的关系，形成一种良性的互动。同时，需要在各种农贸市场、大的水果和蔬菜超市、商场专柜（或特殊区域），可以追溯到食用农产品，并做好查询终端。开辟网站查询通道，利用现代智能技术等资源获取方式，让大量的消费主体养成透明且更深层次的学习追溯标识码的相关观念，直接简单地了解所要购买的食用农产品的生产数据和资料，进一步迅速地转变目前不符合食用农产品正常安全的购买行为。这样消费者在对食用农产品进行消费的时候，倾向于购买具有可追溯标志的安全的食用农产品，逐渐增加对可追溯食用农产品的需求，继续加大推广可追溯产品的优质产品形象，使得消费主体的维权方式更加丰富简单，让消费者可以放心选购。

三、简化消费者在精准管控中的参与制度

依照所管控范围内的食用农产品的单位数量、销售业绩和辖区大小、运输等因素，收集该管控范围的食用农产品质量安全的管控工作量，再根据管控能力高低和管控目标配套的方式，科学地安排人员编制和监管配备，确保县级乡级的食用农产品质量安全监管部门的管控力量。进一步与专家学者和

基层监管人员进行合作，寻找可以建立起区域性的食用农产品质量安全监管站的新制度，进一步提高消费者在精准管控中的参与感。基层力量可以来自于很多地方，包括民间组织以及"3·15消费者权益保护协会"，包括成立主产区的生产自管组织，从源头管控食用农产品质量安全工作，还有个人组织，要相信来自基层的力量，尤其是食用农产品安全管控这种和人民息息相关的工作，加强基层管控力量一方面扩大了管控面积，同时也舒缓了监管部门的压力，提升消费者在管控中参与性的精准度。

四、建立健全食用农产品质量安全精准管控法律法规体系

中国目前缺乏一个完整统一、针对性强的食用农产品质量安全精准管控法律法规体系，应该围绕食用农产品质量安全这一核心问题，以切实保护消费者的合法权益为出发点和落脚点，从产业链的全局性考虑，完善现有的食用农产品质量安全法律法规体系。首先要梳理现有的与食用农产品相关的法律法规和规章条例，去除其中概念不清、相互矛盾、可行性低、机械的法律法规和规章条例，严格标准，制定和完善农业投入品、农兽药残留、农产品进出口、有机农产品、无毒无公害农产品、转基因食品等涉及食用农产品生产、加工、消费等环节的强制性和非强制性的法律法规，引进和借鉴国际标准，针对具体目标发布具体措施进行具体引导，同时保障消费者的知情权，确保法律法规和规章条例的透明度。食用农产品质量安全管理的法治化也需要社会的广泛参与，需要强化食用农产品生产者和加工者的责任意识，并加强执法队伍的管理建设，以保障相关法律法规和规章条例的顺利实施。

五、建立健全食用农产品质量安全信息公开制度

随着科学技术的创新，智能化时代来临，食用农产品质量安全进入信息化管控时期。现代网络化信息系统具有范围广、全面公开的特点，囊括了不

同领域不同环节的大量信息。政府能够借助网络系统的特点建立食用农产品质量安全信息系统，将相关信息公布在网络平台。食用农产品信息向社会成员公开，可以使消费者获取更多有效信息，帮助消费者识别食用农产品质量安全风险，鼓励社会成员对不法现象进行意见反馈或举报，有助于可追溯体系的补充与完善，使政府能够更好地进行食用农产品质量安全治理。

第三节　强化食用农产品质量安全精准管控能力提升

一、增加精准管控基础投入

精准管控的进程中"精准"地把控需要大量的科学理论和实践的体现相结合。随着社会的进步，精准管控的理念也逐渐走向多样化发展的方向，精准管控的具体相关的思想也在快速更迭，引进与培养人才工作的开展对把握科学先进的食用农产品质量安全精准管控理念十分关键。所以，一定要加大现有管控部门人员的培训投入，以保证他们精准管控的理念和工作能力能够通过培训得到进步与提升。与此同时，必须建立起科学的管控绩效考核机制，不断地提升管控部门的管控能力。目前监管主体对于人才的需求非常紧迫，找到一个有效的引进人才的渠道是当下急需要解决的事情。具体引进人才的策略可以参照公务员的录用机制，通过考察、考核等多种方式对人才进行严格把控，并且在机制科学化的决策中，给予人才充分的自由性，使其受到的干预降到最低，极大地发挥人才的能力。

二、培养精准管控专业人才

加强"精准管控"人才教育培训，并延伸到管控现场，提高质量观念意识和精准操控技能。在培养的过程中，把"精准"识别作为培养重点。

当前我们所依赖的监管主体严重缺乏科学有效的治理方式和手段，人才对于当今的食用农产品质量安全的机制建设具有至关重要的作用，而优秀人才的引进也为内部科学监管机制的建立提供了前提保障。建立一个相对完善的、科学的食用农产品质量安全管控体系对保障其安全来说非常重要，而扩大相关的专业技术人才的引进规模，来保障人力、财力等基础投入的有效也在某种角度上为建立食用农产品质量安全管控体系而服务。根据地方管控部门的需要，每一个管控部门的人员编制不能低于国家行业标准要求的 15 人，而其他相关的政府管控机构特别需要面向各个管控机构增加一定数量的人员编制，引进精准管控相关专业人才来完善食用农产品精准管控队伍，迅速增强整个管控机构的精准管控治理能力。

第四节　明确食用农产品质量安全精准管控权责构建

一、强化管控部门的权责观念

由于食用农产品质量安全监管机构内部缺乏精准管控的权责观念，导致监管人员责任不明，很多责任并没有明确的承担人，许多管控工作被监管人员互相推诿，在许多工作上又争名夺利，从而使监管部门工作效率低下。管控部门应当树立农产品质量安全管理权责理念，把食用农产品质量安全进展的现实呈现当作管控部门绩效评估的一项不可或缺的内容，进一步推进监督和反馈的导向作用。更加合理地完善食用农产品质量安全管控的权责体系，各管控部门进一步努力完成生产技术的培训和各管控部门食用农产品质量安全管控的双重责任，密切合作，共同作用。必须按时对食用农产品质量安全风险进行抽检或采样，用科学的绩效考核结果来进行合理的指导，预防未经批准的产品进入老百姓的市场，以避免潜在的危害，极大程度上保证了食用农产品的质量安全。而强化监管权责观念的渠道也有很多方式，例如，定期对监管人员进行权责意识培养，从根本上为监管人员树立起权责意识，定期排查监管人员权责内的任务完成度，以保障权责体系的正常运行。在平时的监管工作中，良好的权责观念可以使监管人员增强治理能力，从而提高工作效率。

二、加快管控部门的精准整合

整合有关监管职能、机构、人员、资源，构建统一权威的"精准管控"机构，建立从中央到地方直至基层的"精准管控"体制，保持"精准管控"体系的系统性。科学设置权责清晰不同层级的职责与任务部门，整合在食用农产品质量安全精准管控中的职能相似的机构。在设置过程中做好从中央到地方的不同机构间的职能分配，构建科学合理的责任机制，确立准确无误的服务定位。在市场和生产主体间做好衔接工作，加强对食用农产品质量安全的精准管控中具有保障性的基础工作，在进行合理分工的过程中，注意在分配部门和人员时牢牢把控好"精"和"准"的原则，使部门分工更加科学化和精准化。

三、完善机构职能的精准分配

进一步深化食用农产品质量安全治理机构改革，中央机构负责把握好整体的管控工作，对管控工作进行引导和指挥，并在过程中做好监督，保障管控工作的顺利进行，并进行相关的政策宣传，引导大众食用农产品质量安全意识。地方机构负责具体对策的实施，把控正确的实施手段，具体落实好精准管控的治理手段，在改革的过程中，注意将"精准"意识引入到改革进程中，在保障系统运行的同时，也保障精准管控的顺利进行。机构职能的分配效果决定了精准管控是否可以顺利进行下去，从而决定是否可以使食用农产品质量安全问题得到有效的改善。

四、确保奖惩体系的精准建立

拥有了科学的食用农产品质量安全精准管控的权责观念，又拥有了先进人才为制定良好的权责体系保驾护航，在食用农产品质量安全精准管控的前提下已经有了基础的保障，接下来，需要在体系上进行完善（王建华等，2016）。第一，地方食用农产品质量安全管控部门应认真健全食用农产品质量安全的精准管控的辖区管理权责体系，并将地方食用农产品质量安全权责体系引入政府绩效考核内容，以此明确权责范围并激励部门人员，再建立起以当地人们食用农产品安全度为重要组成部分的评价机制。第二，努力建立健全食用农产品省级行政首长责任制，以此来保障市面上食用农产品质量的安全性。每一个省份，计划每个时间段都定期进行食用农产品质量安全的评比环节，对本阶段时间内的各负责市、县食用农产品质量安全管控的情况公布给民众，并做好奖惩工作，对没有达到要求的部门进行批评教育、追究责任以此促进管控部门人员的精准管控能力，落实管控权责，保障社会食用农产品的质量安全。第三，做好食用农产品权责体系的监督管理工作。做好权责体系监督反馈的工作，接受群众举报、上级抽查和内部自查等监督管理工作，使权责体系能够科学有效的运行。并且，对于有违规行为的现象严惩不贷，确保食用农产品精准管控工作的顺利进行。明确并严格落实最严肃的"精准管控"追责问责，确保广大人民群众"舌尖上的安全"。

第五节　重视食用农产品质量安全精准管控绩效考核

一、增强对管控绩效评价及结果运用的重视

首先，树立以公共服务为基础的绩效。在监管主体中引入绩效评价机

制，并且在绩效评价的基础上设立以公共服务为目标的绩效指标，树立正确的绩效观，把更多的资源与力度投入到食用农产品质量安全精准管控监管部门的绩效评价中，以此作为精准管控的保障机制和动力机制，提升监管部门在食用农产品质量安全的精准管控能力，为食用农产品质量安全提供保障。其次，推动多方参与下的绩效评估机制。目前，食用农产品质量安全监管主体的绩效评价依然处在过去的行政压力下，监管主体本身只是单一的监管身份，机械式地通过上级监管部门的压力来进行监管行动以此来进行评价和管控，但是对于食用农产品质量安全公共服务价值的追求上过于薄弱，甚至是缺失。因此要推动多主体对食用农产品质量安全精准管控的绩效评价，监管主体有义务主动对公众进行引导，树立社会对于绩效评价的了解和应用，引导全社会参与到食用农产品质量安全精准治理的绩效评价的建立上来，将食用农产品质量安全精准管控中社会公众的参与权继续扩大，并将绩效评价的结果对社会公开，以此保障绩效评价的有效性并且提高精准管控效率。最后，严格落实绩效评估结果。在绩效评价的目标、过程进行了科学地制定和严格把控后，对绩效评估结果的认真落实也是重中之重，在科学的评价机制计算结果下对其进行反馈工作和落实工作，力求将评估有效、科学地进行并导入，以此提高精准管控的精准度和管控效率。

二、提高治理的主动性，提升管控的专注度

避免"被动型"管控，加强学习预调研，进行多维利益价值观念分析，树立多维利益价值观念，明确"精准管控"目标，强化"精准管控"意识，坚持职权责利义（务）统一，实现标本兼治。充分认识到在食用农产品质量安全"精准管控"中，生产主体和消费主体的利益要求，并且在保障消费主体的合理利益期望的同时，保障生产主体在食用农产品方面的收入，切实对食用农产品质量安全各方利益进行精准分析，以达到精准管控的目的。在食用农产品质量安全精准管控中，"精"表示监管人员的用心程度，"准"

意味着监管人员需要投入更多的专注度，所以，能否将监管人员的治理主动性方面进行强化，直接关系着精准管控是否可行。

三、完善量化指标，提高相关政策的靶向力

在食用农产品质量安全精准管控的目标制定上引入管控指标，并依据法律和其他规律科学合理地为指标进行量化，在监管主体中形成一种动力机制，提高监管主体精准管控工作效率，并在指标实现过程中进行监督和反馈，对指标完成过程的顺利进行提供保障。在组织内部阶段性总结过程中，对指标完成度进行考核，对未能完成指标的部门或个人进行奖惩，以提高监管主体精准管控意识。在对目标进行量化的过程中，将"精"和"准"作为重点考察指标，切实提高精准管控执行力。对各项指标进行精准量化，从而使政策更加精准，使政策对食用农产品质量安全管控更有针对性。

第六节　加快食用农产品质量安全精准管控标准制定

一、加快建立食用农产品质量安全精准追溯监管系统

加快制定、完善"精准管控"国家标准体系，提高制定、完善工作的透明度，加强标准体系的科学基础研究。建立食用农产品质量安全精准追溯监管系统，将整个精准管控机制加入到由"企业操作""政府管理""终端查询"三个平台共同构成的系统当中来。其中，在企业操作的范围内，企业先自行进行备案、生产、采集信息环节，政府在管理平台上做好审查工作，并对农业活动的投入开始监管，在生产过程中也做好监管工作，并实时做好抽检和信息审核工作，最后通过检测结果决定是否给予市场准入许可，在监督平台上做好审查和评价反馈。三个平台共同作用，相互监督、相互审

核。精准追溯的循环科学有效地完成了食用农产品质量安全的互相监管作用，保障了精准管控的成效。通过对食用农产品供应链的精准管控，完善了食用农产品质量安全全过程信息追溯系统。食用农产品质量安全精准管控是指紧密围绕食用农产品"物流""资金流""信息流""质量流"，运用程序化、标准化、精细化、数据化和智能化等手段，实现对影响其质量安全信息的精准识别、定位、定时、追踪、监控、管制，使食用农产品全产业链各单元精确、准确、高效、协同和持续运行，将影响食用农产品质量安全的行为消灭于萌芽状态，实现高收益、低污染、可持续的和谐统一。随着消费者和政府对食用农产品的安全、品质和信誉度的重视，企业对提高自身品牌影响力的要求，建立相应可追溯体系的需求不断增强。强有力的食用农产品质量安全可追溯体系可以对突发的食品安全事故进行精准的应急处理，也可以对食品安全进行风险评估，还可以确保对食用农产品质量安全进行精准管控。

二、构建并完善专家知识库作为管控标准的精准参照

继续加强"精准管控"科普知识库和专家库，整合科普渠道和资源，加强科普宣传。具体食用农产品质量安全"精准管控"知识体系的构建需注意以下四个方面：第一，对食用农产品质量安全的内容进行知识梳理管理，将精准管控所涉及到的理论进行系统化管理，包括对专家库的构建，对专家库后续内容的补充，对整体知识架构的完善，以及相关组织的规划措施和相关食用农产品质量安全政策的制定。第二，是对食用农产品质量安全精准管控相关的知识资本的开发与创新的知识管理，尊重知识、渴求知识，完善知识资本的开发，并结合现实情况与具体精准管控现状对相关知识库进行创新与发展，在建立知识库的同时，注意引进相关专家学者。第三，对食用农产品质量安全"精准管控"相关知识的评估与体系构建，科学地对食用农产品质量安全的相关知识架构进行识别，对相关食用农产品质量安全的知识体系进行定期的维护与健全；第四，对食用农产品质量安全"精准管控"

相关的研究成果开展后期的评价与回收。构建科普知识库和专家库的全程都是在对相关的知识与科普资源的管理，与专家资源引入机制和具体的模式手段的前提下进行的，以此来确保科普工作具备简便性与完整性，并推动知识库专家库在食用农产品质量安全"精准管控"方向的进程。

三、创新以提质为导向的更精确的管控目标和管控准则

完善主产区优质优价利益补充机制，加快高标准食用农产品生产基地建设，推进食用农产品由增产导向转向提质导向。首先，整合生产资源。生产主体是食用农产品从土地农场到餐桌的源头，而食用农产品质量安全精准管控也应当从源头进行治理。资源过于分散造成的不均现象严重阻碍了食用农产品质量安全的进度和成效，解决生产资源匮乏和生产资源过剩的现象迫在眉睫。及时整合生产资源，在生产环节严格管控集中化生产，做好资源合理化分配，解决生产源头的问题即是解决食用农产品质量安全精准管控的源头问题。其次，在食用农产品生产过程中突出质量安全的标准，逐渐取消粗放、分散式传统农业生产模式，继续推进生产信息科学、合理，建立现代农业生产方式，将分散的生产模式集中起来（孙丽，2015）。继续加大对订单农业的支持力度，如"基地＋农户＋企业""基地＋企业"等现代的运行方式，加快速度制定食用农产品在生产过程中所需要的农兽药及其他的助生长的添加剂的使用规范。用有效的监管方式给予在生产过程中严格按规程标准进行生产的相关食用农产品企业以支持，对产能较为落后的企业则实施抵制政策慢慢使此类不安全的企业退出市场。特别应当用现代化的经济政策来让规模企业去运用并执行比国家食品安全标准更严格的自己制定的企业生产标准，并将眼光同国际上更科学的生产手段和标准看齐，创立起属于自己的食用农产品的安全品牌。最后，在监管部门方面，继续扩建更标准化的菜园、果园、茶园、养殖场等一系列园区的规模，出台相关的政策鼓励企业，对严格标准化的食用农产品生产企业的入驻加以引导，逐渐缩减分散经营情况的

比例，增强入驻企业所在产地的公开和产品的安全认证管理，并完善之后的精准管控方式和薄弱的生产过程，解决后续明显的安全问题，继续增加在早生产环节、流通环节中滥用危险的农（兽）药等严重违背法律法规行为的惩治手段，特别要将农兽药、抗生素的随意使用等行为作为目前打击的重中之重，尽快形成以法律为行为准则的食用农产品生产活动的风气。继续增加当前对农业生产活动的成本比例，健全生产活动监管的科学标准，并且制定比之前更严格的监督机制，把控好对农兽药的严格准入生产活动的标准。建立健全农业生产活动溯源的管控体系，监管主体可以把农业生产活动的管控手段和管控集中化体系以及系统化的执法科学匹配起来，呈现出信息与数据彼此关联的情况。产品信息可以快速查询进行比较，产品流可以被跟踪，其他违反法律法规的食用农产品可以被及时管制。

四、完善食用农产品质量安全的精准管控标准体系

"不以规矩，不成方圆。"食用农产品生产销售的活动，只有按照必要的、合理的和统一的标准才能达到最佳的社会效益。标准的制定是一个持续不断地发展的过程，是一个不断循环、螺旋式上升的动态演变，需要制定者、实施者和监督者三方的共同推进。随着农业现代化的发展，为了对农业进行精准管控，目前，中国农业标准化工作取得了一定的成果，农业标准化体系已经基本形成。但是我们也可以看到食用农产品安全的相关标准还存在一定的空白地带，亟须建立和完善，形成完备的食用农产品质量安全标准体系。首先，需要提高生产者的标准化意识，提升优质食用农产品数量，同时要提高生产、加工、包装、储藏的技术标准，提高食用农产品的竞争力。其次，国家应紧紧落脚于当前食用农产品发展的现状，制定针对性强、重点突出、紧随时代的、与国际接轨、迎合市场需要的相关标准。再次，中国应大力推行与标准相适应的生产、加工、流通等技术的运用，做到标准化生产。最后，中国应建立标准化的监测体系，加强监督力度，对农兽药残留进行重

点管控。

五、推行食用农产品质量安全精准管控认证体系

认证是指取得国家认证认可的从事批准范围的第三方以标准、法律法规和技术规范为依据对产品、服务、管理体系进行合格评定并授予合格证明的活动。开展食用农产品质量安全认证工作，有利于促进生产企业建立健全质量体系，保证产品的质量安全；有利于增强市场竞争力，开拓市场；有利于提高消费者对企业的信心，确保消费者的利益安全；有利于改善生态环境，降低农业成本；有利于减少社会重复检验，提高工作效率，降低管理成本，取得良好的经济效益。中国应该立足于国情积极推进和完善无公害农产品认证、绿色食品认证和有机食品认证，改进和修订标准，完善相关法律制度，建立科学、有效的认证制度保障体系。同时加强食用农产品质量安全管理体系认证。

六、规范食用农产品质量安全精准检验检测标准体系

作为人口大国，中国对食用农产品生产和消费有着强烈的需求，目前，中国的食用农产品检测检验体系还处于初级的不完善的状态。针对现有的检测机构数量不能满足市场需要的情况，中国政府和相关行业协会应该加大对基础检验设施的资金和人力投入，特别是要大力增加农兽药残留的检测机构。而面对质量检测机构在全国分布不均、质量检测水平参差不齐的现状，中国应该统筹兼顾协调薄弱地区的发展，使滞后地区的人们也吃上经过科学检测的安全优质的食用农产品。食用农产品的检测检验应该在有产生危害风险的整个供应链的每一个环节上进行，分品种、分区域的展开，有部署地定期抽检和临时抽检。扩大消费者的参与路径，当消费者投诉或有安全事件爆发时，对产品进行专项检验。加强市场准入制度，合理利用新技术新设备，

快速有效精准地对农兽药残留、重金属和有毒金属含量等做出检测以满足相关标准规范，提高效率。国家应该加强对相关科技的扶持，努力学习走在国际前列的技术，提高食用农产品检测检验水平。例如，利用计算机视觉（computer vision）对水果和蔬菜进行无损检测以进行食品评价和质量分级，而脱氧核糖核酸条形码（DNA barcoding）作为一种敏感、快速、廉价和可靠的方法也开始用于许多领域的常规检测。

第七节　推进食用农产品质量安全精准管控技术运用

一、在精准管控伦理上重视权力边界和技术伦理

重视权力边界和技术伦理，如对个体信息监控、采集的层面，对信息挖掘、预判的程度，对分析结果的使用等，制定技术标准、操作规程、法律法规来规范和约束，通过建立食用农产品质量安全相关的制度伦理来规范"精准管控"的权力边界。首先，要对食用农产品质量安全精准管控的权力边界进行法律伦理规范。如果缺乏相关伦理边界的规范，精准管控权力的边界便很难界定，对权力边界的管控自然便无法得到有效的保障。而在"精准管控"权力通过制度伦理的约束之内，"精准管控"的权力边界就需要通过法律伦理来界定。食用农产品质量安全"精准管控"的权力边界的界定根本上是在食用农产品质量安全监管部门内监管公权与个人私权的范围进行规范，因此，对食用农产品质量安全方面的公权与私权的范围规范不能脱离于法律法规，法律的规范又需要以伦理为参照来进行规范。其次，要对食用农产品质量安全的技术手段进行伦理限定，防止食用农产品质量安全精准治理的技术涉及到违反伦理的范围，优化精准管控相关的技术和手段，时刻关注着技术发展的现状，对技术进行实时的监控与监管来保障技术健康地向前发展。

二、充分发挥现代技术在管控活动中的精准运用

利用现代技术的不断发展，进一步实现食用农产品质量安全管控中的"精"与"准"变得可能。建立融数据采集、存储、分析、挖掘、管理、运用等功能为一体的"管控云"，借助 Web 端后台管理系统、网页应用（Web App）手机网站系统、大数据监控系统等多终端多手段协同，使"精准管控"工作做到 24 小时不间断、360 度全链条全环节覆盖。建立生产者诚信征信平台。建立一个包括食用农产品相关的生产活动和生产加工的工厂以及生产者个人的诚信机制，进行诚信信息的大力搜索、建立举报机制，有效地检举不法人员，通过各地区间对这个平台的共同建立，将"黑名单"制度运行起来，运用这个制度将生产活动中出现的不法行为和不当的操作，通过这样的方式去杜绝此类问题的再次出现，将这种机制和社会上的信用体系相结合，并且在市场上经常对这些行为进行公开，在社会上形成舆论，让市场本身发挥出它的评估作用。严格地执行对违反相关规定和具有不良信用的食用农产品销售企业和对个体单位进行教育与符合法律的惩治手段，对所有的失信的销售企业加大日常地减缓检测的次数，对严重失信且没有悔过行为的、违规违法的个人及单位强制性地禁止其再继续进行经营活动，将所有的销售企业的失信行为做出公开，并且令其明晰这种失信的行为所带来的损失是难以设想的，从而进一步在销售主体内部建立起预警管理。

结　　语

　　食用农产品质量安全直接关系到广大人民群众的身体健康、生活质量和生命安全，关系到国民幸福和民族未来，关系到经济发展和社会稳定大局。食用农产品质量安全问题乃"久治不愈"的"顽疾"，具有危害的直接性、危害的隐蔽性、危害的积累性、危害产生的多环节性、管理的复杂性等。当前以"放心"冠名的食用农产品屡见不鲜。这说明食用农产品质量安全问题已成为社会普遍关心的问题，也成为国家治理中的一道难题。食用农产品质量安全治理是一个复杂的系统，涉及到从产地到餐桌的多个环节。古人常讲"洪范八政，食为政首"。新时代人民对美好生活的追求越来越强烈，对食用农产品质量安全的要求越来越高，加强食用农产品质量安全治理的研究越来越重要。如何推进食用农产品质量安全治理由随意化向规范化，经验型向科学型，外延式向内涵式，粗放式向精细化的转变，加强食用农产品质量安全的精准管控，已成为当前亟待研究解决的重大课题。这对推进国家治理体系和治理能力现代化，实现中华民族伟大复兴中国梦事业，具有重大理论意义与实践意义。

　　本研究受到前人相关研究成果的一些启发，基于食用农产品本身的特点以及我国资源环境硬约束、治理主体软约束等国情，从食用农产品主产区与主销区有机结合的视角，结合运用全面质量管理理论、大数据理论、精细化管理理论、危害分析与关键控制点理论等，对食用农产品质量安全精准管控进行全面、系统、深入的研究，以切实有效地保障人民群众的身体健康与生命安全，加快推进"健康中国"建设，运用多学科融合研究方法、系统分析方法、历史演化分析与结构功能分析相结合方法、问卷调查和深度访谈相结合方法、案例研究方法等对食用农产品质量安全精准管控进行全面、系统、深入研究，构建食用农产品质量安全精准管控的分析框架，梳理食用农产品质量安全精准管控行为的本质和规律，探寻食用农产品质量安全精准管控的理论创新，为食用农产品质量安全精准管控提出技术上可能、经济上合理、法律上允许、操作上可执行、进度上可实现、政治上能为主产区与主销区有关各方所接受的政策建议，确保食用农产品质量安全。

由于现有可供参考的理论尚不完善、成熟运作的实践样本还比较少，本研究还存在较多的不足之处。

一是所调查的生产主体和消费主体样本特征较少，对一些特殊职业的样本采集数据有限，并且相比于大量的有关专家学者和食用农产品质量安全的研究群体，本研究的问卷对于此类具有鲜明观点的群体的发放数量较少。由于相关条件的制约，本研究所采集的样本的覆盖面积也较少，六个主产县（县级市）的样本相比我国大量的种植、养殖等主要以农业活动为主的主产县来说，其数量还有一定的局限性，而六个食用农产品的主销市相较于全国众多的城市的消费者来说，在代表性上也有一定的局限。本研究在调查生产主体和消费主体的问卷中，问题涵盖的范围还有可扩充之处，关于对六个主产区的问卷中，对监管主体的针对性问题数量较少，在生产主体对于监管主体的评价方面还不够完全，关于对六个主销区的问卷中，由于对监管主体的反馈机制存在不足，导致食用农产品质量安全精准管控的反馈机制的研究具有局限性。

二是选取的案例样本主要集中在广东省优秀供港澳农业产业化企业以及所在地政府，样本数据获取在地域方面受到限制，扩大样本选择可能会发现不同的精准管控模式。在研究过程中重点调查了食用农产品龙头企业管控策略以及当地政府政策，并构建了精准管控理论。在数据收集方面，研究侧重于企业管理人员，对其他利益相关者访谈较少，因此在数据方面存在一定偏向性。本研究构建的食用农产品质量安全精准理论也是基于所收集的数据进行的，因而在理论分析方面深度上存在一定局限性。

三是构建的食用农产品质量安全精准管控评估指标体系是一个全新的课题，相关研究还未开展，目前现有的研究中可供参考的文献较少，加上个人能力水平的不够，以及受时间与精力的限制，实地调研的数据比较少，尚未选取某一区域进行实地验证，在实际操作中的效果无从得知。在后续的研究中，要通过实际案例的验证结果不断地修正和完善评估指标，进一步丰富食用农产品质量安全精准管控评估指标体系构建的研究，使其更具工具性价值。本研究在指标的筛选阶段进行了指标隶属度分析、信度和效度分析和指标权重的分配。一般来说，还需要对指标进行鉴别力分析和相关分析。在指标权重的分配上选择了层次分析法，虽然在一定程度上保证了指标赋权的客观性，但是还要尽量实现指标赋权的最大客观性。至于如何实现，是个尚未解决的问题。

在今后的研究中，期待能有更加先进、完善的理论思想、研究方法和实践经验，在现有研究的基础上进行补充和完善。从而更好地推进食用农产品质量安全治理体系和治理能力现代化。

一是扩大对食用农产品质量安全的现状分析力度。本书对食用农产品质量安全精准管控的现状所做的研究在一些层面上仍具有局限性，问卷的设计仍受到人力、物力、财力等多方面的制约，希望后续研究的样本数量和特征的调研更加具有针对性和代表性。

二是在分析了食用农产品质量安全精准管控的现状之后，探讨了当前我国食用农产品质量安全所面临的问题，并结合问题提出了对策和建议。但提出的对策依然仅仅只是在理论层面给出了建议，在具体执行的过程中仍然需要大量的实践去检验。所以期望未来的研究能将提出的对策进行机制运行研究，并且在运行过程中不断的完善和协调，不断优化精准治理的标准和程序，整理、策划出一套符合当前食用农产品发展现状的食用农产品质量安全精准治理模式。

三是在食用农产品精准管控的制度建设方面。食用农产品质量安全精准管控的有效开展需要与之配套完善的制度支持，也需要食用农产品生产区和销售区的政府支持。因而，如何建立生产区与销售区"精准管控"联合会议制度、联合执法制度，发挥生产区与销售区双重管控作用，为食用农产品精准管控建立标准、科学的制度保障值得进一步研究。

四是食用农产品精准管控的数据共享平台的建设方面。大数据、区块链、云平台等信息技术开始在食用农产品精准管控方面应用，企业、政府数据的共享是促进食用农产品质量安全管控的重要推手。大型企业拥有的技术资金支持可以借助数据化平台不间断管控食用农产品质量安全，避免安全事件的发生，但其他缺乏经济支持的主体还无法实施数据共享。本研究期望数据共享平台的建设能够广泛应用在食用农产品管控方面，并使食用农产品管控获得更好的平台。

五是本研究尝试构建一个科学的、实用的食用农产品质量安全精准管控评估指标体系，但未通过实际案例对该指标体系的实用性进行论证。在接下来的研究中，要选取比较典型的地区进行实证分析，着重从实证分析的角度优化食用农产品质量安全精准管控评估指标体系，进一步验证食用农产品质量安全精准管控评估指标体系的科学性和实用性。首先，要增加专家咨询数量，扩大调研样本容量，要选择有资深经验和深厚底蕴的专家，提高评估体系的科学性。其次，采用更为全面的指标筛选方法，进一步进行鉴别力分析和相关性分析，从而不断地修正和完善食用农产品质量安全精准管控评估指标体系。

参 考 文 献

［1］艾尔·巴比. 社会研究方法：第10版［M］. 邱泽奇译，北京：华夏出版社，2005.

［2］班固. 汉书［M］. 赵一生，点校. 杭州：浙江古籍出版社，2000.

［3］魏收. 魏书［M］. 北京：中华书局，1974.

［4］曹连雪. 大学生压力、应对机制对主观健康抱怨的影响研究［D］. 成都：电子科技大学硕士论文，2014.

［5］陈丽华，张卫国，田逸飘. 农户参与农产品质量安全可追溯体系的行为决策研究——基于重庆市214个蔬菜种植农户的调查数据［J］. 农村经济，2016（10）.

［6］陈小静，乔娟. 农产食品质量安全追溯与城市消费者认知——以贵州省贵阳市为例［J］. 农业考古，2011（6）.

［7］程杰贤，郑少锋. 政府规制对农户生产行为的影响——基于区域品牌农产品质量安全视角［J］. 西北农林科技大学学报（社会科学版），2018，18（2）.

［8］大力推进改革创新加强农村制度建设中国共产党第十七届中央委员会第三次全体会议通过《中共中央关于推进农村改革发展若干重大问题的决定》［J］. 中国行政管理，2008（11）.

［9］邓萍. 食品安全政府监管主体探究［J］. 学术交流，2016（8）.

［10］董文兵. 十个中央一号文件的政策透视——我党三十年农村改革的政策路径及其启示［J］. 中共太原市委党校学报，2008（6）.

［11］对食品安全违规实行最严处罚 坚持最严问责［EB/OL］.（2019 - 03 - 12）. http：//ip. people. com. cn/n1/2019/0312/c179663 - 30971467. html.

［12］范柏乃，朱华. 我国地方政府绩效评价体系的构建和实际测度［J］. 政治学研究，2005（1）.

［13］方天坤，陈仙林. 农业经济管理［M］. 北京：中国农业大学出版社，2005.

［14］方言. 农产品进口与水土资源利用［J］. 世界农业，2018（10）.

［15］菲根堡姆（Feigenbaum A V）. 全面质量管理［M］. 北京：机械工业出版社，1991.

［16］付文丽，陶婉亭，李宁. 创新食品安全监管机制的探讨［J］. 中国食品学报，2015，15（5）.

［17］高强，孔祥智. 我国农业社会化服务体系演进轨迹与政策匹配：1978～2013 年［J］. 改革，2013（4）.

［18］高升成，薛耀武，张晓明等. 榆林市农产品质量安全管控工作探讨［J］. 现代农业科技，2017（12）.

［19］苟铭. 质检记忆 60 年：印记［J］. 中国质量技术监督，2009（10）.

［20］管仲. 管子［M］. 吴文涛，张善良，编著. 北京：北京燕山出版社，1995.

［21］郭冬冬，黄颖锋，凌源. 大力实施乡村振兴战略，推进农业供给侧结构性改革和农村综合改革中山加快推进农业农村现代化［N］. 南方日报，2018 - 12 - 21.

［22］郭伏强，韦福安. 建国初和"一五"计划时期（1949～1957 年）陈云农业发展思想［J］. 南宁师范高等专科学校学报，2007（1）.

［23］国家环境保护"十五"计划（节选）［J］. 环境保护，2002（3）.

［24］国家食品药品监督管理总局主要职责内设机构和人员编制规定［N］. 中国医药报，2013 - 05 - 17.

〔25〕国家统计局农村社会经济调查司．中国农业统计资料汇编（1949－2004）〔M〕．北京：中国统计出版社，2006.

〔26〕国家统计局．中国统计年鉴1984〔M〕．北京．中国统计出版社，1984.

〔27〕国务院办公厅印发《2014年食品安全重点工作安排》〔EB/OL〕．（2014－05－27）．http：//www.gov.cn/xinwen/2014－05/27/content_2687816.htm.

〔28〕国务院关于国务院机构改革涉及行政法规规定的行政机关职责调整问题的决定〔EB/OL〕．（2018－06－05）．http：//www.gov.cn/zhengce/content/2018－06/05/content_5296297.htm.

〔29〕国务院关于设立国务院食品安全委员会的通知〔EB/OL〕．（2010－02－10）．http：//www.gov.cn/zwgk/2010－02/10/content_1532419.htm.

〔30〕韩俊等．"十二五"时期我国农村改革发展的政策框架与基本思路〔J〕．改革，2010（5）.

〔31〕韩立岩，汪培庄．应用模糊数学（修订版）〔M〕．北京：首都经济贸易大学出版社，1989.

〔32〕韩正在国务院食品安全委员会第一次全体会议上强调始终坚持问题导向 落实"四个最严"要求 在持续解决问题中推动食品安全工作〔EB/OL〕．（2018－09－09）．http：//politics.people.com.cn/n1/2018/0909/c1001－30281146.html.

〔33〕胡颖廉．改革开放40年中国食品安全监管体制和机构演进〔J〕．中国食品药品监管，2018（10）.

〔34〕黄绍筠．中国第1部经济史汉书食货志〔M〕．北京：中国经济出版社，1991.

〔35〕惠阳建设涵盖平潭、良井、永湖的全产业链优质绿色蔬菜产业园〔N〕．惠州日报，2019－09－02.

〔36〕纪志耿．新常态下构建大食物安全观研究〔J〕．现代经济探讨，

2016 (5).

[37]《建设社会主义新农村学习读本》编写组. 建设社会主义新农村学习读本 [M]. 北京：新华出版社，2006.

[38] 江西农业大学《简明农业经济辞典》编写组. 简明农业经济辞典 [M]. 南昌：江西人民出版社，1984.

[39] 金发忠. 把握农产品质量安全的真切内涵 [J]. 农业环境与发展，2006 (5).

[40] 金江军. 以大数据实现食品安全精准治理 [N]. 学习时报，2016 - 08 - 25.

[41] 陈寿，范晔，班固. 汉书 后汉书 三国志（经典珍藏版）[M]. 西安：三秦出版社，2007.

[42] 决胜全面建成小康社会夺取新时代中国特色社会主义伟大胜利 [N]. 人民日报，2017 - 10 - 19.

[43] 孔丘. 论语 [M]. 杨伯峻，杨逢彬，注译. 长沙：岳麓书社，2000.

[44] 孔子. 诗经 [M]. 李择非，整理. 沈阳：万卷出版公司，2009.

[45] 李菁笛. 食品安全治理的应然逻辑与路径——基于新《食品安全法》的分析 [J]. 新疆社会科学，2016 (6).

[46] 李埏等.《史记·货殖列传》研究 [M]. 昆明：云南大学出版社，2002.

[47] 李淑文，赵晓英. 借鉴国外先进模式完善我国农产品质量安全政府监管体系 [J]. 湖南农业科学，2010 (15).

[48] 李硕，田晶，曹进. 我国食用农产品质量安全监管现状分析 [J]. 食品安全质量检测学报，2018，9 (2).

[49] 李雅娟，王春晓. 基于水产品养殖环节的消费者支付意愿影响因素研究——以上海、昆明为例 [J]. 中国渔业经济，2019，37 (2).

[50] 历代食货志今译史记平准书、货殖列传·汉书食货志 [M]. 刘

莹，陈鼎如，译．南昌：江西人民出版社，1984．

[51] 刘成，郑晓冬，李姣媛等．农产品质量安全监管信息化的经济分析和经验借鉴——基于信息化监管平台建设的视角 [J]．农林经济管理学报，2017，16（3）．

[52] 刘建军．为了"舌尖上的安全"浅谈我国食品安全法 [J]．食品安全导刊，2015（27）．

[53] 刘建威，陈春惠．借大湾区建设东风，深耕农业绿色品牌 [N]．惠州日报，2019 – 05 – 17．

[54] 刘立霞，李晓南．运用大数据理论完善未成年人社会调查制度 [J]．法学杂志，2015，36（1）．

[55] 刘少奇选集 [M]．北京：人民出版社，1985．

[56] 刘小兵．政府管制的经济分析 [M]．上海：上海财经大学出版社，2004．

[57] 刘筱婕．当代大学生中华优秀传统文化心理认同机制研究 [J]．淮海工学院学报（人文社会科学版），2016（2）．

[58] 刘亚平，颜昌武．从"变化"走向"进步"：三聚氰胺事件的启示 [J]．武汉大学学报（哲学社会科学版），2011，64（2）．

[59] 刘亚平．中国食品监管体制：改革与挑战 [J]．华中师范大学学报（人文社会科学版），2009，48（4）．

[60] 路明．现代生态农业 [M]．北京：中国农业出版社，2002．

[61] 吕不韦．吕氏春秋 [M]．任明，昌明，译注．上海：书海出版社，2001．

[62] 吕鹏飞．论正反馈在研究生英语教育中的作用 [J]．教育教学论坛，2016（30）．

[63] 吕炜．中国式转轨：内在特性、演进逻辑与前景展望——纪念中国改革开放30周年 [J]．财经问题研究，2009（3）．

[64] 栾雪飞．毛泽东对中国社会主义工业化的理论探索 [J]．北京党

史，1993（6）.

［65］马昌．农产品质量安全十大谣言曝光［J］．农村·农业·农民（B版），2017（7）.

［66］马克思，恩格斯．马克思恩格斯全集（第1卷）［M］．北京：人民出版社，1956.

［67］毛泽东．在中国共产党第七届中央委员会第二次全体会议上的报告［N］．人民日报，1968－11－25.

［68］梅星星．食用农产品质量安全监管理论与实践问题研究［D］．武汉：华中农业大学，2015.

［69］梅星星，郑先荣食用农产品质量安全监管制度创新探讨［J］．农产品质量与安全，2013（4）.

［70］梅星星．中国食用农产品质量安全政府监管制度变迁轨迹［J］．世界农业，2017（2）.

［71］孟然，胡佳．鼓励消费者"来找茬"［J］．新农业，2018（2）.

［72］孟子［M］．何晓明，周春健，注说．开封：河南大学出版社，2008.

［73］闵宗殿等．中国古代农业科技史图说［M］．北京：农业出版社，1989.

［74］缪建平．运用"互联网＋"实施农产品质量安全智慧监管——惠州市创建农产品质量安全追溯监管综合服务平台的调研与启示［J］．农业工程技术，2017，37（15）.

［75］牟少飞．我国农产品质量安全管理理论与实践［M］．北京：中国农业出版社，2012.

［76］木永跃，杨文顺．民族自治地方利益协调与整合机制探索［J］．学术探索，2008（5）.

［77］南方日报．惠州农业站上新风口，将建高端农产品集散地［N/OL］．（2019－03－19）［2019－08－01］．http：//hz. southcn. com/content/

2019 - 03/19/content_186111284. htm.

［78］1956 年到 1967 年全国农业发展纲要［J］. 土壤通报，1960（3）.

［79］年底算账派输定了［N］. 人民日报，1958 - 08 - 03.

［80］农村粮食统购统销暂行办法［N］. 人民日报，1955 - 08 - 25.

［81］农业部办公厅关于印发《农产品质量安全例行监测预算定额标准》的通知［J］. 中华人民共和国农业农村公报，2008（2）.

［82］农业部软科学委员会办公室. 保障粮食安全与提高农产品质量［M］. 北京：中国农业出版社，2005.

［83］农业科技发展纲要（2001—2010 年）［N］. 人民日报，2001 - 05 - 24.

［84］《平准学刊》编辑委员会. 平准学刊第 5 辑下［M］. 北京：光明日报出版社，1989.

［85］钱枫. 我市全力构建现代特色农业发展新格局扶持"十大"工程打造"十大"基地［N］. 云浮日报，2016 - 06 - 07.

［86］谯薇，云霞. 我国有机农业发展：理论基础、现状及对策［J］. 农村经济，2016（2）.

［87］尚海燕. 企业声誉资本对顾客响应的影响——基于消费者个人特征［J］. 商业经济研究，2019（7）.

［88］"尚德守法　共治共享食品安全"2016 年全国食品安全宣传周启动 3 部委发最新食品抽检信息［EB/OL］.（2016 - 06 - 15）. http：//shipin. people. com. cn/n1/2016/0615/c85914 - 28446444. html.

［89］食品卫生监督程序［J］. 中国卫生法制，1997（3）.

［90］史耀清主编. 太行精神抗日烽火铸就的民族魂［M］. 太原：山西人民出版社，2005.

［91］宋德宣. 论康熙的农本思想及其特点［J］. 满族研究，1986（2）.

［92］孙丽. 农业机械管理的创新与发展［J］. 时代农机，2015（3）.

［93］孙铭. 试析云梦竹简中所见秦的"农本"思想［J］. 西北农林科

技大学学报（社会科学版），2010，10（5）.

［94］索玉娟，沈源源，周昌艳. 农产品中食源性致病菌风险监测与评估的研究现状［J］. 上海农业学报，2017，33（2）.

［95］覃世民. 粮食质量安全监管的现状、形势及对策［J］. 粮食科技与经济，2012，37（2）.

［96］谭晓辉，蓝云曦. 论新形势下的多元共治社会管理模式［J］. 西南民族大学学报（人文社会科学版），2012，33（6）.

［97］唐珩. 粤发布"互联网＋"行动计划［N］. 羊城晚报，2015 - 9 - 29.

［98］王常伟，顾海英. 生产主义？后生产主义？——论新中国农业政策观念的变迁与选择［J］. 经济体制改革，2012（3）.

［99］王春城. 政策精准性与精准性政策——"精准时代"的一个重要公共政策走向［J］. 中国行政管理，2018（1）.

［100］王福春. 一起因进食受甲胺磷污染的蔬菜致食物中毒的调查［J］. 职业与健康，2003（1）.

［101］王国敏，赵波. 中国农业现代化道路的历史演进：1949—2010［J］. 西南民族大学学报（人文社会科学版），2011，32（12）.

［102］王慧君，刘秀艳. 中国农业推广发展与创新研究［M］. 北京：中国农业出版社，2010.

［103］王建华，葛佳烨，刘苗. 民众感知，政府行为及监管评价研究食品安全满意度的视角［J］. 软科学，2016，30（1）.

［104］王静. 新中国成立以来农产品物流制度变迁及其启示［J］. 陕西师范大学学报（哲学社会科学版），2012，41（1）.

［105］王可山，苏昕. 我国食品安全政策演进轨迹与特征观察［J］. 改革，2018（2）.

［106］王可山，王芳. 质量安全保障体系对农户安全农产品生产行为影响的实证研究［J］. 农业经济，2010（10）.

［107］王文举，王齐祥．价格学原理［M］．北京：首都经济贸易大学出版社，1992.

［108］王孝通．中国商业史［M］．北京：中国文史出版社，2015.

［109］王正萍．马克思恩格斯列宁斯大林毛泽东论历史唯物主义（上）［M］．北京：北京师范大学出版社，1983.

［110］维克托·迈尔－舍恩伯格，肯尼斯·库克耶．大数据时代：生活、工作与思维的大变革［M］．周涛，译．杭州：浙江人民出版社，2012.

［111］魏晓卓，金丽馥，吴君民．基于和谐管理的粮食财政直接补贴和谐主题研究［J］．系统工程理论与实践，2015，35（11）.

［112］温氏股份．2018 年度社会责任报告［EB/OL］．（2019－04－01）［2019－09－09］．https：//www.wens.com.cn/.

［113］吴建南，马亮，杨宇谦．中国地方政府创新的动因、特征与绩效——基于"中国地方政府创新奖"的多案例文本分析［J］．管理世界，2007（8）.

［114］吴鹏升，辽阳市农村经济委员会．农产品质量安全与农业标准化生产技术［M］．沈阳；辽宁科学技术出版社，2006.

［115］武力．新中国 60 年"政府主导型"发展模式的形成与演变［J］．教学与研究，2009（10）.

［116］习近平在中共中央政治局第二十三次集体学习时强调牢固树立切实落实安全发展理念确保广大人民群众生命财产安全［EB/OL］．http：//www.xinhuanet.com/politics/2015－05/30/c_1115459659.htm，2015－05－30.

［117］习近平总书记参加河南代表团审议重要讲话引起热烈反响推进乡村振兴做好"三农"工作［N］．人民日报，2019－03－09.

［118］夏天．供销合作社参与和推进农业产业化的若干问题［J］．商业经济文荟，1998（4）.

［119］肖湘雄．大数据：农产品质量安全治理的机遇、挑战及对策［J］．中国行政管理，2015（11）.

［120］肖湘雄，彭舜，葛志华．论食用农产品质量安全的社会共治［J］．武陵学刊，2016，41（2）．

［121］谢莲碧．简述建国以来粮食安全思想研究［J］．天府新论，2012（6）．

［122］新农网．广东惠州四季绿配送蔬菜实现"一菜一码"［EB/OL］．（2013 - 11 - 25）［2019 - 08 - 01］．https：//www．qhee．com/node/listed-company/8746/4556&crawler．

［123］徐景和．食品安全综合监督探索研究［M］．北京：中国医药科技出版社，2009．

［124］许树柏．层次分析法原理——实用决策方法［M］．天津：天津大学出版社，1988．

［125］许益民．HACCP 制度及其在肉和禽加工业中的应用［J］．中国动物保健，1999（10）．

［126］颜海娜．我国食品安全监管体制改革——基于整体政府理论的分析［J］．学术研究，2010（5）．

［127］杨建利，邢娇阳．我国农业供给侧结构性改革研究［J］．农业现代化研究，2016，37（4）．

［128］杨剑辉．东进农牧瞄准年出栏 100 万头生猪目标——主动响应国家实施精准扶贫号召［N］．惠州日报，2018 - 12 - 28．

［129］杨立新．最高人民法院《关于审理食品药品纠纷案件适用法律若干问题的规定》释评［J］．法律适用，2014（3）．

［130］叶兴庆．准确把握国家粮食安全战略的四个新变化［J］．中国发展观察，2014（1）．

［131］印发《"健康中国2030"规划纲要》［N］．人民日报，2016 - 10 - 26．

［132］有机产品认证管理办法［EB/OL］．（2015 - 08 - 25）．https：//www．chinacourt．org/law/detail/2015/08/id/148442．shtml．

［133］于佩良．基于扎根理论的居民参与旅游扶贫演化模型研究［D］．南宁：广西大学，2019．

［134］袁以星等．农业标准化与农产品认证［M］．上海：上海科学技术出版社，2003．

［135］张金龙．北魏均田制研究史［J］．文史哲，2015（5）．

［136］张勤，钱洁．促进社会组织参与公共危机治理的路径探析［J］．中国行政管理，2010（6）．

［137］张利，童舟．基于区块链技术的农产品溯源体系研究［J/OL］．江苏农业学：1－5［2019－09－05］．https：//doi．org/10．15889/j．issn．1002－1302．2019．13．059．

［138］张霞，毛基业．国内企业管理案例研究的进展回顾与改进步骤——中国企业管理案例与理论构建研究论坛（2011）综述［J］．管理世界，2012（2）．

［139］张晓涛，孙长学．我国食品安全监管体制：现状、问题与对策——基于食品安全监管主体角度的分析［J］．经济体制改革，2008（1）．

［140］张晓旭．冷链物流环境下农产品质量安全研究［J］．现代商贸工业，2019，40（21）．

［141］张兴旺，孟丽，杜绍明，尹国伟．关于信息化影响农业市场化问题研究［J］．农业经济问题，2019（4）．

［142］张星联，张慧媛，李耘，甘敏敏．食用农产品质量安全综合预警指标体系研究［J］．安徽农业科学，2013，41（22）．

［143］张雪萍．四季绿公司严把质量安全关，率先引进食品安全追溯系统配送蔬菜实现"一菜一码"［N］．南方日报，2013－11－14．

［144］张玉香．中国农产品质量安全管理理论、实践与发展对策［M］．北京：中国农业出版社，2005．

［145］赵荣，陈绍志，乔娟．基于因子分析的消费者可追溯食品购买行为实证研究——以南京市为例［J］．消费经济，2011，27（6）．

［146］赵瑞旺，满静．物联网技术在农产品生产流通信息化中的应用［J］．中国商论，2016（13）．

［147］赵文，程杰．农业生产方式转变与农户经济激励效应［J］．中国农村经济，2014（2）．

［148］赵学刚．食品安全信息供给的政府义务及其实现路径［J］．中国行政管理，2011（7）．

［149］郑永红．科学施肥补贴的立法构想［J］．中州学刊，2010（5）．

［150］中共中央办公厅国务院办公厅印发《地方党政领导干部食品安全责任制规定》［EB/OL］．（2019 - 02 - 24）.http：//www. gov. cn/zhengce/2019 - 02/24/content_5368139. htm.

［151］中共中央国务院关于促进农民增加收入若干政策的意见［J］．农业机械，2004（2）．

［152］中共中央国务院关于加快发展现代农业进一步增强农村发展活力的若干意见［J］．农业机械，2013（4）．

［153］中共中央国务院关于深化改革加强食品安全工作的意见［N］．人民日报，2019 - 05 - 21.

［154］中共中央国务院印发《关于全面深化农村改革加快推进农业现代化的若干意见》［N］．人民日报，2014 - 01 - 20.

［155］中国社会科学院语言研究所词典编辑室．现代汉语词典［M］．北京：商务印书馆，2002.

［156］中华人民共和国标准化管理条例［J］．航空标准化，1979（5）．

［157］中华人民共和国农业法［J］．新疆农业科技，1993（5）．

［158］中华人民共和国农业技术推广法［N］．人民日报，2012 - 12 - 17.

［159］中华人民共和国农业法（修订稿）［J］．中国牧业通讯，2003（3）.

［160］中华人民共和国食品安全法［N］．人民日报，2016 - 03 - 18.

［161］中华人民共和国食品卫生法（1995 年 10 月 30 日第八届全国人民

代表大会常务委员会第十六次会议通过）［J］. 中国卫生质量管理，1995（6）.

［162］中央财经领导小组第十四次会议召开［EB/OL］.（2016 – 12 – 21）. http：//www. gov. cn/xinwen/2016 – 12/21/content_5151201. htm.

［163］中央农村工作会议在京召开习近平李克强作重要指示批示［EB/OL］.（2015 – 12 – 25）. http：//www. gov. cn/xinwen/2015 – 12/25/content_5027981. htm.

［164］钟真. 社会化服务：新时代中国特色农业现代化的关键——基于理论与政策的梳理［J］. 政治经济学评论，2019，10（2）.

［165］周绍东."互联网＋"推动的农业生产方式变革——基于马克思主义政治经济学视角的探究［J］. 中国农村观察，2016（6）.

［166］周小梅. 我国食品安全管制的供求分析［J］. 农业经济问题，2010，31（9）.

［167］周志和. 审视中国粮食安全需要新视角——从粮食安全观到食物安全观［J］. 中国发展观察，2015（3）.

［168］朱春奎，公共部门绩效评估：方法与应用［M］. 北京：中国财政经济出版社，2007.

［169］卓尚进. 试论农业合作化与农业集体化的区别和联系［J］. 湘潭大学学报（社会科学版），1988（1）.

［170］Abad E. , Palacio F. , Nuin M. , et al. RFID smart tag for traceability and cold chain monitoring of foods：Demonstration in an intercontinental fresh fish logistic chain［J］. Journal of Food Engineering，2009，93（2）.

［171］Ames，Buchanan. The Theory of Public Choice［M］. Ann Arbor，The University of Michigan Press，1972.

［172］Anthony Downs. Inside Bureaucracy［M］. Trans. by Guo Xiaocong，Beijing：China Renmin University Press，2006.

［173］Betz N. E. , Fassinger R. E. Research Methodologies. In E. M. Altmaier & J. C. Hansen（Eds. ），The Oxford Handbook of Counseling Psychology

［M］. New York：Oxford University Press，2011.

［174］Eisenhardt K. M. Building Theories from Case Study Research ［J］. Academy of Management Review，1989，14（4）.

［175］Holsti O. R. Content Analysis for the Social Sciences and Humanities ［M］. Content analysis for the social sciences and humanities. Addison – Wesley Pub. Co. 1969.

［176］Saaty T L. Decision making with the analytic hierarchy process ［J］. International Journal of Services Sciences，2008，1（1）.